创新型普通高等教育精品教材

互联网+教育改革新理念教材

强健体魄　享受快乐
——大学体育与健康教程

主编　方　慧

内容提要

本书是一本帮助大学生认识体育、科学健身、强健体魄、享受快乐的指导性教材，旨在增强大学生的体育意识，促进大学生养成体育锻炼的习惯，为其成长为高素质人才奠定基础。全书共 12 章，前 5 章分别介绍了竞技体育与学校体育、健康教育、学校体育与健康的关系、运动营养、体育锻炼与卫生保健等方面的知识。第 6—12 章分别介绍了田径运动、球类运动、健美操与啦啦操、体育舞蹈、形体与健美、武术运动、娱乐健身。

本书具有易学、易用、实用、好用的特点，可作为普通高等院校各专业学生的体育教材。

图书在版编目（CIP）数据

强健体魄　享受快乐 ： 大学体育与健康教程 / 方慧主编. -- 上海 ： 上海交通大学出版社，2020（2022 重印）
ISBN 978-7-313-23623-4

Ⅰ. ①强… Ⅱ. ①方… Ⅲ. ①体育－高等学校－教材②健康教育－高等学校－教材 Ⅳ. ①G807.4②G647.9

中国版本图书馆 CIP 数据核字(2020)第 153401 号

强健体魄　享受快乐——大学体育与健康教程

QIANGJIAN TIPO　XIANGSHOU KUAILE——DAXUE TIYU YU JIANKANG JIAOCHENG

主　　编：方　慧
出版发行：上海交通大学出版社
地　　址：上海市番禺路 951 号
邮政编码：200030
电　　话：021-64071208
印　　制：北京京华铭诚工贸有限公司
经　　销：全国新华书店
开　　本：787mm×1092mm　1/16
印　　张：14.75
字　　数：261 千字
版　　次：2020 年 9 月第 1 版
印　　次：2022 年 8 月第 3 次印刷
书　　号：ISBN　978-7-313-23623-4
定　　价：46.00 元

前言 Preface

国务院办公厅颁布的《关于强化学校体育促进学生身心健康全面发展的意见》中明确指出：全面贯彻党的教育方针，以“天天锻炼、健康成长、终身受益”为目标，改革创新体制机制，全面提升体育教育质量，健全学生人格品质，切实发挥体育在培育和践行社会主义核心价值观、推进素质教育中的综合作用，培养德智体美全面发展的社会主义建设者和接班人。

为了更好地落实中共中央国务院的指示精神，全面落实立德树人根本任务，进一步提升体育在育人中特殊功能的作用，提高学校体育教育教学质量，我们以“健康第一、以生为本”的指导思想，以切实增强学生体质、提高健康水平、促进学生全面发展为目标，组织一线教师编写了本教材。本教材针对我国高等院校体育教育开展现状，结合大学体育教学改革中“健康知识+基本运动技能+专项运动技能”的教学模式，充分考虑大学生身心发展特点，优化整合教育资源，切实指导大学生认识体育、科学健身、强健体魄、享受快乐。

本书共 12 章，前 5 章分别介绍了竞技体育与学校体育、健康教育、学校体育与健康的关系、运动营养、体育锻炼与卫生保健等方面的知识。第 6—12 章分别介绍了田径运动、球类运动、健美操与啦啦操、体育舞蹈、形体与健美、武术运动、娱乐健身。

具体来说，本教材有以下特色。

第一，本教材在传统体育教材的基础上融入体育文化、健康教育、体育项目学习、规则教育、运动鉴赏等学习内容，积极促进体育与德育、智育、美育的有机融合，进一步彰显了体育的育人效果。

第二，本教材内容科学、全面，通俗易懂，实用性强，能使学生深入了解体育与健康的基本知识，掌握科学锻炼的方式、方法，养成坚持锻炼身体和终身体育的习惯。本教材针对大学生身体发展的特点介绍了各类体育项目和技能，适合不同基础的学生进行学习，同时融入多媒体教学方式，提供微视频教学内容供学生观看，更有助于指导学生的课外锻炼。

第三，本教材寓教于乐，注重运动技能的兴趣化。本教材介绍了丰富多样的体育项目，既包含田径运动、球类运动、健美操等传统体育项目，也包含大学生喜爱的众多新兴体育项目，如荷球、棒垒球、啦啦操、少林拳、街舞、中国风健身舞、持杖健步走等，增强了教材的趣味性和多样性。

本教材由郑州轻工业大学体育学院教师编写而成，由方慧担任主编，耿亮、谭俊超、杨莹莹、李羚玮、陶琳、孙义方、李扬、马丁担任副主编。在编写过程中参考了大量的文献资料，并引用了众多国内外体育学者的研究成果，在此特别感谢校体委办李向东教授的大力支持。同时，也向相关文献的作者表示感谢。

尽管我们在编写本书时已竭尽所能，但由于编写时间仓促，书中存在的疏漏与不当之处，恳请各位专家和广大师生批评指正或提出宝贵意见。

真切希望本教材能够指导同学们在体育运动中强健体魄、享受快乐！

本书编委会

目录 Contents

第 1 章 竞技体育与学校体育 …… 1

1.1 竞技体育 …… 1

1.2 学校体育 …… 5

第 2 章 健康教育 …… 9

2.1 健康常识 …… 9

2.2 学校的健康教育 …… 14

第 3 章 学校体育与健康的关系 …… 16

3.1 概述 …… 16

3.2 学校体育对健康的影响 …… 16

3.3 大学生体质健康评价与标准 …… 21

第 4 章 运动营养 …… 32

4.1 营养与健康 …… 32

4.2 体育锻炼中的合理营养 …… 35

第 5 章 体育锻炼与卫生保健 …… 37

5.1 体育锻炼卫生常识 …… 37

5.2 运动处方 …… 40

5.3 运动中常见的生理反应及其处理 …… 42

5.4 运动损伤 …… 48

5.5 运动伤害的现场急救 …… 53

第 6 章 田径运动 …… 59

6.1 概述 …… 59

6.2 跑 …… 59

6.3 跳跃 …… 63

6.4 投掷类运动 …… 68

第 7 章 球类运动 …… 72

7.1 篮球 …… 72

7.2 排球 …… 79

7.3 足球 …… 86

7.4 乒乓球 …… 94

7.5 羽毛球 …… 98

7.6 网球 …… 103

7.7 荷球 …… 108

7.8 棒垒球 …… 111

第 8 章 健美操与啦啦操 …… 118

8.1 健美操 …… 118

8.2 啦啦操 …… 133

第 9 章 体育舞蹈 …… 138

9.1 概述 …… 138

9.2 基本技术 …… 140

9.3 比赛规则 …… 150

第 10 章 形体与健美 …… 153

10.1 形体训练 …… 153

10.2 健美运动 …… 161

第 11 章 武术运动 …… 167

11.1 概述 …… 167

11.2 武术基本功 …… 167

11.3 简化少林拳 …… 173

11.4 24 式太极拳 …… 186

11.5 自卫防身术 …… 199

第 12 章 娱乐健身 …… 205

12.1 健身街舞 …… 205

12.2 中国风健身舞 …… 208

12.3 持杖健步走 …… 214

12.4 轮滑 …… 216

12.5 跳绳 …… 219

参考文献 …… 228

第 1 章　竞技体育与学校体育

学习目标

- ○ 了解体育的起源和概念。
- ○ 了解现代体育的构成。
- ○ 熟悉竞技体育的意义和竞技体育欣赏。
- ○ 了解学校体育的地位、作用、目的、任务和组织形式。

1.1　竞技体育

1.1.1　体育的起源和概念

“体育”是一个专业术语，其作为人类的一种社会活动早已存在。据世界体育资料记载，“体育”一词最早出现于 1760 年法国报刊上一篇论述儿童身体健康教育的论文中，它的本意是以身体活动为手段的教育，与现在国际上对“体育（physical education）”的理解一致。

随着社会的进步和体育事业的发展，现代体育的含义和内容不断丰富，都超出了原来“体育”的范畴。现代体育的含义有狭义和广义之分。狭义的体育是指以锻炼身体为基本手段，以增强体质、增进健康、提高运动技术水平和丰富社会活动为目的的有意识、有组织的社会活动；广义的体育是指一切身体运动，如竞技运动、健身锻炼、消遣娱乐和棋牌游戏等。

近年来，不少学者对体育的概念进行了阐述，他们将体育定义为以身体活动为媒介，以谋求个体身心健康、全面发展为直接目的，以培养合格的社会公民为终极目标的一种社会文化现象或教育过程。这一定义既说明了体育的本质属性，又指出了它的归属范畴，同时也把它与其他相似的社会现象进行了区分。但是，体育的概念并非是一成不变的，随着社会的发展和进步，人们对体育的认识也在进一步深化。

从学校教育的角度看，体育与德育、智育、美育等都是教育的重要组成部分。体育可以看作一种有目的、有组织、有计划的教育过程，它可以增强学生体质，培养学生良好的思想品德和意志品质，促进学生个性全面发展。

1.1.2 现代体育的构成

现代体育主要由学校体育、竞技体育和体育锻炼三个部分构成。

1. 学校体育

学校体育是满足社会长远发展的要求，面向全体学生，以全面提高学生的基本素质为根本目的，以注重开发学生潜能、促进学生德、智、体全面发展为基本特征的一个教育过程。

学校体育的特点包括：根据学生身心发展特点和教学大纲有计划地开展多种教学活动；教学方法和形式丰富多样，让学生在快乐中学、在快乐中锻炼；竞技比重小，危险系数小，动作技术难度适中。

学校体育的目标包括两个方面：一是强健学生的身体；二是通过体育教育使学生掌握健身方法，为学生终生健身奠定基础。

2. 竞技体育

竞技体育是以提高运动成绩和参加竞争为目的，为了最大限度地发掘人体在体格、体能、心理和运动能力等方面的潜能，对训练者进行科学、系统的培养和训练的过程。

追梦赤子心，从过去到现在

竞技体育的特点包括：能充分调动和发掘运动员体力、智力和心理等方面的潜力；具有很强的竞争性和对抗性；参加者需有充沛的体力和高超的技艺；竞赛规则统一且具有国际性，成绩具有公认性，等等。

3. 体育锻炼

体育锻炼属于运动文化娱乐范畴，是指以健身、医疗、保健和娱乐为目的的身体活动。

体育锻炼的特点包括：体育锻炼不受性别、年龄和职业的影响，任何人都可以参与；体育锻炼需遵循人体生理规律和增进健康的科学原则，其内容、方法和组织方式可根据时间、地点和对象而灵活调整。

1.1.3 竞技体育的意义

竞技体育凝聚着体育的魅力，具有促进人类进步、引领人们的思想和情绪发展的作用。其意义体现在以下多个方面。

1. 体现国家综合实力

一个国家的竞技体育水平是该国政治、经济、文化科技等方面的综合体现。当今世界竞技体育强国，如美国、俄罗斯、德国、法国、澳大利亚等。我国近年来在竞技体育方面取得了令人瞩目的成就，也已跻身竞技体育强国的行列。

竞技体育强国是一个综合的概念，其表现在多个方面，包括国民素质、国民体质、社会运动场所、群众的体育意识、体育人口的比例、个人的体育消费水平、体育产业发展水平、竞技体育的水平等。所以说，竞技体育是国家综合实力的体现。

2. 推动社会经济发展

竞技体育的发展离不开经济的支持，反之，竞技体育的不断发展也会对社会经济的发展起着推动作用。例如，举办奥运会除了能展示国力外，还能拉动社会经济发展。2008 年北京举办了第 29 届奥运会，北京市统计局调查显示：2008 年北京市体育产业实现增加值 154.0 亿元，比 2007 年增长 75.8%。竞技体育对社会经济发展的推动作用是显而易见的。

3. 增强民族自豪感和凝聚力

竞技体育能够增强民族自豪感和凝聚力。2016 年，在里约奥运会上中国国家女子排球队在先失一局的情况下连扳三局，逆转局面，战胜塞尔维亚女排。这是中国女排时隔 12 年再次获得奥运冠军，给国人带来了无限惊喜，中国女排的拼搏精神成为各行各业的学习榜样。近十几年来，中国健儿在奥运会上取得了许多优异成绩，极大地鼓舞了国人和海外华人，赛场上飘扬的五星红旗彰显了运动员的爱国情感，极大地增强了我们的民族自豪感和民族凝聚力。

4. 丰富人民群众的文化生活

随着经济建设的发展和人们生活水平的提高，人们对丰富多彩的、健康的文化娱乐生活的要求也越来越高，人们期望看到更多、更激烈、更高水平的竞赛，以消除工作所带来的紧张与疲劳，调剂精神生活，并从中增加知识，得到美的享受。此外，受各种精彩、激烈的体育运动竞赛的影响，许多人都会身体力行地去从事自己所喜爱的运动项目，从中获得身体和精神上的满足。

5. 推动整个体育事业的发展

一方面，竞技体育的发展推动了群众体育活动的开展。我国优秀运动员在国际体坛上夺取桂冠，会激发广大青少年的锻炼兴趣和热情，从而推动群众性体育活动的广泛开展，促进体育普及和技术水平的进一步提高。另一方面，群众体育的发展也为竞技体育的发展创造了良好的社会环境。这种体育内部的交融现象大大促进了现代体育的发展。

1.1.4 竞技体育欣赏

1. 竞技体育欣赏的内容

竞技体育欣赏的内容十分丰富，下面简要介绍人们普遍关注的几个方面。

1）对运动员身体美的欣赏

身体美是人的身体在体育运动中呈现出来的美，它是由机体良好的生理和心理状态综合显示出来的健康之美。身体美主要包括健康的身心、强壮的体格、匀称的体态、健

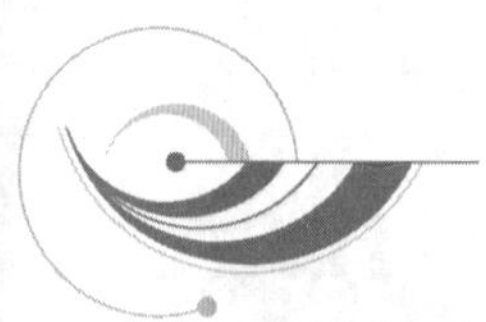

图 1-1　对运动员身体美的欣赏

美的体型、优雅的风度及良好的身体素质等，如体操运动员优美的身姿（见图 1-1）、举重运动员健美的肌肉、篮球运动员高大的身材、长跑运动员持久的耐力等。

2）对运动员在比赛中技战术运用和临场发挥的欣赏

在各类体育运动中，协调优美的技术动作、灵活默契的战术配合及运动员超水平的临场发挥，都使体育比赛精彩纷呈、悬念迭起，也使欣赏者心情愉悦，享受其中。例如，在足球比赛中，从阵型安排到战术进攻，从整体配合到个人发挥，无不展现出运动员的智慧和力量。运动员的攻守对抗、抢断切传、突破射门等，都使场上形势千变万化，扣人心弦。

3）对运动员表现出的体育精神的欣赏

体育精神是体育运动中所蕴含的具有启迪和影响作用的思想和意识。它包括了勇于竞争的精神、自我超越的精神、团结协作的精神和坚持不懈的精神等。

4）对裁判员执法水平的欣赏

在体育运动中，裁判员的执法水平不仅会影响比赛的结果，而且会直接影响观众的欣赏情绪。裁判员高水准的公正评判，可以帮助欣赏者拓宽欣赏视角、提高欣赏水平。如在体操、跳水、花样游泳和花样滑冰等一些依据技术动作进行评分的体育项目中，裁判员的专业水平及其对于艺术美的欣赏角度等，都是观众欣赏的借鉴内容。

5）对体育运动器材和着装的欣赏

运动器材和着装是体育运动中不可忽视的要素。体育运动中使用的器材体现了一个国家的经济和科技水平，也体现了不同时代的特征。

体育比赛着装的款式、面料、图案、颜色及设计理念等，能够体现出不同国家、不同体育项目的特点和风格。美观大方、整齐统一的集体服装，是一道和谐靓丽的风景；新颖别致、个性突出的比赛服装，更为运动员增色不少。例如，艺术体操比赛的服装色彩明丽、图案华美，给人耳目一新的感觉。

6）对体育场馆的建筑艺术风格的欣赏

体育场馆不仅是建筑，还是国家文化背景和艺术风格的体现，也是科学技术与传统文化的有机结合。因此，体育场馆是体育欣赏不可忽视的重要内容。如我国的国家体育场——鸟巢（见图 1-2），气势宏伟又不失简洁典雅；造型独特，蕴含深刻意义；功能齐备，充分体现人文关怀。无论是作为观赏的对象，还是作为比赛场馆，鸟巢都具有很高的艺术价值。

图 1-2　国家体育场

2. 竞技体育欣赏的意义

1）丰富生活，陶冶情操

竞技体育欣赏可以使观众全情投入，放松身心，缓解压力，开阔视野，丰富生活。在欣赏的过程中，观众能够获得审美享受，满足精神需要，陶冶美好情操，进而保持积极乐观的心态。

2）振奋精神，激发热情

体育运动体现竞争、拼搏和进取的精神，在欣赏的过程中，观众能够受到体育精神的感染，进而强化拼搏意识，振奋民族精神。

3）深化认识，提升素质

通过竞技体育欣赏，观众可以深化对体育运动的认识，激发参加体育运动的兴趣，强化健康观念；还可以加深对真、善、美的理解，提高审美能力和欣赏能力，进而不断提升自身综合素质。

1.2　学校体育

体育锻炼是人们提升健康水平和进行自我心理调节的有效手段之一。高校学生经常处于紧张的学习状态，对于他们来说，适当地参加一些体育锻炼是很有必要的，不仅能使大脑得到充分休息，还能使身心得到良好调节。

1.2.1　学校体育的地位和作用

在我国，学校体育是一种多功能的社会活动，它既与竞技体育和体育锻炼三位一体，组成完整的体育系统，又与德育和智育有机结合构成学校教育的主要内容，它对个体学生和整个社会都有着重大而深远的影响。学校体育的作用包括以下四个方面。

1. 培养德、智、体全面发展人才

学校培养人才的质量标准和目标是使学生德、智、体等全面发展，使之成为有理想、有道德、有文化、有纪律的社会主义建设者和接班人。

社会主义现代化建设不仅要求青少年热爱祖国，热爱中国共产党，全心全意为人们服务，还要求青少年具备一定的文化水平和专业知识，练就为现代化建设服务的本领，同时还要有健康的体魄。没有健康的体魄做后盾，就难以在现代化建设中发挥应有的作用。

2. 提高国民体质水平

青少年正处于生长发育的关键阶段，经常参加体育锻炼能促进机体的生长发育，提高身体素质，为一生的健康和幸福打下坚实的基础。

青少年是祖国的未来和民族的希望，青少年的体质水平是中华民族体质水平的象征和

标志。学校体育教育的目标不仅包括促进学生进行有效锻炼，使学生的体质水平不断提高，还包括培养他们终身参与体育锻炼的良好习惯，使他们能以充沛的精力、健康的心态和强健的体魄去从事学习和工作。

3. 为国家输送优秀体育后备力量

在学校体育教育中，教师可以及早发现有运动天赋的学生，再对其进行系统和科学的训练，使之成为国家体育后备人才。因此学校体育应该在普及体育知识的基础上，重视业余运动训练，并有目的、有计划和有组织地开展业余运动训练工作，使学生掌握基本的体育知识和技能，提高学生的身体素质和运动水平，为国家体育培养后备人才。

4. 促进学生身心和谐发展

随着年龄的增长，青少年自我意识不断增强，个性特征逐渐明显，但是还有很多青少年身心发展不平衡，性格也不够成熟。在这个阶段学校面向学生开展多种体育活动，可以帮助学生进行自我调整，提高其自控能力，使其保持稳定心理状态。学校体育应重视学生的主体意识和兴趣爱好，不断深化教学改革，不断创新教学模式和活动内容，从而有效地促进学生身心的全面发展。

1.2.2 学校体育的目的和任务

1. 学校体育的目的

学校体育的目的是为社会主义现代化建设培养德、智、体全面发展的人才，使学生的身心得到全面、健康的发展，使其更好地完成学校的学习任务，将来更好地建设祖国和服务社会。

2. 学校体育的任务

与学校体育的目的相对应，学校体育的任务包括以下四项。

（1）全面锻炼学生的身体，促进其身体形态结构、心理和生理机能的发展，提高其身体素质和基本的体育活动能力，提高其对外界环境的适应能力。

（2）使学生掌握体育和健康的基础知识，学会锻炼身体的技能与方法，掌握部分体育项目的基本技术，并能运用所学知识进行自我调控、自我检测和自我评价，为其终身健身奠定扎实的基础。

（3）对学生进行爱国主义和集体主义教育，培养其积极乐观、顽强拼搏的良好品质和团队合作意识，使其能正确对待个人和集体的成功与失败；并使其树立现代体育意识，把健康与学习、生活和自身发展等联系起来，提高对体育的兴趣和对体育比赛的欣赏能力，养成积极参加体育锻炼的习惯。

（4）发展学生的体育才能，提高学生运动竞技水平。学校是培养人才的场所，体育教育应在普及体育知识的基础上对部分具有一定运动才能的学生进行课余专项体育锻炼，进一步加强他们的才能，为国家体育培养和输送后备人才。

1.2.3　学校体育的组织形式

学校体育的组织形式主要包括体育课程教学、课外体育活动、课余体育运动训练和课余体育竞赛等。

1. 体育课程教学

体育课程是学校教学计划中所规定的必修课程。体育课程教学是学校实施体育教育最主要的组织形式，它既是学校体育教育工作的中心环节，又是实现学校体育教育目标的基本途径。

体育课程教学分为理论课教学和实践课教学两部分。

1）理论课教学

理论课教学是教师根据体育理论教材，按教学计划和课时进度，系统地向学生传授体育科学知识和体育实践方法的过程。其目的是加强学生对体育的理性认识和对体育文化内涵的深刻理解，使学生形成体育锻炼的意识，树立终身体育锻炼的观念。

2）实践课教学

实践课教学是以身体练习为基本手段，以教师为主导，以学生为主体专门进行的体育教学过程，是高校实现体育教育目标的基本组织形式。教师在教学过程中要注意充分调动和发挥学生主观能动性，让学生主动接受一定的运动负荷，从而有效锻炼学生的体格，增强学生的体能。

2. 课外体育活动

课外体育活动是学校体育的重要组成部分，实际上也是体育课的延续和补充。其目的是让学生将课上所学的技术和技能在课外进行具体运用与实践。课外体育活动主要包括早操和课间活动。

1）早操

早操既是学生作息制度的组成部分，又是学校维持正常教学秩序的重要环节。做早操是指学生每天早上起床后到室外做操或进行一般性的身体活动。

早操时间一般为 15～20 min，因为学生上午要上课，所以早操的活动量不宜太大。早操内容多为广播操，也可以是健身跑、打拳、健美操和各种身体素质练习等。组织形式应为集体活动和个人活动相结合。

学生坚持做早操不仅可以锻炼个人意志，促进身心健康，而且可以消除早晨起床后大脑的抑制状态，激活机体的生理机能，促进学生以充沛的精力和饱满的情绪开始一天的学习生活。

2）课间活动

课间活动是指下课后学生利用课间休息的几分钟在教室周围做一些轻松的身体活动。做课间活动是一种很好的休息方式，可以为学生注入新的活力和精力，从而提高其学习效率。

3. 课余体育运动训练

课余体育运动训练是在普及群众性体育运动的基础上，对部分热爱体育运动、身体素质好、有专项运动特长的学生进行系统体育训练的过程。

课余训练的目的是提高学生竞技运动水平，为不同层次体育比赛选拔人才，另一方面，为学校培养体育骨干，以便指导和推动群众性体育活动的开展。

通常来说，课余体育运动训练必须根据学生的年龄特点、运动基础、生理和心理制订专门的训练计划，必须遵循运动训练原则，采用科学训练方法进行训练，确保学生在增强体质的基础上进行力所能及的课余训练，切实提高其运动水平和运动成绩。

4. 课余体育竞赛

校园体育剪影

课余体育竞赛具有竞争性和趣味性，是推动学校群众性体育活动开展的有效形式，它具有振奋人心、鼓舞激情、宣传体育精神和增强学生体质的作用。通过课余体育竞赛，还可以检查体育课程教学、课外体育活动和课余体育运动训练的效果，加强学生之间的交流，增强其团队意识和集体意识。

第 2 章　健康教育

学习目标

- ○ 熟悉健康的概念及衡量健康的标准。
- ○ 了解影响健康的因素。
- ○ 熟悉亚健康的概念及其临床症状。
- ○ 了解学校健康教育的目的、内容和意义。

2.1　健康常识

健康是人类追求的永恒目标，拥有健康才能享受生活。以往人们普遍认为“健康就是没有疾病”，但随着科学的发展和社会的进步，健康的定义早已不局限于身体的健康。

2.1.1　健康的概念

1948 年，世界卫生组织在宪章中明确指出：“健康不是仅仅免于疾病和衰弱，而是保持身体上、精神上和社会适应能力等方面的良好状态。”从而将人类的健康与生理、心理及社会因素联系在一起。

这个定义包括三层含义：一是躯体健康，指躯体的结构完好，功能正常；二是心理健康，又称精神健康，指人的心理处于良好状态，包括能正确地认识自我、认识环境，及时适应环境等；三是社会适应能力良好，指个人的能力在社会系统内得到充分的发挥，个体能够有效地扮演与其身份相适应的角色，个人的行为与社会规范和谐一致。

1989 年，世界卫生组织对健康的概念进行了重新定义，提出健康应包括躯体健康、心理健康、社会适应良好和道德健康，这就是所谓的四维健康观念，如图 2-1 所示。继四维健康观念之后，美国学者提出了一个类似的健康定义，即健康是人对环境适应后所达到的一种生命质量，个体只有在身体、情绪、智力、精神和社会各方面达到完美状态才称得上真正的健康，这种健康观又称健康五要素，如图 2-2 所示。这种观念将人们对健康的认识提高到了一个崭新的高度，并为世界各国广泛接受。

健康五要素的内涵包括以下几个方面。

（1）身体健康不仅包括无病，而且包括体能充沛。体能是一种能满足生活需要和有足够能量完成各种活动的能力。体能充沛可以预防疾病，提高生活质量。

（2）情绪涉及我们对自己和他人的感受。情绪健康的主要标志是情绪稳定。当然在

生活中偶尔有些情绪波动均属正常，关键是在生活中大部分时间能保持情绪稳定。

（3）智力健康是指具有认识、理解客观事物，并运用知识、经验等解决问题的能力，包括但不限于记忆、观察、想象、思考、判断等能力。

（4）精神健康是指能够认识自己的潜力，自如应对正常生活压力，以及关心和尊重所有生命。

（5）社会健康是指个体与他人及社会环境相互作用形成和谐的人际关系，以及能够恰当扮演社会角色。社会健康使人们在人际交往中充满自信和安全感，进而减少烦恼，保持心情愉快。

值得注意的是，健康的五个要素是相互联系、相互影响的。例如，身体不健康会导致情绪不健康，心理不健康会导致身体、情绪和智力的不健康。因此，只有每一个健康要素平衡地发展，人们才能真正健康、幸福地生活。

图 2-1　四维健康观念

图 2-2　健康五要素

2.1.2　衡量健康的标准

世界卫生组织在给健康下定义时并未给出具体的量化标准。因为当地域、种族、年龄段、性别、职业等因素不同时，衡量健康的具体标准也会有所不同。所以说，健康没有一个确切的概念和具体的指标，它只能是对一个个体在不同时间和空间的状态描述。也就是说，衡量健康的标准是很广泛的。

近年来，为了便于普及健康知识，世界卫生组织提出了衡量人体健康的 10 条标准。

（1）精力充沛，能从容应付日常生活和工作。

（2）处事乐观，态度积极，乐于承担责任。

（3）善于休息，睡眠质量好。

（4）应变能力强，能适应各种环境的变化。

（5）对一般传染性疾病（如感冒）具有一定的抵抗力。

（6）体形匀称，体重正常，身体各部分比例协调。

（7）眼睛明亮，思维反应敏捷。

（8）牙齿清洁，无损伤，无病痛，齿龈无出血。

（9）头发有光泽，无头屑。

（10）走路轻松，肌肉、皮肤富有弹性。

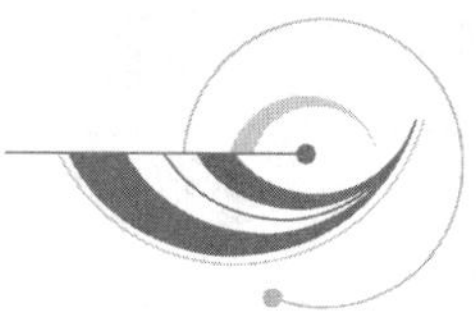

人们在日常生活中也形成了一些关于健康的标准，实际上是对世界卫生组织提出的标准的延伸，包括以下几个方面。

（1）胃口好，进餐适量，不挑剔食物。

（2）排泄顺畅，胃肠功能良好。

（3）能很快入睡，且睡眠程度深，醒后精神饱满，头脑清醒。

（4）语言表达正确，说话流利。

（5）行动自如、敏捷，精力充沛。

（6）性格温和，意志坚强，感情丰富，具有坦荡的胸怀与达观的心境。

（7）具有良好的处世能力和自我控制能力，看问题客观、理性。

（8）能适应复杂的社会环境，对事物的变化保持良好的情绪，能保持社会外环境与机体内环境的平衡。

（9）具有良好的人际关系，待人接物大度、和善，不过分计较，助人为乐，与人为善。

现代健康观揭示了人体的整体性及人体与自然环境和社会环境的统一。人类对疾病的预测从对个体诊断延伸到对群体乃至整个社会的健康评价，而对健康的评价标准由单纯的生物标准扩展到心理、社会标准。

2.1.3 影响健康的因素

20 世纪 70 年代，加拿大学者从预防医学的角度提出了影响健康的四大主要因素，即行为与生活方式、生活环境、生物学和医疗卫生服务。

1. 行为与生活方式因素

行为与生活方式因素是指由人们自身的行为和生活方式给个人、群体乃至社会的健康带来直接或间接的影响，这种影响具有潜伏性、累积性和广泛性。

国内外大量研究表明，在现代社会里不良的生活方式和有害健康的行为习惯已经成为危害人们健康、导致疾病的主要原因。不良的生活方式和有害健康的行为习惯包括抽烟、酗酒、暴饮暴食、过多摄入脂肪和糖等不健康的饮食生活方式，不规律的娱乐活动、睡眠不足、电子游戏成瘾等不健康的休闲方式，缺乏运动或不运动的生活习惯，以自我为中心、孤独、抑郁、嫉妒和自私等不健康的心理状态，等等。这些不良生活方式和有害健康的行为习惯是高血压、冠心病、糖尿病等“现代生活方式病”的患病率不断增高的主要原因。1992 年，世界卫生组织在《维多利亚宣言》中指出，健康的四大基石是合理的膳食、适量的运动、戒烟和限制饮酒、心理健康。

2. 生活环境因素

生活环境因素可分为物理性因素（如环境气候和空气质量等）和社会性因素（如科技发展、家庭环境、工作环境、人际关系和经济收入等），它们从不同的角度影响着健康。

一方面，现代建筑不断向高空发展，人们居住在这些建筑物中，与大自然的距离越来越远，加上城市工业化导致淡水污染，空气中的二氧化碳和二氧化硫等有害物质不断增长，

植被减少，以及酸雨、毒雪和黑风暴、沙尘暴的频繁发生，致使人类的生活环境日益恶化，严重危害了人类的健康。另一方面，城市交通、通信联络工具的现代化减少了人们走路锻炼的机会；生活方式的现代化减少了人们进行家务劳动的机会；食品构成的改善、脂肪和肉类的增加，使得人们从食物中摄入的热量越来越多；加之整个社会生活的节奏大大加快，使人们经常处于紧张状态之中，精神上承受着巨大的压力。这些生活环境和生活方式的急剧变化造成了现代人的机体结构和机能与生活环境之间产生了诸多不平衡。

3. 生物学因素

生物学因素包括基因遗传因素及细菌、寄生虫等病原微生物因素。

遗传是指自然生物通过一定的生殖方式，将遗传物质从上一代传给下一代的生物现象。在把遗传物质传给后代的同时，上一代也把亲代的许多隐性或显性的疾病传给了后代。生物遗传因素直接影响人类健康，对诸多疾病的发生、发展及分布具有决定性影响。

现代研究表明，遗传倾向不仅表现在先天性缺陷和遗传性疾病方面，而且在后天的常见病（如冠心病、高血压、糖尿病、某些癌症）和常见的精神障碍方面也起着重要作用。遗传因素可能会使这些疾病提前发生。

病原微生物是引起传染病发生的首要条件。在微生物学、生物化学及相关学科发展早期，人们普遍认为一些传染病已经基本消灭，而余下的传染病也可通过免疫和抗生素得到控制。但在 20 世纪末人们惊讶地发现，致病细菌显示出明显的抗药能力和适应环境变化的能力，这意味着病原微生物与人类是共生的关系，传染病会一直是人类健康的主要危害。

4. 医疗卫生服务因素

医疗卫生服务指卫生医疗机构和专业人员为了达到预防疾病、促进健康的目的，运用卫生医疗手段向个人、群体和社会提供的必要服务。

医疗卫生服务因素是指医疗卫生系统中影响健康的因素，涉及预防、医疗及康复等方面，包括医疗水平低、误诊、漏诊，医务人员数量少、质量差，初级卫生保健系统不健全，重治疗轻预防，医疗资源分布不均，缺少康复机构和不良医患关系等。这些都是不利于健康的因素。

2.1.4 关于亚健康状态

世界卫生组织认为，亚健康状态是健康与疾病之间的临界状态，又称为“第三种状态”或“灰色状态”，是指机体在内外环境不良刺激下引起心理、生理发生异常变化，但尚未表现出明显的病理反应的状态。

从生理学角度讲，亚健康状态是指人体各器官功能处于稳定性失调，但没有引起器质性损伤的状态。此时若进行医学检查，各项生理、生化指标往往无明显异常，因此医生无法做出明确诊断。但在这种状态下，人体机能和免疫功能已经有所下降，因此很容易患病，当然若及时调控则可恢复健康状态。

1. 亚健康的症状

亚健康在临床常被诊断为疲劳综合征、内分泌失调、神经衰弱和更年期综合征等。其在心理上的表现为精神不振、情绪低落、反应迟钝、注意力不集中、记忆力减退、遇事紧张、失眠、烦躁、焦虑和易惊等；其在生理上的表现为疲劳、乏力、胸闷气短、活动时气短、出汗和腰酸腿疼等。此外，由于亚健康状态基本上是由机体组织结构退化（老化）及生理功能减退所致，因此，目前也将人体衰老表现列入亚健康状态的一种类型。

总的来说，造成亚健康的原因包括以下几个方面。

（1）过度疲劳会造成人的精力和体力透支，从而导致疲劳综合征，同时也可能导致内分泌失调。随着生活和工作节奏的加快，各种竞争日益激烈，使得人们用脑过度，身心长期处于超负荷紧张状态，造成人体内脏功能过度损耗、机能下降，从而出现亚健康状态。

（2）人体的自然衰老会造成亚健康。人体在成熟之后，大约从 30 岁就开始衰老（女性更年期就是衰老的表现之一），这时人体器官逐渐开始老化，人体虽然没有病变，但已经不完全健康了。这种状态也属于亚健康状态。

（3）机体处于重病恢复期及慢性病发病前期时，虽然理论上人并未生病，实际上机体仍处在或已经处在病变状态，属于亚健康状态。

（4）人的体力、精力和情绪都有一定的生物规律。每个健康的人的体力、精力和情绪都会规律性地出现高潮期与低潮期。在低潮时人体受众多因素的影响，很可能会处于亚健康状态。

2. 亚健康状态自测

由于亚健康状态是介于健康状态和疾病状态之间和一种游离状态，所以亚健康状态很难界定。对此，专家罗列出 30 种亚健康的症状以供人们做自我检测。如果在以下 30 项症状中，有 6 项或 6 项以上状况符合，则可视为亚健康。

（1）精神焦虑，紧张不安。（2）忧郁孤独，自卑郁闷。
（3）注意力分散，思维肤浅。（4）遇事激动，无事自扰。
（5）健忘多疑，熟人忘名。（6）兴趣变淡，欲望骤减。
（7）懒于交际，情绪低落。（8）常感疲劳，头晕眼花。
（9）精力下降，动作迟缓。（10）头昏脑涨，不易复原。
（11）久站头晕，眼花目眩。（12）肢体酥软，力不从心。
（13）体重减轻，体虚力弱。（14）不易入眠，多梦易醒。
（15）晨不愿起，昼常打盹。（16）局部麻木，手脚易冷。
（17）掌腋多汗，口干舌燥。（18）自感低烧，夜常盗汗。
（19）腰酸背痛，此起彼伏。（20）舌生白苔，口臭自生。
（21）口舌溃疡，反复发生。（22）味觉不灵，食欲不振。
（23）反酸嗳气，消化不良。（24）便稀便秘，腹部饱胀。
（25）易患感冒，唇起疱疹。（26）鼻塞流涕，咽喉疼痛。

亚健康了怎么办

（27）憋气气急，呼吸紧迫。 （28）胸痛胸闷，有压迫感。
（29）心悸心慌，心律不齐。 （30）耳鸣耳背，晕车晕船。

2.2 学校的健康教育

2.2.1 学校健康教育的目的和内容

1. 健康教育的目的

健康教育的目的是通过健康教育活动，帮助学生维持、促进和改善学生个体及群体的健康状况。学校健康教育旨在以健康教育为手段，普及医药科学知识，鼓励学生合理膳食，使学生养成良好卫生习惯和文明的生活方式，同时培养其健康的心理素质，提高其健康水平，从而为提高国民整体素质打下坚实基础。

健康教育的目的具体包括以下几点。

1）提高学生健康知识水平

青少年的家庭背景、生活环境不尽相同，他们的健康知识水平也有高有低，还有不少人缺乏基本的健康知识，养成了不健康的生活习惯。例如，对自己的营养需求不了解，不按时吃早饭，习惯晚睡，等等。健康教育可以使学生了解健康知识，学会如何保持健康。

2）保持学生心理健康

随着社会的高速发展、生活节奏的加快，学习问题、就业问题、恋爱问题等给青少年带来很大的心理压力。个人主观愿望和现实的差距、理想和实际生活的偏差都会引起青少年产生紧张、失落、沮丧等不良情绪，甚至产生心理障碍和心理疾病。健康教育可以使学生了解什么是健康的心理，懂得如何调整自己的心理状态。

3）远离疾病，珍爱生命

很多青少年没有经常运动的习惯，一直保持着教室、食堂、宿舍三点一线的生活方式，导致其体质和心理素质得不到足够的锻炼，往往会出现肥胖、运动能力低下、心理脆弱等不健康的状况。健康教育可以增进青少年对自身健康状况的了解，预防疾病的发生，让他们从真正意义上认识到珍爱生命。

4）养成良好的行为和生活习惯

学校是人员相对集中的地方，若不注意卫生，很容易导致传染病在校园内流行。一些青少年在压力面前不能保持良好心态，出现情绪失控的问题。学校健康教育可以改善青少年对待个人和公共卫生的态度，提高其自我保健能力，使其养成有益于个人、集体和社会的健康行为和生活习惯。

2. 学校健康教育的内容

上学阶段是青少年向成年人过渡的时期，也是生活方式和行为习惯的定型期。该阶段

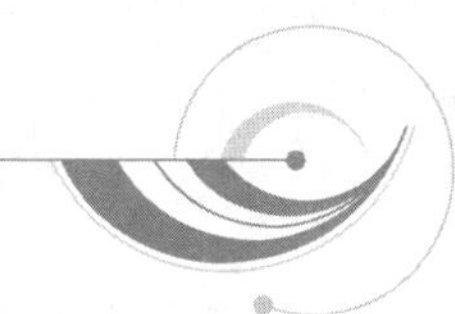

健康教育的内容重点包括健康常识、性知识、运动健身的知识和技能、心理健康的知识和技能、人际交往的知识和技能、生活安全知识、急救知识等。

2.2.2　学校健康教育的意义

学校健康教育是素质教育的重要环节、培养学生健康生活习惯的基本手段、提高学生学习效率的重要保证、奠定学生健康基础的根本措施。

1. 素质教育的重要环节

实施健康教育是我国教育方针的要求。教育方针强调要培养德、智、体等方面全面发展的社会主义事业的建设者和接班人。《中华人民共和国教育法》（以下简称《教育法》）明确指出，其制定目的是提高全民族的素质，包括道德素质、身心健康素质和文化专业素质，其中身心素质是素质教育发展的基础。

学校健康教育可以促进学生身心发展，帮助其预防疾病、增进健康，同时帮助学生进行自我认识、自我教育和自我完善，促进其自身的全面发展。

2. 培养学生健康生活习惯的基本手段

健康教育主要通过传播卫生知识来提高人们的健康知识水平，激励人们采取有益于健康的行为和生活方式，提高人的自我保健能力。学校健康教育的主要目的是改善青少年的卫生态度，帮助其培养健康的生活习惯。学生时期是养成各种良好习惯的最佳时期，好的卫生习惯和生活方式一旦形成，便可终身受益。

学校健康教育是联系健康知识和健康行为的桥梁，通过健康教育可增强学生的卫生知识，使其掌握用脑卫生、用眼卫生、睡眠卫生、心理卫生、运动卫生、膳食卫生的相关知识和技能，养成良好的习惯，从而增进学生的自我保健能力，促进其身心素质的提高。

3. 提高学生学习效率的重要保证

学生的学习活动主要是脑力活动。在学习活动中，其自身的健康状况与学习效率及学业成绩的关系非常密切。良好的性格特征和健康的身体能促进学生的观察、注意、记忆、判断、想象和思维等各方面的发展，进而保证学生学习能力、学业成绩的提高。

4. 奠定学生健康基础的根本措施

学校健康教育可以帮助学生保持乐观豁达的心情和积极的生活态度，使学生树立“健康第一”的观念，自觉养成健康文明的生活方式和行为习惯，从而提高生活质量和生命质量，为终身健康奠定良好的基础。

第 3 章　学校体育与健康的关系

学习目标

- ○　了解学校体育对人体生理和心理的影响。
- ○　熟悉《国家学生体质健康标准》。
- ○　了解大学生体质健康评价指标与分值。

3.1　概　述

健康是进行一切生产、生活活动的重要基础和保障，而体育锻炼则是获取健康的最佳途径之一。学校体育是一种有计划、有组织的系统的文化教育活动。它以身体练习为主要手段，使学生获得健康观念、建立健康行为、享有健康，并为其终身享有健康奠定基础。学校体育具有鲜明的教育性、健身性、约束性、娱乐性和周期性。它是学校教育的一个部分，可以促进学校教育的其他组成部分高效、有序地进行。

《中共中央、国务院关于深化教育改革，全面推进素质教育的决定》明确指出："健康体魄是青少年为祖国和人民服务的基本前提，是中华民族旺盛生命力的体现。学校教育要树立健康第一的指导思想，切实加强体育工作，使学生掌握基本的运动技能，养成坚持锻炼身体的良好习惯。确保学生体育课程和课外体育活动时间，不准挤占体育活动时间和场所。举办多种多样的群体性体育活动，培养学生的竞争意识、合作精神和坚强毅力。地方各级人民政府要统筹规划，为学校开展体育活动提供必要条件。"这充分体现了国家对青少年身体及心理素质发展的高度重视，体现了体育、健康教育在素质教育中的重要地位和对健康的独特作用。

3.2　学校体育对健康的影响

学校体育包括体育教学和课外体育锻炼两种形式，其本质是通过体育锻炼的方式促进学生体质和心理的健康发展。

3.2.1　学校体育对体质的影响

体质是指有机体在遗传变异和后天获得的基础上所表现出来的综合的、相对稳定的特征。它是人的运动能力、劳动工作能力乃至全部生命活动的物质基础，而体育锻炼是增强

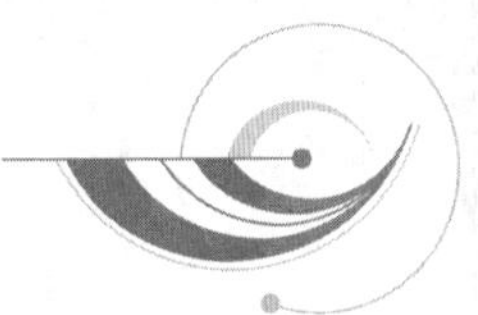

体质的最直接、有效的手段。

1. 体育锻炼对身体发育的影响

我们可以将人体生命的全部过程大致分为三个时期，即未成年时期、青年时期和中老年时期。青少年时期是未成年时期和青年时期相重合的阶段，是人体生长发育的最佳时期，也是人的体形、体力和健康奠定的关键时期。此时，后天因素对机体的影响比任何时期都大。实践证明，青少年时期经常参加体育锻炼对身高、体重、围度、身体机能和素质等指标的可塑程度能达到 50%～70%。

2. 体育锻炼对身体各个器官的影响

人体是一个完整的、统一的有机体，它由不同的器官构成。人体器官按功能可分为神经系统、呼吸系统、循环系统、消化系统、泌尿系统、生殖系统、内分泌系统、运动系统和感觉系统。体育锻炼可以对人体各个器官产生积极的影响，可以促进机体全面发展。

1）体育锻炼对神经系统的影响

神经系统由中枢神经系统和周围神经系统组成。人的所有活动都是反射活动，即由感觉器官将体内和体外的刺激传送到大脑，大脑经过分析综合给出相应的反应指令，再由周围神经将行动反应指令传达给各器官系统去执行。

当人体发育进入成熟阶段，成人脑体积就不再增加，但大脑皮层的结构和功能仍在发展，因此体育锻炼仍会对大脑功能有改善作用。

（1）体育锻炼可以提高人体对刺激的反应速度。体育锻炼的项目种类和技术动作繁多，越是对抗性和技术性强的运动，越能有效地强化脑细胞的生理功能，使神经细胞的兴奋强度和反应速度都得到提高。

（2）体育锻炼有助于增强记忆力，提高大脑工作效率。原因有两方面，第一，运动使心脏供血能力提高、脑细胞的供血量增加，从而使得脑细胞的活跃性增强。第二，人体在长时间思考和学习之后，其专管学习及与其相关的神经细胞会产生疲劳，进而由兴奋转为抑制。此时进行体育锻炼，可以使运动神经细胞群兴奋起来，而其他细胞群就可以得到良好的休息，从而有助于提高大脑工作效率。

（3）体育锻炼可以帮助改善神经衰弱。经常从事体育锻炼，可以使大脑皮质兴奋增强、抑制加深，且使兴奋和抑制都更加集中，进而使大脑的兴奋与抑制两种功能保持平衡。

2）体育锻炼对呼吸系统的影响

呼吸系统包括鼻、咽、喉、气管、支气管和肺。其中，肺是气体交换的场所，其他器官是气体交换的通道。

在安静状态下，呼吸系统的各个器官只需很小的工作强度就能完成呼吸过程，长此以往很可能会导致呼吸系统功能有所下降。进行体育锻炼时人体对氧的需求量增加，呼吸频率加快，坚持进行体育锻炼可以使呼吸肌逐渐发达、有力、耐久，可以提高练习者的呼吸深度，增加其肺活量。

3）体育锻炼对血液循环系统的影响

血液循环系统又称心血管系统，是由心脏和血管组成的封闭的管道系统。心脏相当于

生命的“发动机”，推动血液在血管里不断地流动，以便把氧气和营养物质运送到身体各处，同时把细胞代谢过程中产生的废物和二氧化碳运出体外。

（1）体育锻炼可以使心脏组织结构增强。体育锻炼时血液循环会加速，这会改善心肌的供血机能，使心肌得到更多的营养物质、心壁增厚、心脏容量增加，也使心脏搏动更加有力。一般来说，长期运动的人正常状态下的心跳频率要比一般人每分钟减少 20 次左右。

（2）体育锻炼可以使血管功能变强、血红蛋白增多、血液循环增强。体育锻炼使血液循环加快，血流量变大，而血管经常收缩或扩张使得血管壁弹性增强、血管表面积增大，从而使血管对血液的运输功能增强。经常进行体育锻炼还能使血液中的白细胞、红细胞和血红蛋白含量增多，使人体代谢和耐缺氧的能力增强，从而改善人体血液循环系统的功能。

4）体育锻炼对消化系统的影响

消化系统是由口腔、咽、食道、胃肠、胰腺、肝脏和肛门等器官组成。

（1）体育锻炼可以促进食物的消化和营养物质的吸收。一方面，经常参加体育锻炼使消化腺分泌的消化液增多，另一方面，腹部运动能使消化管道的蠕动得到加强，胃肠的血液循环得到改善，最终使食物的消化和营养物质的吸收更加充分和顺利。

（2）体育锻炼可以增进肝脏健康。体育锻炼使体内糖分的消耗增加，因此肝脏需将储备的糖原及时向外输送。肝脏工作量的增加使其机能得到锻炼和提高。

5）体育锻炼对运动系统的影响

运动系统由骨骼、关节和肌肉三部分组成。骨骼是人体的支架，是构成体形的基础，起着保护脑、脊髓、心和肺等重要器官的作用。关节是连接骨与骨之间的枢纽，人体以其为支点产生运动。肌肉附在骨骼之上，并在神经系统的支配下交替收缩与舒张，进而完成屈伸、旋转等肢体动作。

体育运动是在运动系统的协调工作下完成的，在完成运动的同时会使运动系统的各个部分更加坚固、灵活、结实且粗壮有力。

（1）体育锻炼可以使骨骼性能、形态发生良好变化。长期的体育锻炼使骨骼变得粗壮、坚固，增强其抗折、抗弯、抗压缩和抗扭转等方面的机械性能。

（2）体育锻炼可以增强关节的稳固性，提高关节的灵活性。经常从事体育锻炼能使关节囊、肌腱和韧带增厚，关节的稳固性、延展性增强，关节的弹性、灵活性和柔韧性得到提高。

（3）体育锻炼可以提高肌肉性能，增大肌肉体积。运动过程中肌肉工作加强，使肌纤维增粗，肌肉体积增大，从而使肌肉更加结实有力。

3. 体育锻炼对活动能力的影响

体育锻炼可以提高身体素质和基本活动能力。身体素质表现在速度、力量、耐力、灵敏和柔韧等多个方面。

1）速度素质

速度素质是指人体快速运动的能力，是人体身体素质中最基本的素质之一。体育锻炼会使人体对外界刺激的反应速度加快，并使人体在较短的时间范围内完成指定动作或移动指定距离。速度素质体现在以下四个方面。

（1）位移速度，指单位时间内人体位移变化的快慢。例如，径赛项目就是以位移速度的快慢作为胜负的标准。

（2）反应速度，指人体对外界刺激产生反应的快慢，即外界刺激作用到人体对刺激作出反应所经历时间的长短，如起跑时运动员对枪声的反应速度、球场上对战术变化的反应速度等。

（3）动作速度，指完成指定动作的快慢，如投掷比赛中投掷出手的速度、排球运动中的扣球速度等。

（4）速度耐力，指人体保持较长时间快速运动的能力。例如，中长跑运动就是锻炼速度耐力。

2）力量素质

力量素质是指肌肉在紧张状态（肌肉纤维长度不变）或收缩状态（肌肉纤维长度缩短）下克服外界阻力的能力。力量素质可分为以下两类。

（1）静力性力量，指肌肉做等长收缩时所产生的力量。人体需要维持或固定在一定的姿势和位置时会用到静力性力量。例如，人体做出体操动作中的支撑、平衡、垂悬和倒立时，会用到静力性力量。

（2）动力性力量，指肌肉做缩短性收缩时所产生的力量。它的特点是通过明显的身体位移使身体和器械产生加速度。动力性力量又可分为重量性力量和速度性力量，重量性力量侧重肌肉力量。例如，举重就是锻炼重量性力量。速度性力量侧重爆发力。例如，人体蹬离地面跳跃时和投掷器械时都会用到爆发力。

力量素质在体育运动中非常重要，没有力量素质作为基础，任何体育运动都不可能完成。力量素质是速度、灵敏等素质的基础，也是取得运动成绩的关键。

3）耐力素质

耐力素质是指人体长时间活动或对抗疲劳的能力。

耐力素质可分为有氧耐力和无氧耐力。有氧耐力又称肌肉耐力，指人体长时间进行中等强度肌肉活动的能力。例如，球类竞赛、中长跑等项目就是锻炼有氧耐力。无氧耐力又称心血管耐力，指人体保持较短时间内快速运动的能力。例如，短跑、短距离快速游泳等项目就是锻炼无氧耐力。

4）灵敏和柔韧素质

灵敏素质是指在外界刺激突然改变的条件下，人体能迅速、准确、协调地改变身体运动方向和位置的能力。灵敏性的内涵包括以下几个方面。

（1）迅速：指在外界刺激突然改变的条件下，以最佳的判断能力和最快的反应速度做出相应的动作。

（2）准确：指以最佳的比例将空间、时间及力量等方面进行配合，完成相应的动作。

（3）协调：指同时或依次完成动作时，能够把握好动作的空间、时间、节奏等要素的特征，使它们配合得当。

柔韧素质是指人体各关节在运动中的活动能力（幅度和范围），以及肌肉和韧带的伸展能力。柔韧素质由三个因素决定，即关节的骨结构，关节周围组织体积的大小，关节的韧带、肌腱、肌肉和皮肤的伸展性。

在体操、艺术体操、技巧、武术、跳水和田径等运动项目中，柔韧素质是决定比赛成绩的关键。

4. 体育锻炼对适应环境能力的影响

适应环境的能力主要是指人体对自然环境的适应能力，具体表现为对气候、水土的适应性及对季节变化引起的一些流行性疾病的抵抗能力。适应环境能力的强弱是身体状况好坏的标志。

经常从事体育运动可使神经系统的功能得到提高，使人体对外界刺激的反应变得迅速而准确；可使人体体温调节作用增强，有利于提高机体对环境条件的适应能力和对疾病的抵抗能力；此外，有利于培养锻炼者克服困难的拼搏精神和坚韧不拔的意志品质。

3.2.2 学校体育对心理的影响

体育锻炼对心理的影响是多方面，对大学生来说，体育锻炼对心理的影响包括以下几个方面。

1. 体育锻炼有助于发展智力

正常的智力是正确感知和认识世界的前提，是心理健康的基础。经常参加体育锻炼不仅能提高锻炼者的注意力、记忆力、反应、思维、想象力等，还可以让锻炼者情绪稳定、性格开朗，而这些非智力因素对人的智力具有促进作用。

2. 体育锻炼有助于培养良好的情绪体验

大学生在复杂多变的社会环境中常常会产生紧张、压抑、忧虑等不良情绪反应，而体育锻炼能帮助其从烦恼和痛苦中抽离出来。

体育锻炼之所以能够调节情绪，是因为体育锻炼的参与者能体验到运动带来的愉悦感。心理学家认为，适度负荷的体育锻炼能够促进人体释放一种多肽物质——内啡肽，它能使人们获得愉快、兴奋的情绪体验。因此参加体育锻炼尤其是参加那些自己喜爱和擅长的体育锻炼，可以使人从中得到乐趣，振奋精神，从而产生良好的情绪状态。

3. 体育锻炼有助于形成和谐的人际关系

现代社会生活节奏的加快使大学生越来越趋向封闭的状态，从而造成彼此之间情感交流缺乏，人际关系渐渐疏远。体育锻炼可以打破这种封闭，让不同年级、性别、家庭背景的大学生聚集在运动场上进行平等、友好、和谐的交往，使大家互相之间产生信任感，从而有效地进行情感和信息的交流。

4. 体育锻炼有助于促进坚强品质的形成

一个人的意志品质体现在一个人的果断性、坚忍性、自制力、主动性和独立性等方面。意志品质既是在克服困难的过程中表现出来的，也是在克服困难的过程中培养出来的。参

加体育锻炼的过程就是不断克服主观和客观上的各种障碍（如懒惰、胆怯、疲劳和气候条件不佳等）的过程，可以帮助培养大学生果断、坚韧等优秀的意志品质。

5. 体育锻炼有助于消除心理疾病

就目前而言，心理疾病的大部分病因及体育锻炼有助于治疗心理疾病的机理尚未完全清楚，但体育锻炼作为一种心理治疗手段在国外已经开始流行。对于大学生来说，通过体育锻炼可以减轻或消除由学习、生活、情感等各方面的挫折引起的焦虑和抑郁等症状，同时也为不良情绪的宣泄提供了一种合理有效的途径，能有效防止心理障碍或者心理疾病的发生。

3.3　大学生体质健康评价与标准

大学生体质健康评价是高等学校体育工作的重要环节，也是学校教育评价体系的重要组成部分。建立全面、科学的学生体质健康评价体系，可使学生自身、家长、学校、社会等各方面及时了解学生的身体健康状况，促使学生调整自己的学习和锻炼目标，并为学校和教育管理部门制订和调整体育教育政策提供科学依据。

为贯彻落实“健康第一”的指导思想，切实加强学校体育工作，促进学生积极参加体育锻炼，养成良好的锻炼习惯，提高体质健康水平，教育部于 2014 年 7 月颁布了最新的《国家学生体质健康标准（2014 年修订）》（以下简称《标准》）。

《标准》评价指标体系包括三个部分：身体形态指标、身体机能指标和身体素质指标。其目的是了解各年级学生体质健康状况的基本水平，并通过检测与评价各年级学生体质健康状况，实现该标准的功能。《标准》要求各学校每学年开展覆盖本校各年级学生的《标准》测试工作，并根据学生学年总分评定等级。

下面我们就结合修订后的《标准》，简要介绍一下大学生体质健康评价的要点与方法。

3.3.1　《标准》说明

（1）《标准》是国家学校教育工作的基础性指导文件和教育质量基本标准，是评价学生综合素质、评估学校工作和衡量各地教育发展的重要依据，是《国家体育锻炼标准》在学校的具体实施，适用于全日制普通小学、初中、普通高中、中等职业学校、普通高等学校的学生。

（2）《标准》的修订坚持“健康第一”的指导思想，落实相关要求，着重提高《标准》应用的信度、效度和区分度，着重强化其教育激励、反馈调整和引导锻炼的功能，着重提高其教育监测和绩效评价的支撑能力。

（3）《标准》从身体形态、身体机能和身体素质等方面综合评定学生的体质健康水平，是促进学生体质健康发展、激励学生积极进行身体锻炼的教育手段，是国家学生发展核心素养体系和学业质量标准的重要组成部分，是学生体质健康的个体评价标准。

（4）《标准》将适用对象划分为以下组别：小学、初中、高中按每个年级为一组，其中小学为 6 组、初中为 3 组、高中为 3 组；大学一、二年级为一组，大学三、四年级为一组。

（5）小学、初中、高中、大学各组别的测试指标均为必测指标。其中，身体形态类中的身高、体重，身体机能类中的肺活量，以及身体素质类中的 50 m 跑、坐位体前屈为各年级学生共性指标。

（6）《标准》的学年总分由标准分与附加分之和构成，满分为 120 分。标准分由各单项指标得分与权重乘积之和组成，满分为 100 分。附加分根据实测成绩确定，即对成绩超过 100 分的加分指标进行加分，满分为 20 分。其中，小学的加分指标为 1 min 跳绳，加分幅度为 20 分；初中、高中和大学的加分指标为男生引体向上和 1 000 m 跑，女生 1 min 仰卧起坐和 800 m 跑，各指标加分幅度均为 10 分。

（7）根据学生学年总分评定等级：90.0 分及以上为优秀，80.0～89.9 分为良好，60.0～79.9 分为及格，59.9 分及以下为不及格。

3.3.2　大学生体质健康评价指标与分值

《标准》中对大学生体质健康的评价指标与权重做了详细说明，如表 3-1 所示。

表 3-1　大学生体质健康标准评价指标与权重

评价指标（测试项目）	权重/%	备注
体重指数（BMI）	15	必测
肺活量	15	必测
50 m 跑	20	必测
坐位体前屈	10	必测
立定跳远	10	必测
引体向上（男）/1 min 仰卧起坐（女）	10	必测
1 000 m 跑（男）/800 m 跑（女）	20	必测

注：体重指数（BMI）=体重/身高 ^{2}（单位：kg/m^2）。

表 3-2～表 3-9 是具体的评分标准及加分标准。

表 3-2　男女生体重指数（BMI）单项评分表　（单位：kg/m^2）

等级	单项得分	男生	女生
正常	100	17.9～23.9	17.2～23.9
低体重	80	≤17.8	≤17.1
超重		24.0～27.9	24.0～27.9
肥胖	60	≥28.0	≥28.0

表 3-3　男生/女生肺活量单项评分表　（单位：mL）

等级	单项得分	男生		女生	
		大一、大二	大三、大四	大一、大二	大三、大四
优秀	100	5 040	5 140	3 400	3 450
	95	4 920	5 020	3 350	3 400
	90	4 800	4 900	3 300	3 350
良好	85	4 550	4 650	3 150	3 200
	80	4 300	4 400	3 000	3 050
及格	78	4 180	4 280	2 900	2 950
	76	4 060	4 160	2 800	2 850
	74	3 940	4 040	2 700	2 750
	72	3 820	3 920	2 600	2 650
	70	3 700	3 800	2 500	2 550
	68	3 580	3 680	2 400	2 450
	66	3 460	3 560	2 300	2 350
	64	3 340	3 440	2 200	2 250
	62	3 220	3 320	2 100	2 150
	60	3 100	3 200	2 000	2 050
不及格	50	2 940	3 030	1 960	2 010
	40	2 780	2 860	1 920	1 970
	30	2 620	2 690	1 880	1 930
	20	2 460	2 520	1 840	1 890
	10	2 300	2 350	1 800	1 850

表 3-4　男生/女生 50 m 跑单项评分表　（单位：s）

等级	单项得分	男生		女生	
		大一、大二	大三、大四	大一、大二	大三、大四
优秀	100	6.7	6.6	7.5	7.4
	95	6.8	6.7	7.6	7.5
	90	6.9	6.8	7.7	7.6
良好	85	7.0	6.9	8.0	7.9
	80	7.1	7.0	8.3	8.2
及格	78	7.3	7.2	8.5	8.4
	76	7.5	7.4	8.7	8.6
	74	7.7	7.6	8.9	8.8
	72	7.9	7.8	9.1	9.0
	70	8.1	8.0	9.3	9.2
	68	8.3	8.2	9.5	9.4
	66	8.5	8.4	9.7	9.6
	64	8.7	8.6	9.9	9.8
	62	8.9	8.8	10.1	10.0
	60	9.1	9.0	10.3	10.2

（续表）

等级	单项得分	男生		女生	
		大一、大二	大三、大四	大一、大二	大三、大四
不及格	50	9.3	9.2	10.5	10.4
	40	9.5	9.4	10.7	10.6
	30	9.7	9.6	10.9	10.8
	20	9.9	9.8	11.1	11.0
	10	10.1	10.0	11.3	11.2

表 3-5　男生/女生坐位体前屈单项评分表　（单位：cm）

等级	单项得分	男生		女生	
		大一、大二	大三、大四	大一、大二	大三、大四
优秀	100	24.9	25.1	25.8	26.3
	95	23.1	23.3	24.0	24.4
	90	21.3	21.5	22.2	22.4
良好	85	19.5	19.9	20.6	21.0
	80	17.7	18.2	19.0	19.5
及格	78	16.3	16.8	17.7	18.2
	76	14.9	15.4	16.4	16.9
	74	13.5	14.0	15.1	15.6
	72	12.1	12.6	13.8	14.3
	70	10.7	11.2	12.5	13.0
	68	9.3	9.8	11.2	11.7
	66	7.9	8.4	9.9	10.4
	64	6.5	7.0	8.6	9.1
	62	5.1	5.6	7.3	7.8
	60	3.7	4.2	6.0	6.5
不及格	50	2.7	3.2	5.2	5.7
	40	1.7	2.2	4.4	4.9
	30	0.7	1.2	3.6	4.1
	20	−0.3	0.2	2.8	3.3
	10	−1.3	−0.8	2.0	2.5

表 3-6　男生/女生立定跳远单项评分表　（单位：cm）

等级	单项得分	男生		女生	
		大一、大二	大三、大四	大一、大二	大三、大四
优秀	100	273	275	207	208
	95	268	270	201	202
	90	263	265	195	196
良好	85	256	258	188	189
	80	248	250	181	182

（续表）

等级	单项得分	男生		女生	
		大一、大二	大三、大四	大一、大二	大三、大四
及格	78	244	246	178	179
	76	240	242	175	176
	74	236	238	172	173
	72	232	234	169	170
	70	228	230	166	167
	68	224	226	163	164
	66	220	222	160	161
	64	216	218	157	158
	62	212	214	154	155
	60	208	210	151	152
不及格	50	203	205	146	147
	40	198	200	141	142
	30	193	195	136	137
	20	188	190	131	132
	10	183	185	126	127

表 3-7　男生 1 min 引体向上/女生 1 min 仰卧起坐单项评分表　（单位：次）

等级	单项得分	男生		女生	
		大一、大二	大三、大四	大一、大二	大三、大四
优秀	100	19	20	56	57
	95	18	19	54	55
	90	17	18	52	53
良好	85	16	17	49	50
	80	15	16	46	47
及格	78			44	45
	76	14	15	42	43
	74			40	41
	72	13	14	38	39
	70			36	37
	68	12	13	34	35
	66			32	33
	64	11	12	30	31
	62			28	29
	60	10	11	26	27
不及格	50	9	10	24	25
	40	8	9	22	23
	30	7	8	20	21
	20	6	7	18	19
	10	5	6	16	17

表 3-8 男生/女生耐力跑单项评分表

等级	单项得分	男生（1 000 m）		女生（800 m）	
		大一、大二	大三、大四	大一、大二	大三、大四
优秀	100	3′17″	3′15″	3′18″	3′16″
	95	3′22″	3′20″	3′24″	3′22″
	90	3′27″	3′25″	3′30″	3′28″
良好	85	3′34″	3′32″	3′37″	3′35″
	80	3′42″	3′40″	3′44″	3′42″
及格	78	3′47″	3′45″	3′49″	3′47″
	76	3′52″	3′50″	3′54″	3′52″
	74	3′57″	3′55″	3′59″	3′57″
	72	4′02″	4′00″	4′04″	4′02″
	70	4′07″	4′05″	4′09″	4′07″
	68	4′12″	4′10″	4′14″	4′12″
	66	4′17″	4′15″	4′19″	4′17″
	64	4′22″	4′20″	4′24″	4′22″
	62	4′27″	4′25″	4′29″	4′27″
	60	4′32″	4′30″	4′34″	4′32″
不及格	50	4′52″	4′50″	4′44″	4′42″
	40	5′12″	5′10″	4′54″	4′52″
	30	5′32″	5′30″	5′04″	5′02″
	20	5′52″	5′50″	5′14″	5′12″
	10	6′12″	6′10″	5′24″	5′22″

表 3-9 大学生加分指标评分表

加分	男生 1 min 引体向上/次		女生 1 min 仰卧起坐/次		男生 1 000 m 跑/秒		女生 800 m 跑/秒	
	大一 大二	大三 大四	大一 大二	大三 大四	大一 大二	大一 大二	大三 大四	大一 大二
10	10	10	13	13	-35″	-35″	-50″	-50″
9	9	9	12	12	-32″	-32″	-45″	-45″
8	8	8	11	11	-29″	-29″	-40″	-40″
7	7	7	10	10	-26″	-26″	-35″	-35″
6	6	6	9	9	-23″	-23″	-30″	-30″
5	5	5	8	8	-20″	-20″	-25″	-25″
4	4	4	7	7	-16″	-16″	-20″	-20″
3	3	3	6	6	-12″	-12″	-15″	-15″
2	2	2	4	4	-8″	-8″	-10″	-10″
1	1	1	2	2	-4″	-4″	-5″	-5″

注：引体向上、1 min 仰卧起坐均为高优指标，学生成绩超过单项评分 100 分后，以超过的次数所对应的分数进行加分；1 000 m 跑、800 m 跑均为低优指标，学生成绩低于单项评分 100 分后，以减少的秒数所对应的分数进行加分。

3.3.3 主要测试项目简介

大学生体质健康测试项目

为了便于大家进一步了解和实施《标准》，下面再来简要介绍一下主要测试项目的测试意义、所需测试器材及具体的测试方法。

1. 体重指数

该项目是将身高和体重综合起来，以每厘米身高的体重来确定学生的体形匀称度，可反映学生是营养不良、正常体重，还是超重和肥胖。

如果所测得的体重指数数值小于或大于同年龄段的体重指数的范围，就说明身体的匀称度欠佳，需要通过调整饮食结构或积极参加体育运动来增加肌肉组织或减少体内多余的脂肪。

1）测试器材

测试器材为身高体重测量仪。

2）测试方法

受试者赤足，立正姿势站在测试仪托盘上，同时上肢自然下垂，足跟并拢，足尖分开约成 60°，足跟、骶骨部及两肩胛区同时与立柱相接触，躯干自然挺直，头部端正，耳屏上缘与眼眶下缘齐平，如图 3-1 所示。

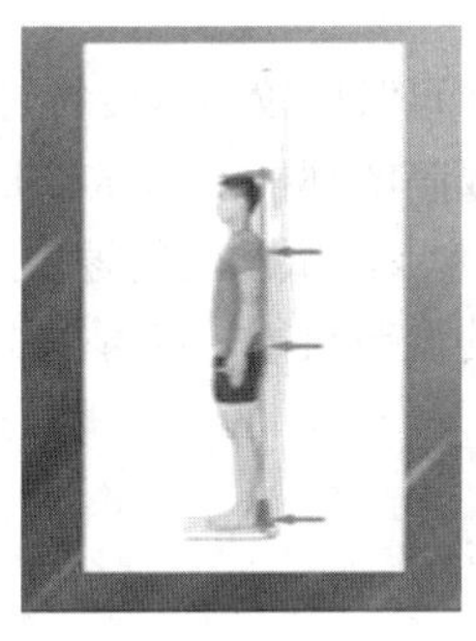

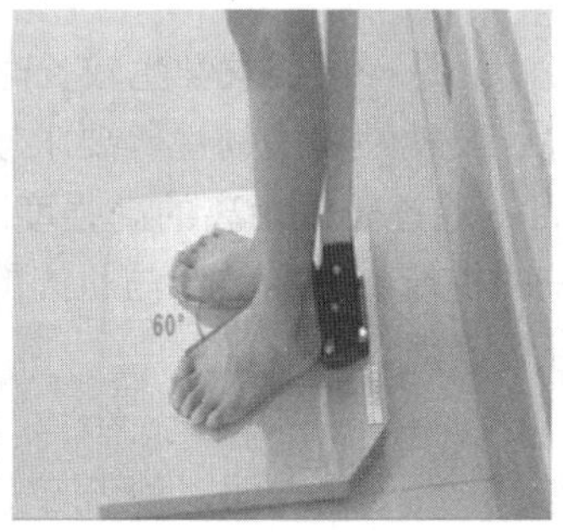

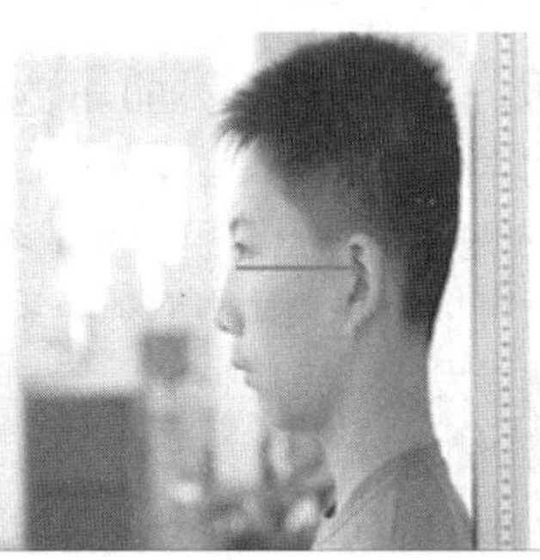

图 3-1 身高体重测试

测试者站在受试者右侧，将水平压板轻轻沿立柱下滑，轻压于受试者头顶，然后读出身高测量结果，注意双眼应与压板水平面齐平。接着读出体重测量结果，并记录下来。

身高的测量单位为 cm，测量结果精确到 1 位小数，测量误差不得超过 0.5 cm。体重的测量单位为 kg，测量结果精确到 1 位小数，测量误差不得超过 0.1 kg。

2. 肺活量体重指数

肺活量是指在不限时间的情况下，一次最大吸气后再尽力呼出的气体总量，单位为 mL。它是反映人体呼吸系统机能状况、人体生长发育水平的重要机能指标之一。

1）测试器材

测试器材为电子肺活量计和干燥的一次性吹嘴。

2）测试方法

测试者将电子肺活量计放置在平稳桌面上。受试者面对仪器站立，手持吹嘴，试吹一至两次，检查仪器表有无反应和吹嘴或鼻处是否漏气。如果仪器一切正常，受试者深吸气，然后屏气对准吹嘴尽力呼气，直到不能呼气为止。此时液晶屏上显示的数字即为肺活量值。注意测试中不得二次吸气、呼气，被测者也不必紧张，以中等速度和力度呼气效果最好。每位受试者测 3 次，每次间隔 15 s。测试者记录每次数值，选取最大值作为测试结果。具体如图 3-2 所示。

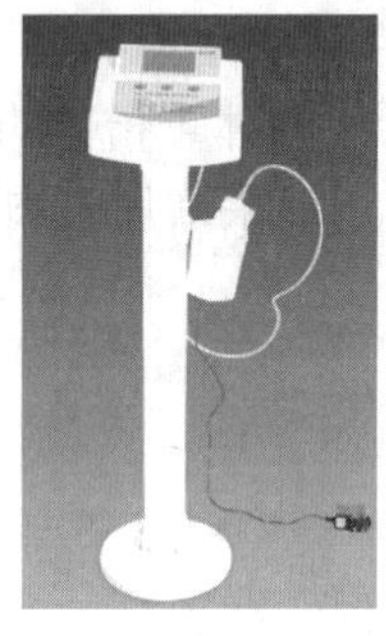

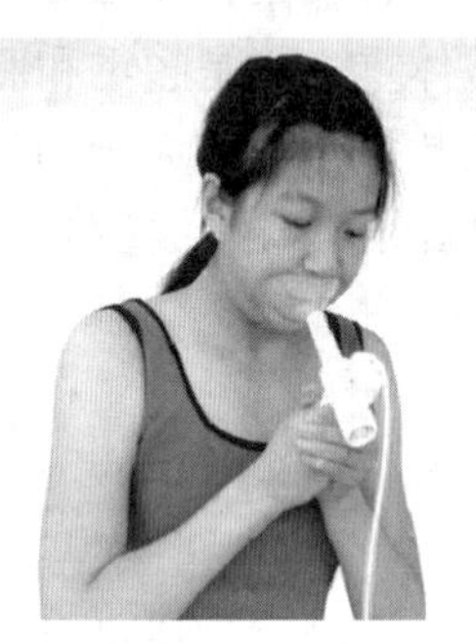

图 3-2　肺活量测试

3. 1 000 m 跑（男）、800 m 跑（女）与 50 m 跑

1 000 m 跑（男）与 800 m 跑（女）是一项要求学生较长时间保持较高速度行进的项目，是对学生的速度、耐力、协调性、灵敏性和柔韧性等要求较高的体能类测试项目。

50 m 跑是国际上通用的测试项目，通过较短距离的高强度跑步测试学生的速度素质。速度素质可以反映人体中枢神经系统的机能状态和神经与肌肉的调节机能，也可以综合反映人体的爆发力、反应速度、柔韧性等素质。

1）测试器材

400 m、300 m、200 m 田径场跑道，发令旗一面，秒表若干块。

2）测试方法

受试者至少两人一组进行测试，以站立式预备姿势准备，当听到“跑”口令后开始起跑。发令员在发出口令的同时摆动发令旗，此时计时员开始计时。当受试者身体到达终点线的垂直面时，停止计时。具体如图 3-3 所示。

图 3-3　跑步测试

1 000 m 跑（男）与 800 m 跑（女）的测量单位为 min 和 s，测试结果不计小数；50 m 跑的测量单位为 s，测试结果保留 1 位小数。

4. 立定跳远

立定跳远是测试爆发力的项目，爆发力是在最短时间内发挥的最大力量。爆发力的大小不仅取决于力量，而且取决于力量和速度的配合。

立定跳远的测量单位为 cm，测试结果只保留整数。

1）测试器材

测试器材为沙坑、丈量尺。

2）测试方法

受试者两脚自然分开，站立在起跳线后，脚尖不得踩线，跳跃时两脚同时起跳，不得有垫步或连跳动作。每人试跳 3 次。具体如图 3-4 所示。

立定跳远的距离是指从起跳线后缘至最近着地点后缘的垂直距离。测试结果取 3 次成绩中最好的一次。

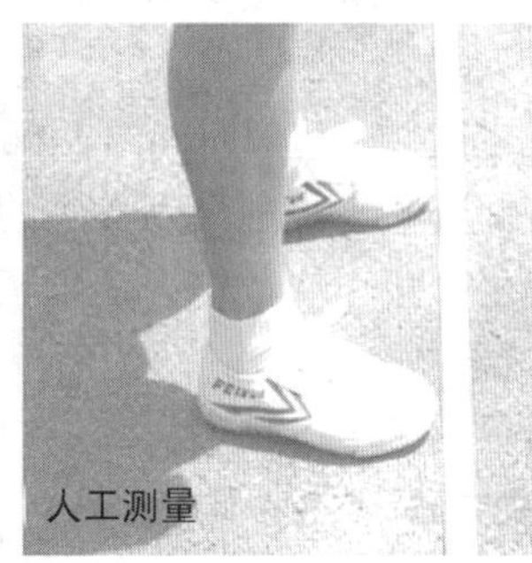

图 3-4　立定跳远测试

5. 引体向上（男）

引体向上主要测试上肢肌肉力量的发展水平，为男性上肢力量的考查项目，也是衡量男性体质的重要参考标准和项目之一。

1）测试器材

测试器材为高单杠或高横杠若干。（杠的粗细以受试者手能握住为准）

2）测试方法

受试者面向单杠，自然站立；然后向后摆动双臂，双手分开与肩同宽，跳起，正握杠，身体成直臂悬垂姿势。待身体停止晃动后，两臂同时用力，向上引体（身体不能有任何附加动作）；上引到下颌超过横杠上缘为完成 1 次，之后还原成直臂悬垂姿势。测试人员记录受试者完成的次数。以次为单位。注意两次引体向上的间隔时间超过 10 s 应停止记录。具体如图 3-5 所示。

图 3-5 引体向上测试

6. 仰卧起坐（女）

仰卧起坐是测试腹肌力量和耐力的项目，安全系数较高。做仰卧起坐时主要是腹肌在起作用，当然髋部肌肉也参与工作，因此这种测试既能反映腹肌的耐力，也能反映髋部肌肉的耐力。

由于女生腹肌、髋部肌肉这两部分肌肉的力量和耐力能与其某些生理功能有密切的联系，因此将仰卧起坐单独列为女生的一个测试项目。

仰卧起坐直接用次数作为评价指标。

1）测试器材

测试器材为垫子、秒表。

2）测试方法

受试者身体仰卧于地垫上，膝部屈成 90°左右，两手指交叉于脑后，找同伴帮忙压住踝关节，以便固定下肢；腰部发力将上身卷起，然后缓慢下降使身体复位。受试者起坐时两肘触及或超过双膝为完成 1 次，仰卧时两肩胛必须触垫。记录 1 min 内完成的次数。具体如图 3-6 所示。

图 3-6 仰卧起坐测试

7. 坐位体前屈

坐位体前屈是用于反映人体柔韧性的测试项目。柔是指肌肉、韧带拉长的范围；韧是指肌肉、韧带保持一定长度的力量。柔韧性对于保护关节不受损伤具有重要意义。长时间缺乏柔韧性练习，可导致关节或关节周围软组织发生变性、挛缩，甚至粘连，从而限制了关节的运动幅度，导致做牵拉动作时有疼痛感，所以要经常做柔韧性练习，以扩大关节运动的幅度，即扩大人体活动的无痛范围。

1）测试器材

测试仪器为坐位体前屈测试计。

2）测试方法

受试者坐在垫子上，两腿伸直，两脚距离 10～15 cm，平蹬测试纵板。测试时，受试者上体前屈，两臂伸直向前，两手并拢，并用两手中指尖轻轻推动标尺上的游标，直到不能向前推动为止，如图 3-7 所示。

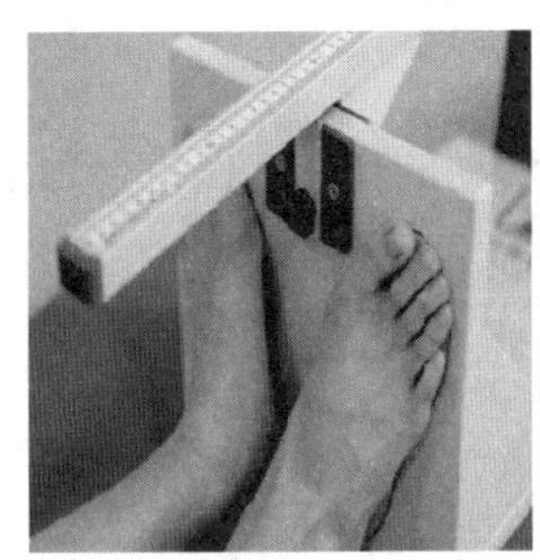

图 3-7　坐位体前屈测试

坐位体前屈的测量单位为 cm，测试结果精确到 1 位小数。测试两次，取最好成绩，然后查表评分。

第 4 章　运动营养

学习目标

- 了解营养素。
- 掌握健康饮食的要点。
- 熟悉体育锻炼中的合理营养。

4.1　营养与健康

营养是指机体从外界吸取需要的物质来维持生长发育等生命活动的作用。保持合理营养，关注饮食习惯，对保持健康状态至关重要。

4.1.1　营养素

营养素又称营养物质，是维持正常生命活动所必需摄入的物质成分。它可以为人体生长发育和进行体力、脑力劳动提供热量。人体通过摄取食物来获得营养素，只有在食物被消化、吸收之后，其中的营养素才能被利用。人体所必需的营养素主要包括糖类物质、蛋白质、脂肪、维生素、无机盐和水 6 大类。

1. 糖类物质

糖类物质又称为“生命的燃料”，它是指碳水化合物，是神经系统和脑系统唯一的营养物质。糖类物质除了起供能作用之外，还能促进其他营养素的代谢。糖类物质广泛存在于米、面、薯类、豆类和各种杂粮中，是人类最重要和最经济的营养素。

2. 蛋白质

蛋白质又称为“生命的载体”，它是组成一切生命体的基本物质，也是维持生命活动和修补机体的重要材料。人体的各种生命活动，包括机体的生长、组织的修复、各种酶和激素对体内生化反应的调节、抵御疾病的抗体的组成等，无一不需要蛋白质发挥作用。蛋白质广泛存在于动物性食品（如奶类、蛋类和鱼类等）和植物性食品（如大豆、淀粉和玉米等）中。

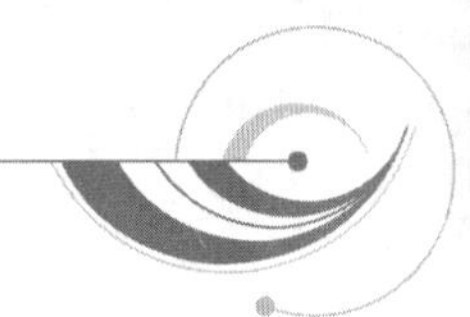

3. 脂肪

脂肪又称为“生命的辅助剂”，它是细胞的主要组成部分。脂肪在体内不仅可起到储存热量、调节和维持正常体温、保护和支持内脏器官的作用，而且能促进脂溶性维生素的吸收。

脂肪分为动物脂肪和植物脂肪两种。动物脂肪存在于猪油、牛油、奶油等动物制品中，植物脂肪存在于豆油、花生油等植物制品中。人体每日摄入的脂肪应以植物脂肪为主，搭配摄入少量动物脂肪。

表 4-1 列举了一些常见食物中的糖类物质、蛋白质和脂肪含量，仅供同学们参考。

表 4-1　主要食物中 3 大营养素的含量（可食部分每 100 g）　（单位：g）

名称	糖类物质	蛋白质	脂肪
猪肉（瘦）	1.0	16.7	28.8
鸡肉（净）	0.1	23.3	1.2
草鱼（净）	0	17.9	4.3
鸡蛋（去壳）	1.6	14.7	11.6
牛奶	5.0	3.3	4.0
粳米	76.8	6.8	1.3
面粉	77.8	7.2	1.3
大豆	25.3	36.3	18.4
花生仁	22.1	26.2	39.2
柑橘	12.8	0.9	0.1
苹果	13.0	0.4	0.5
香蕉	19.5	1.2	0.6

4. 维生素

维生素是人体细胞吸收营养的催化剂，没有它，各种营养素就无法被细胞吸收。它对维持人体生长发育起着重要作用，可促进酶的活力或成为辅酶之一。

人体需要的维生素可分为两类，一类为脂溶性维生素，包括维生素 A、维生素 D、维生素 E 等，这类维生素可在体内储存，不需要每日摄入，如过量摄入会引起中毒；另一类为水溶性维生素，包括维生素 B、维生素 C 等，这类维生素不能在体内储存，需要每日从食物中摄取。维生素广泛存在于新鲜蔬菜、水果、粗粮和蛋黄等食物中。

小提示

各种维生素的作用如下。

维生素 A：促进上皮组织细胞的代谢和免疫球蛋白的合成。

维生素 B：促进肝糖原和肌糖原的合成，维持神经系统的功能。

维生素 C：加强体内氧化还原过程，使机体得到更多的热量，并能促进伤口愈合，增强机体免疫力。

维生素 D：促进钙的吸收，促进骨骼钙化及牙齿的正常发育，对机体的钙磷代谢和骨骼生长发育极为重要。

维生素 E：减少组织细胞的耗氧量，扩张血管，改善血液循环，增加肌肉力量与有氧耐力。

5. 无机盐

无机盐即矿物质，是指维持正常人体生理功能所需要的矿物质元素。它虽不供能，但却是骨骼的主要成分，还能起到维持渗透压、保持酸碱平衡、维持神经和肌肉的正常生理功能等作用。

无机盐种类较多，根据其在人体内的含量可分为宏量元素和微量元素。无机盐不能在体内合成，必须从体外摄入，因此人体应适当补充无机盐含量较高的食物，如豆腐、鸡蛋、虾皮、绿叶蔬菜、海带、紫菜等。

6. 水

水是维持生命必需的物质，是机体不可缺少的重要营养素。水平均占成年人体重的60%～70%。人体若失水达 20%，生命活动将无法维持。

一般成年人每日需水量为 2 000～3 000 mL。人体摄入水的来源主要有 3 个：一是饮水，二是食物中的水，三是脂肪和蛋白质等物质氧化时产生的代谢水。其中，饮水是主要来源，一般来说，成年人每天至少应喝 1 500 mL 的水。

小提示

一个身高 170 cm、体重 60 kg 的人要维持自身的基本生命活动和日常工作生活，每天至少需要摄入 7 895 kJ 的热量，各种营养素的配比约为糖类物质 291 g、蛋白质 71 g、脂肪 47 g。那么要使摄入的所有食物中所含的各种营养素加起来达到这个量和比例，应该吃些什么？吃多少呢？下面是营养专家推荐的方案，即一天标准食物为谷薯类食物 300～500 g、蔬菜类食物 400～500 g、水果类食物 100～200 g、乳制品 100 g、肉蛋鱼虾类食物 132 g、油脂类食物及坚果 20 g、豆类食物及豆制品 50 g。

4.1.2 饮食与健康

科学饮食是促进大学生身体健康、完成学业的重要保证，但是很多大学生却常常忽略这一点，没有养成科学的饮食习惯，影响了自己的身体健康，进而影响了学习。科学饮食主要包括以下 3 个方面。

1. 平衡饮食

搭配合理的一日三餐是平衡饮食的基础。俗话说“早餐要吃好，午餐要吃饱，晚餐要

吃少”，这正是将人体一天之内需要的热量和营养素合理分配到一日三餐中的简便方法。早餐需要保证营养充足，因此主食应以奶类、谷类和蛋类食物为主，早餐热量应占到一天摄入热量的 30%；午餐是机体一天中营养的主要来源，最好以粗粮、米面为主食，辅以鱼、肉、蔬菜、豆制品等，午餐热量应占全天摄入热量的 40%；晚餐不可暴饮暴食，热量不宜超过全天摄入热量的 30%。

除了三餐的合理分配外，保证规律的进食时间和进食量也是平衡饮食的重要方面，无规则的进食很容易导致胃溃疡等肠胃疾病。

2. 适量饮食

大学生的活动量大，新陈代谢也比较快，每日需消耗较多热量。由于每个人的饮食习惯各不相同，所以饮食量一般以个人主观感受为主。一日三餐吃到七分饱或八分饱是比较健康的，暴饮暴食或断食少食是极不可取的。

3. 卫生饮食

俗话说“病从口入”，卫生饮食对保持健康非常重要，可以减少各种疾病的发生。进食之前，除了要检查食品的洁净度和注意个人卫生之外，还要注意不要吃变质的食品，少吃腌制、油炸或高糖高脂类食品，少喝含酒精的饮料。

4.2　体育锻炼中的合理营养

进行体育锻炼时，人体需要糖类物质、蛋白质和脂肪等营养素提供能量。因此，我们需要注意运动前后的营养。

4.2.1　运动前的营养

（1）运动前应以高糖类、低脂肪的食物为主。例如，米饭、面包等食物既容易消化，又能提供糖类物质，通常可作为运动时的热量来源。

（2）如果运动时间少于 60 min，宜选择富含糖类的食物。

（3）高纤维的食物（如全麦面包、高纤维饼干等）不容易消化，易造成腹部不适，因此应避免在运动前吃这些食物。

4.2.2　运动后的营养

运动后的体能恢复直接影响本次锻炼的效果，还影响第二天的运动能力。一般来说，锻炼后进行简单休息是常见的恢复手段，此时如果适当补充营养，会对体能恢复有很大帮助。

1. 水分的补充

剧烈的运动会导致机体大量失水，而失水会影响运动能力。失水量占体重的 1%时，容易引起机体疲劳和不适；失水量占体重的 3%时，机体不适感会加重，运动能力会下降 20%～30%。通常运动后机体会处于不同程度的缺水状态，需要积极地补充水分。

2. 电解质的补充

汗液中主要的电解质是钠离子和氯离子，还有少量的钾离子和钙离子。长时间运动后，如长跑或是在酷热的天气下连续剧烈运动数小时后，人体的电解质会随着汗水流失，此时可饮用淡盐水或运动饮料补充水分和电解质。

3. 糖类物质的补充

糖类物质是人体运动时的主要能量来源，其可以以葡萄糖的形式释放到血液中，为肌肉和身体其他器官提供能量。体内糖类物质不能满足运动所需时，容易引起机体疲劳和运动能力下降。因此，运动后补充糖类物质就显得格外重要。

小提示

运动后适合饮用各式饮料或食用流质食物，这可以为身体补充水分和糖类物质。以下列出含有 50 g 左右糖类物质的食物，大家可以依照个人习惯、喜好和需求量等进行选择，具体包括：① 800～1 000 mL 运动饮料；② 500 mL 纯果汁；③ 3 个水果（如苹果、香蕉、橘子等）；④ 6～10 片饼干；⑤ 两个水果加一杯牛奶；⑥ 两片面包加少许果酱和一杯牛奶。

运动后应避免饮酒和饮用含有咖啡因的饮料，因为这些饮品有利尿的作用，会进一步减少体内的水分，而酒精还会减少肝糖的合成，影响受损组织的恢复，对运动恢复极为不利。

第 5 章　体育锻炼与卫生保健

学习目标

- ○ 了解体育锻炼卫生常识。
- ○ 了解运动处方的制订和实施。
- ○ 熟悉运动中常见的生理反应及其处理。
- ○ 熟悉运动损伤及其防治。
- ○ 掌握运动伤害的现场急救。

5.1　体育锻炼卫生常识

生命在于运动，更在于合理、科学地运动。只有掌握体育锻炼的一般生理卫生知识，科学地进行体育锻炼，才能起到健身强体和防病治病的作用。

5.1.1　注意做好准备活动和整理活动

体育锻炼的过程是人体从静态到动态再到静态的变化过程，而准备活动和整理活动就是应对这种变化的过渡手段。

1. 准备活动

准备活动是指体育锻炼前所进行的一系列身体练习，其目的是打破安静时的身体生理平衡状态，调动内脏各器官系统迅速地从安静状态过渡到运动状态。

准备活动的作用在于提高中枢神经系统的兴奋性；扩大肌肉、韧带和关节的活动范围；克服内脏器官的惰性，加强心血管和呼吸器官的活动能力，使机体各方面的功能达到适应锻炼的要求，预防或减少因体育锻炼超出生理负荷而出现的运动损伤。

一起做热身活动

准备活动包括一般的准备活动和专业的准备活动两种。首先应做一般的准备活动，利用走、跑和徒手操活动身体各个部位使之发热，然后做专业的准备活动，即针对所要从事的锻炼项目的特点进行一些专业的练习。例如，短跑前可做小步跑、高抬腿和后蹬跑；排球比赛前可做传球和垫球练习等。

准备活动量的大小和时间长短，应根据锻炼项目、内容和强度以及季节和气候的不同而灵活调整，一般达到身体发热或微微出汗，自我感觉灵活、舒适即可。

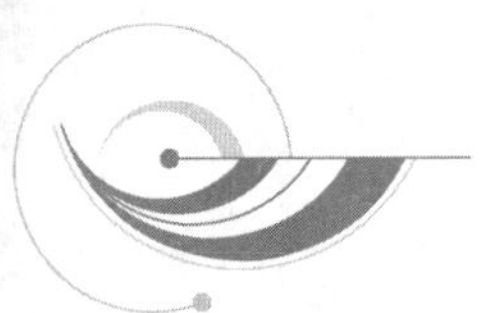

2. 整理活动

整理活动是指在体育锻炼后所采用的一系列放松练习和按摩等恢复手段，其目的是消除疲劳，恢复体能，提高锻炼效果。它可使人体较好地从紧张的运动状态逐渐过渡到相对安静的状态，使身体恢复平衡状态。

运动对身体生理平衡的破坏会引起一系列的生理变化，这种变化不会随着运动的停止而同时消失，它需要一个恢复的过程。如果剧烈运动后突然停止、坐下或蹲下，不仅会加重疲劳，更会有晕倒的危险。因此，运动后要认真地做好整理活动。

整理活动应着重于全身性放松，尽量采用轻松、活泼和柔和的练习，活动量逐渐减少，节奏逐渐减慢，以促使呼吸频率和心率下降，一般持续 15～20 min。例如，长跑到达终点后再慢跑一段，或边走边做深呼吸运动和放松徒手操。整理活动之后，还要注意身体保暖，以防着凉引起感冒。

5.1.2 运动饮水和饮食卫生

机体在运动中易失去大量的水和消耗很多热量，导致身体的内环境失去平衡，引起全身无力、精神不振和疲劳，若不及时补充会直接损害身体健康。

1. 运动饮水卫生

运动中的饮水应以少量、多次为原则，应饮接近于血浆渗透压的生理盐水或含少量蔗糖、果汁的饮料，以基本维持机体的生理平衡。剧烈运动时和运动后，均不宜一次性大量饮水。如果在运动中饮水过量，会使胃膨胀，妨碍膈肌的活动，从而影响呼吸；同时，会使血液量增多，增加心脏、肾脏的负担，有损健康。

2. 运动饮食卫生

因剧烈运动的需要必须补充能量时，应采用易吸收的流质或半流质食物，以食量小、热量高为原则。由于剧烈运动的颠簸作用，运动中或运动前不宜大量进食。如果大量进食，容易因食物的重力牵拉肠系膜而引起腹痛。同时因运动的需要，大量血液流进骨骼肌使胃肠的血液减少、消化机能减弱，大量进食轻则引起消化不良，重则导致胃炎、胃溃疡等消化道慢性疾病。因此，运动中大量进食或饭后即刻运动都是不符合卫生要求的，会直接影响身体健康。一般体育锻炼应在饭前 0.5～1 h 结束，饭后 1.5 h 开始。

需要注意的是，运动后易产生饥饿感，用餐时切忌狼吞虎咽，不能暴饮暴食。另外，在比赛前或疲劳时也不宜吃太过油腻的食物。

5.1.3 运动着装与环境卫生

1. 运动着装卫生

运动着装要符合运动项目要求，即有利于健康和身体动自由活动。运动服装要质地柔

软，透气性和吸水性良好；运动鞋应大小适宜，鞋底具有一定的弹性，鞋面具有良好的透气性，鞋跟的高低必须适宜。另外，穿着的袜子应透气性良好，吸汗性强，而且干净、柔软、有弹性。经常从事体育锻炼的人，要勤换洗运动衣裤。

2. 运动环境卫生

运动环境是指人们进行体育运动时所处的外界条件，如空气、运动场地和运动设施等。运动环境也是人类赖以生存的自然环境的一个局部，因而它受自然环境的影响。

体育锻炼应在空气新鲜的环境中进行。新鲜空气中含有大量的负离子，它能调节大脑皮层的功能，促进腺体分泌增加，改善呼吸功能，振奋精神，消除疲劳，有效地提高锻炼效果。有研究表明，越是绿色植物茂密的地方，空气中负离子的含量越高（见表 5-1）。因此，体育锻炼应尽量选择在室外，最好是在绿化较好、环境幽雅的地方进行。如在室内锻炼，要开窗通风，并禁止吸烟。

表 5-1　不同地点的空气中负离子含量　（单位：个/立方毫米）

一般居室	街道、广场	郊外	疗养地	森林、山谷、瀑布附近
40～50	100～400	800～1 000	10 000	20 000

进行体育锻炼时还应注意运动场地和运动设施是否满足一定的卫生要求。例如，场地是否平整，光线是否充足，有无噪声等。只有综合考虑上述各种因素，才能为体育锻炼选择一个良好的运动环境，从而提高锻炼效果，有益于身体健康。

5.1.4　运动时的自我监督

自我监督又称自我检查，是锻炼者在体育锻炼过程中，对自己健康状况和生理功能变化做连续观察并定期记录的行为。其目的在于评价锻炼结果，调整锻炼计划，防止过度疲劳和运动损伤，以利于提高健康水平。经常进行自我监督，对于增强信心，坚持科学锻炼，防止运动过量或不足，提高锻炼效果和养成良好的运动卫生习惯等都有重要意义。

体育锻炼自我监督的内容主要包括主观感觉和客观检查两个方面。

（1）主观感觉包括身体感觉、运动情绪、睡眠、食欲、排汗量和排尿等内容。人的主观感觉是人体功能状况的直接反映。健康并能科学地进行体育锻炼的人总是精力充沛、心情愉快、睡眠正常、食欲良好。反之，则应调整自己体育锻炼的内容、形式和运动强度。

（2）客观检查包括生理指标、运动成绩和其他伤病情况。其中，生理指标主要包括脉搏、血压、体重和肺活量等；运动成绩包括身体素质和专项运动成绩等。

体育锻炼自我监督的具体方法是将体育锻炼后出现的各种生理反应测定的有关数据记录下来，然后对各项记录进行综合分析和判断，检查锻炼的内容、方法和运动负荷是否科学合理。如果发现异常应及时查找和分析原因，及时调整练习内容和运动负荷，必要时暂停锻炼或请医生做进一步检查。

每个人在体育运动过程中和锻炼后出现的各种生理反应和自我感觉都是不同的。因此，应根据自己表现出的不同状况，在综合分析的基础上做出正确的判断，以便更科学地进行体育锻炼。

5.2　运动处方

早在20世纪50年代，美国生理学家卡波维奇就曾提出过运动处方这个概念；1960年日本生理学家首先使用运动处方这一术语；1969年世界卫生组织使用了这一术语，标志着它在国际上得到确认。

5.2.1　运动处方的概念

“处方”一词在医学上指的是医师给患者开的药方，不同的病或同一种病而程度不同就不能使用同一处方。同样，要科学地锻炼身体，提高健康水平，预防或治疗疾病，也必须“对症下药”。

所谓“运动处方”，就是以增进健康、增强体质为目的而制订的一系列与个人身体状况相适应的、行之有效的科学运动方法，即用医师处方的形式规定健身运动参加者或体疗患者锻炼的内容、形式和运动强度。它是指导人们有目的、有计划、科学地进行体育锻炼的一种形式。

5.2.2　运动处方的制订

1. 健康检查

了解锻炼者的一般身体发育、伤病情况和健康状况，以确定其是否为健身运动的适应者，有无禁忌征。

2. 运动负荷测定

检测和评定锻炼者对运动负荷的承受能力。以心肺功能为主，进行安静和运动状态下的生理功能检测，测试指标主要有心率、血压和肺活量等。

3. 体能测试

进行力量、耐力、速度和灵敏度的身体素质检测，从中判定锻炼者的运动能力和生理机能的状况。

4. 制订运动处方

（1）运动目的：通过有目的的锻炼达到预期的效果。制订运动处方的目的有健身、娱乐、减肥和治疗等多种类型。

（2）运动项目：为锻炼者提供最合适的运动项目关系到锻炼的有效性和持久性。选择运动项目要考虑运动的目的和条件，还要结合体育兴趣、爱好等。根据不同的运动特征可以将运动项目分为许多类型，现代运动处方通常包括以下三种类型。

① 有氧耐力性运动，如步行、慢跑、走跑交替、自行车、有氧舞蹈、健美操和不剧烈的球类运动等；

② 抗阻力性力量运动，如利用哑铃、杠铃、弹簧和橡皮筋等负重法或阻抗法进行的力量练习；

③ 伸展柔韧性运动，如慢节奏健美操、医疗体操和瑜伽等。

（3）运动强度：是指运动时的剧烈程度。它是衡量运动量的重要指标之一，可用每分钟的心率次数来表示大小。一般认为学生心率 120 次/分钟以下为小强度，120～150 次/分钟为中强度，150～180 次/分钟或 180 次/分钟以上为大强度。测量运动强度的简单办法是：测量运动后 10 s 的脉搏再乘以 6，就是 1 min 的运动强度。

① 适宜运动强度范围可用靶心率来控制：以本人最高心率 70%～85%的强度作为标准。

靶心率=（220−年龄）×（70%～85%）

例如，20 岁的靶心率是 140～170 次/分钟。

② 最适宜运动心率，其计算公式为：

最大心率=220−年龄

心率储备=最大心率−安静心率

最适宜运动心率=心率储备×75%+安静心率

例如，某大学生 20 岁，安静心率为 70 次/分钟，他的最大心率为 220−20=200（次/分钟），心率储备为 200−70=130（次/分钟），最适宜运动心率为 130×75%+70=167.5（次/分钟）。

（4）运动时间：指一次锻炼的持续时间。它与运动强度紧密相关，强度大时间应稍短，强度小时间应稍长。有氧锻炼一般在 30 min 左右就可以达到较好的效果。

（5）运动频度：指每周的锻炼次数。据研究表明，1 周运动 3 次以上，效果才明显。

减肥运动处方示例

姓名：×××

性别：女

年龄：20 岁

职业：学生

有氧运动的十大真相

体育爱好：羽毛球

健康检查：身高为 1.55 m，体重为 60 kg，体脂率较高，无病史。

运动负荷测定：安静脉搏为 79 次/分钟，血压为 75/115 mmHg（1 mmHg=0.13 kPa），肺活量为 2 800 mL。

体能测定：1 min 内能做 25 个仰卧起坐，800 m 跑 4 min。

体质评定：健康状况较好，体脂率较高，心肺功能稍差。

运动目的：减肥和健身。

运动项目：羽毛球、健身跑、健美操和篮球等。

运动强度：运动心率保持在 140～170 次/分钟。

运动时间：12 周（减少体重 3～5 kg），每次 30～60 min。

运动频度：4～5 次/周。

注意事项：适当控制饮食，减少糖、油脂的摄入，搭配食用一些蔬菜和水果，生病时停止运动。

5.2.3 运动处方的实施

（1）在运动处方的实施过程中，应对受试者进行医务监督，以确保运动处方实施的安全性。健康状况良好的锻炼者，可在自我监督的情况下进行运动；心血管系统疾病、呼吸系统疾病、慢性病和临床症状不稳定的患者等，在实施运动处方时应在有医务监督的条件下进行。

（2）在运动处方的实施过程中，可根据锻炼者的具体情况对运动处方进行微调，以使锻炼者找到最适合自己条件的运动处方。可首先设一个观察期，使锻炼者习惯于运动，并能对实施运动处方所引起的身体反应等进行研究。然后设一个调整期，对运动处方的内容反复调整和修改，再逐步确定。在之后的一个时期相对固定地实施。即使在相对固定的时期，对运动处方也应进行必要的调整。

5.3 运动中常见的生理反应及其处理

运动会暂时破坏人体生理活动的有序性，从而使人体出现某种生理反应，这种反应称之为运动生理反应。正确认识和处理运动中的生理反应，可以克服盲目性和随意性。常见的运动生理反应及处理方法如下。

5.3.1 过度疲劳

1. 原因

过度疲劳的原因常为片面追求运动成绩和锻炼效果，违反运动的安全性和循序渐进的原则，持续进行大负荷的体育锻炼；或是伤病后身体未完全康复就投入常规锻炼，缺乏全面的身体素质和心理训练。

2. 征象

过度疲劳一般表现为食欲减退，睡眠障碍，精神不振，有时头痛、头晕、记忆力减退及心情烦躁不安，进行常规检查时往往无明显异常，但已影响平时的学习和生活。

3. 处理

对待过度疲劳应遵循早发现、早处理的原则，及时调整锻炼计划，降低运动强度和时间，避免大难度动作，还应增加睡眠时间，改善营养，辅以洗温水浴，进行恢复性按摩和体育医疗等。

4. 预防

预防过度疲劳应遵循科学的锻炼原则，增强身体素质，因人而异地制订合适的锻炼计划。还应加强自我监督，注意观察锻炼中的不良征兆，如患有伤病要及时治疗，待身体恢复后再逐渐增加运动量。

5.3.2　极点和第二次呼吸

1. 极点

在剧烈运动特别是在中长跑时，人体能量消耗大，下肢回流血量减少，氧债（由于人在剧烈运动时必须补充氧气才能满足正常所需，因此此时氧气是亏的，故称其为氧债，它是评定一个人无氧耐力的重要指标）不断积累并达到一定的程度，就会出现呼吸急促、胸闷难忍、下肢沉重、动作不协调甚至恶心的现象，这在运动生理学上称为“极点”。

2. 第二次呼吸

极点出现后，适当地减慢运动速度并加深呼吸，坚持下去，上述生理反应会逐渐缓解与消失。随后机能得到重新改善，氧供应增加，运动能力得到提高，动作变得协调有力。这种现象标志着极点已经被克服，生理过程出现新的平衡，运动生理学上称之为第二次呼吸。第二次呼吸出现以后，循环机能将稳定在较高的水平上。

3. 处理和预防

极点与第二次呼吸是长跑运动中常见的生理现象，出现这种现象时无须疑虑和恐惧，只要坚持经常锻炼和处理得当，极点现象是可以延缓和减轻的。

克服极点的方法包括：一是准备活动要充分，使自主神经提前兴奋；二是当极点出现后要放慢跑速和减小运动强度，并加深呼吸；三是要注意平时的锻炼，提高呼吸和血液循环系统的功能。

5.3.3　肌肉酸痛

运动引起的肌肉酸痛可分为急性肌肉酸痛与慢性肌肉酸痛（迟发性肌肉酸痛）两种。急性的肌肉酸痛有别于肌肉拉伤，它是因肌肉暂时性缺血而造成的酸痛现象。只有肌肉做激烈或长期的活动时才会发生，随肌肉活动的结束而消失。通常急性的肌肉酸痛会伴有肌肉僵硬的现象。

慢性肌肉酸痛往往发生在运动结束后 1～2 天内，在一次运动量较大的锻炼后，或是间隔较长时间未锻炼重新开始锻炼之后往往会出现。

1. 原因

肌肉酸痛是人体运动量大引起局部肌纤维及结缔组织的细微损伤及部分肌纤维的痉挛所致。由于这种肌纤维细微损伤及痉挛是局部的，所以整块肌肉仍能完成运动功能，但是人体会感到酸痛。酸痛发生后，肌肉内部细微损伤会被修复，肌肉组织变得较以前强壮，以后同样负荷将不易再发生损伤。

2. 征象

肌肉酸痛主要表现为局部肌肉的酸痛及全身乏力。

3. 处理

（1）热敷。热敷有助于损伤组织的修复及痉挛的缓解。

（2）伸展练习。伸展练习有助于缓解痉挛。对肌肉进行局部的静力牵引练习时可保持伸展状态 2 min，然后休息 1 min，重复进行。但要注意做练习时不可用力过猛，以免造成肌纤维损伤。

（3）按摩。按摩有使肌肉放松、促进血液循环的作用，有助于修复损伤和缓解痉挛。

（4）口服维生素 C。维生素 C 有促进结缔组织中胶原合成的作用，有助于受伤组织的修复，从而减轻或缓解酸痛。

（5）针灸、电疗。针灸、电疗等手段对缓解酸痛也有一定的作用。

4. 预防

（1）根据不同的体质、身体状况科学地安排锻炼强度。负荷不要过大，也不宜增加过快。

（2）锻炼时应尽量避免长时间使用身体的某一部分，以免局部肌肉负荷过重。

（3）准备活动中应注意对锻炼中负荷重的肌肉活动得更充分一些。这对损伤有预防作用。

（4）整理活动除进行一般性的放松练习外，还应重视进行肌肉的伸展牵拉练习。这有助于预防局部肌纤维痉挛，从而避免酸痛的发生。

5.3.4 肌肉痉挛

肌肉痉挛又称抽筋，是指肌肉发生不自主的强直收缩，变得僵硬。运动中最容易发生痉挛的肌肉是小腿腓肠肌，其次是足底的屈拇肌和屈趾肌。

1. 原因

在剧烈运动中，肌肉快速连续性收缩会导致肌肉收缩与放松的协调交替关系被破坏，

容易发生肌肉痉挛，特别是局部肌肉处于疲劳时更易发生肌肉痉挛。肌肉受到寒冷的刺激或因情绪过于紧张，也可引起肌肉痉挛。

2. 征象

肌肉痉挛时，局部肌肉产生剧烈性收缩并变得坚硬和隆起，疼痛难忍，且一时不易缓解。

3. 处理

一旦发生肌肉痉挛，应立即对痉挛部位的肌肉进行牵引。例如，小腿腓肠肌痉挛时，应伸直膝关节，并做足部的背伸动作；若足趾的肌肉痉挛，则应用力将足趾背伸（即足尖上抬，足背向小腿前面靠拢）。牵引时切忌施力过猛，最好有同伴协助。此外，可配合局部按摩和点穴（承山、涌泉和委中穴等），以促进痉挛缓解和消失。

4. 预防

运动前要做好准备活动，对容易发生痉挛的部位应当事先进行适当的按摩；夏季进行长时间的运动时要注意补充盐分，冬季锻炼时要注意保暖；游泳下水前应先用冷水淋浴，游泳时不要在水中静止时间过长；疲劳和饥饿时不要进行剧烈的运动。

5.3.5　运动性腹痛

运动性腹痛是指直接由运动引起的腹部疼痛。腹痛是运动中常见的症状，多见于中长跑、竞走、马拉松、自行车和篮球等运动项目。

1. 原因

运动性腹痛的原因如下：饭后过早参加运动，胃部因食物充盈引起牵扯痛和胀痛，或运动前饮水过多及腹部受凉，引起胃肠痉挛导致疼痛；准备活动不充分，血流不能及时回流，造成肝脾淤血肿胀，牵扯其被膜引起疼痛；运动时呼吸紊乱，膈肌运动异常，引起肝脾膜张力性疼痛。

2. 征象

运动性腹痛部位不固定，一般食后运动疼痛常发生在上腹部或中部，胃痉挛的疼痛部位位于上腹部，肠痉挛、肠结核引起疼痛的部位位于腹腔中部；肝脾膜张力性疼痛，常发生在左右两侧上腹部。

3. 处理

对于运动性腹痛一般可采用减速慢跑，加深呼吸，按摩疼痛部位或弯腰跑一段距离等方法处理，此后疼痛常可减轻或消失。若疼痛没有减轻或消失，甚至加重，应立即停止运动，并口服十滴水或揉按内关、足三里和大肠俞等穴位。如仍不见效，应及时请医生诊治。

4. 预防

合理安排运动时间，饭后至少 1 h 后才可进行锻炼；运动前要充分做好准备活动，运动时要循序渐进，并注意呼吸节奏；对于各种慢性疾病引起的腹痛应就医检查，病愈之前应在医生和体育教师指导下进行锻炼。

5.3.6 运动性贫血

我国成年健康男性每 100 mL 血液中含血红蛋白量为 12.5～16 g，女性为 11.5～15 g。若低于这一生理数值就视为贫血。因运动引起的这种血红蛋白量减少称为运动性贫血。

1. 原因

运动时机体对蛋白质与铁的需求量增加，一旦需求量得不到满足即可引起运动性贫血。

运动时脾脏释放的溶血卵磷脂会使红细胞的脆性增加，加上剧烈运动时血流加快，易引起红细胞破裂，从而导致运动性贫血。

少数学生由于偏食或爱吃零食而影响正常营养摄入，或者由于长期慢性腹泻而影响营养吸收，其运动时也可能出现贫血现象。

2. 征象

运动性贫血发病缓慢，常见表现有头晕、恶心、气喘、体力下降，运动后出现心悸、心率加快和脸色苍白等。

3. 处理

如运动中（后）出现头晕、无力、恶心等现象，应适当减少运动量，必要时暂停运动。补充富含蛋白质和铁的食物，口服硫酸亚铁片剂和维生素 C，对缺铁性贫血的治疗有明显的效果。

4. 预防

锻炼时应按照循序渐进和个别对待的原则。克服偏食习惯。如运动时经常有头晕现象，应及时诊断医治。

5.3.7 运动性昏厥

运动性昏厥是指人体运动时由于脑部突然供血不足而发生的一时性知觉丧失现象。

1. 原因

运动性昏厥是指剧烈运动或长时间运动使大量血液积聚在下肢，回心血流量减少，导致脑部供血不足而出现昏厥状态。跑后如立即停止不动，也会出现“重力性休克”现象。

2. 征象

运动性昏厥的表现为全身无力、眼前黑蒙、面色苍白、手足发凉，失去知觉而昏倒；生理检测脉搏慢而弱、呼吸缓慢和血压降低等。

3. 处理

一旦发生运动性昏厥，应立即扶患者平卧，使足略高于头部，并进行向心方向按摩，同时指压人中、合谷等穴位。如出现呕吐症状，应将患者头偏向一侧以利呼吸道畅通。如呼吸停止，应立即进行人工呼吸。轻度征象者可由同伴搀扶慢走，并进行深呼吸。重症患者经临场处理后送医院治疗。

4. 预防

平时应加强体育锻炼以增强体质；久蹲后不要突然起立；急跑后不要立即停下来；不要带病或在饥饿情况下参加剧烈运动。

5.3.8　运动性低血糖症

低血糖症是指人体血糖浓度低于正常值时出现的一系列临床症状。在中长跑和马拉松比赛和训练时，由于运动时间过长、强度很大，运动员体内的血糖会大量消耗和减少，因而有时会发生低血糖症，这种低血糖症称为运动性低血糖症。它一般发生在运动过程中或比赛结束后。

1. 原因

运动性低血糖症主要是由长时间的剧烈运动使体内血液中的葡萄糖大量减少，大脑皮层的葡萄糖代谢机能紊乱，以及胰岛素增加所引起。除长时间剧烈运动外，运动前饥饿、情绪过于紧张或身体有病都可能成为本病诱因。

2. 征象

轻者感到无力、饥饿、极度疲乏、头晕心慌，面色苍白，出冷汗，烦躁不安；重者出现神志模糊、语言不清、精神错乱等现象甚至惊厥和昏迷。检查时可发现脉搏快而弱、呼吸短促、瞳孔扩大，血糖降至 2.8 mmol/L 以下。

3. 处理

一旦发生运动性低血糖症，可饮用糖水或吃甜食。如果症状严重，可静脉注射葡萄糖浓溶液，提高血糖浓度。

4. 预防

锻炼前应进食，不空腹锻炼，体弱和缺乏锻炼者不宜参加长时间、长距离和大运动量

锻炼，当自觉饥饿明显或出现低血糖症状时，应停止锻炼或降低运动量，并及时补充糖水或含糖食物。

5.3.9 运动性中暑

运动性中暑是近年来提出的运动性疾病之一。它是指肌肉运动时产生的热能超过身体能散发的热能而造成运动员体内的过热状态。常见于年轻的马拉松运动员、铁人三项运动员和群众性体育锻炼者。

1. 原因

在高温环境中，特别在温度高，通风不良，头部又缺乏保护、被烈日直接照射的情况下进行体育锻炼，因体温调节功能障碍易发生中暑。

2. 征象

轻度中暑者可出现面部潮红、头晕、头痛、胸闷、皮肤灼热、体温升高；严重时将出现恶心、呕吐、脉搏快而细弱、精神失常、虚脱抽搐、血压下降，甚至昏迷。

3. 处理

一旦发生运动性中暑，应迅速将患者移至通风、阴凉处，解开衣领，冷敷额部，用温水抹身，并给予含盐清凉饮料或十滴水，数小时后即可恢复正常。严重患者经临时处理后应迅速转送医院治疗。

4. 预防

在高温炎热季节锻炼时，应适当减小运动量，缩短运动时间，避免在烈日下长时间锻炼；夏天在室外锻炼时，宜穿浅色衣服，戴遮阳帽；在室内锻炼时，应保证通风良好，并饮用低糖含盐饮料。

5.4 运动损伤

在体育运动中所发生的损伤统称运动损伤。了解运动损伤的分类、发生原因及其防治有利于改善运动条件，使体育锻炼更好地起到促进身心健康的效果。

5.4.1 运动损伤的分类

运动损伤的分类方法较多，常见的有以下几种。

（1）按损伤组织的种类可分为肌肉肌腱损伤、滑囊损伤、关节囊和韧带损伤、骨折、关节脱位、内脏损伤、脑震荡和神经损伤等。

（2）按有无创口与外界相通可分为开放性损伤和闭合性损伤。伤部皮肤或黏膜破裂，创口与外界相通，有组织液渗出或血液自创口流出的称为开放性损伤，如擦伤和刺伤等。伤部皮肤或黏膜完整，无创口与外界相通，损伤后的出血积聚在组织内的称为闭合性损伤，如肌肉拉伤和关节韧带损伤等。

（3）按发病的缓急可分为急性损伤和慢性损伤。瞬间遭受直接或间接暴力而造成的损伤称为急性损伤，其发病急，症状骤起，病程短。因局部长期负担过重，由反复微细损伤积累而成的损伤称慢性损伤，其发病缓慢，症状渐起，病程较长。此外，还可因急性损伤处理不当或过早运动而转变为慢性损伤。

5.4.2　运动损伤发生的原因

造成运动损伤的原因是多方面的，它既与锻炼者的运动基础、体质水平有关，也与运动项目的特点、技术难度和运动环境等外部因素有关。主要原因包括以下几个方面。

（1）思想麻痹大意。这是所有运动损伤因素中最主要的因素。其中包括对预防损伤的意义认识不足，运动前不检查器械，预防措施不得力，在运动中争强好胜、盲目、冒失，等等。

（2）准备活动不充分。运动前不做准备活动或准备活动不充分，特别是缺乏针对性的准备活动，会使运动器官和内脏器官功能没有达到运动状态而造成损伤。

（3）缺乏运动经验与自我保护能力。部分学生在运动时常因犹豫、恐惧及过分紧张而造成损伤事故。更多学生是由于缺乏运动经验和自我保护能力而受伤。例如，摔倒时用肘部或直臂撑地，造成尺骨（或桡骨）或肘关节损伤。

（4）技术动作不规范。技术动作做得不规范易引起运动损伤。例如，打排球传球时如手形不正确易引起手指扭挫伤。

（5）纪律松懈或组织方法不当。例如，在场地狭窄、人员拥挤的地方任意冲撞容易造成伤害事故。

（6）运动环境不佳。包括运动场地高低不平，器械不牢固或年久失修，空气污浊、噪声过大、光线暗淡、气温过高或过低等，这些都可能成为致伤的原因。

（7）身体状况不佳。在睡眠不足、患病、带伤和伤病初愈阶段，以及疲劳和营养状况不良时，人体生理功能和运动能力相对下降。在这种情况下参加剧烈的运动，常常会因肌肉的力量较弱、反应较迟钝和身体协调能力较差等因素导致损伤的发生。

5.4.3　运动损伤的预防

（1）加强运动安全教育。克服麻痹思想，提高预防损伤的意识。

（2）认真做好准备活动。对可能发生运动损伤的关节和易伤部位，要及时采取预防措施。

（3）合理安排运动量。练习时防止局部运动器官负担过重。

（4）加强保护与帮助。在加强同伴间的相互保护与帮助的同时，特别要加强和提高

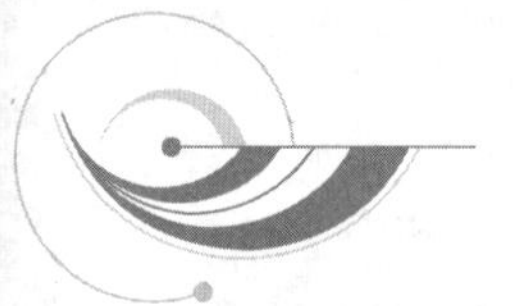

自我保护能力。例如摔倒时立即曲肘、低头、团身滚动，由高处跳下时用前脚掌着地，同时曲膝缓冲等。

（5）加强医务监督，提高自我保健意识。

5.4.4 常见运动损伤的处理

1. 出血

出血是运动损伤中较常见的一种，可分为外出血和内出血两类。其中外出血分为动脉出血、静脉出血和毛细血管出血三种，可从出血的颜色和出血的情形进行判断。动脉出血呈喷射状，血色鲜红；静脉出血漫涌而出，血色暗红；毛细血管出血为缓慢渗出。

一般成人的血液总量为4 000～5 000 mL。若急性大出血达到全身总血量的20%就会出现面色苍白、头晕乏力、口渴等急性贫血的症状；若出血量超过全身总血量的30%将危及生命。因此，对外出血的伤员，尤其是大动脉的出血，必须立即止血；对疑有内脏或颅内出血的伤员应尽快送医院处理。

止血的方法一般有以下三种。

（1）冷敷法：常用于急性闭合性软组织损伤，最简便的方法是用冷水冲洗或用冷毛巾敷于伤处，有条件的可使用氯化烷喷射。

（2）抬高伤肢法：用于四肢出血，抬高伤肢使伤处血压降低，血流量减少，以达到减少出血的目的。

（3）压迫法：包括指压法、绷带加压包扎法和止血带法。

① 指压法：用手指指腹压在出血动脉近心端相应的骨面上，以阻断血液的流动来达到止血的效果。这种止血方法常用于动脉出血，操作简便，止血迅速，是一种临时性止血的好方法。

现将身体不同部位出血的动脉管压迫方法介绍如下。

a．额部、颞部出血：一手扶住伤员的头并将其固定，用另一手的拇指在耳屏前上方一指宽处摸到颞浅动脉搏动后，将该动脉压迫在颞骨上，可止同侧额部、颞部出血。

b．眼以下面部出血：在下颌角前约1.5 cm处摸到颌外动脉搏动后，用拇指将该动脉压迫在下颌骨上，可止同侧面部出血。

c．肩部和上臂部出血：在锁骨上窝内1/3处摸到锁骨下动脉搏动后，用拇指把该血管压迫在第一肋骨上，可止同侧肩、腋部及上臂出血。

d．前臂和手出血：将伤臂稍外展、外旋，在肱二头肌内缘中点处摸到肱动脉搏动后，用拇指或食、中、无名三指将该动脉压迫在肱骨上，可止同侧前臂和手部出血。

e．大腿和小腿出血：使伤员仰卧，患腿稍外展、外旋，在腹股沟中点稍下方摸到股动脉搏动后，用双手拇指重叠（或掌根）把该动脉压迫在耻骨上，可止同侧下肢出血。

f．足部出血：在踝关节背侧，于胫骨远端摸到胫前动脉搏动后，把该动脉压迫在胫骨上；在内踝后方，将胫后动脉压迫在胫骨上。可止足部出血。

② 绷带加压包扎法：用数层无菌敷料覆盖伤口，再用绷带加压包扎，以压住出血的

血管而达到止血的效果，同时抬高伤肢。该方法适用于小动脉、小静脉和毛细血管的止血。

③ 止血带法：用胶管或用绳子之类（宽布条、三角巾和毛巾均可）绑扎在伤口的近心端。若较大的肢体动脉出血且为运送伤员方便起见应上止血带。若上肢出血，止血带应结扎在上臂的上 1/3 处，禁止扎在中段，避免损伤桡神经；若下肢出血，止血带扎在大腿的中部。

需注意的是，上止血带前先要将伤肢抬高，尽量使静脉血回流，并用软织敷料垫好局部后再扎止血带，以止血带远端肢体动脉刚刚摸不到为度。扎上止血带后，每隔 0.5～1 h 必须放松一次，放松 3～5 min 后再扎上，以防组织长时间缺氧而坏死，放松止血带时可暂用指压法止血。

2. 软组织损伤

软组织是指人体的皮肤、皮下组织、肌肉、肌腱、韧带、关节囊、滑膜囊、神经和血管等。这些组织在受到外力作用下发生机能或结构的异常，称为软组织损伤。软组织损伤分为开放性损伤和闭合性损伤两类。前者包括擦伤和撕裂伤等，后者包括挫伤和肌肉拉伤等。

1）擦伤

擦伤是运动中最常发生的一种损伤，多发生于对抗性项目活动及摔倒等意外情况下。

（1）主要症状：皮肤被擦破出血或有组织液渗出，有一定的创口。

（2）处理方法：小面积轻度擦伤且伤口干净者，只需涂抹一些红药水即可；大面积重度擦伤，先用生理盐水清洗伤口后涂抹红药水，再覆盖消毒布，然后用纱布包扎。

2）撕裂伤

在剧烈运动或受到突然强烈撞击时会造成肌肉撕裂，常见的有眉际撕裂等。

（1）主要症状：伤口周围多不整齐，常常伴有周围软组织的损伤。

（2）处理方法：轻度伤用红药水涂抹即可；裂口大时则需止血和缝合伤口，必要时注射破伤风抗毒血清，以防感染。

3）挫伤

挫伤又称“撞伤”，是皮肤受钝器打击或直接与硬物碰撞而引起的损伤。它分为单纯性挫伤和混合性挫伤。前者是指皮肤和皮下组织的挫伤，后者是指在皮肤和皮下组织挫伤的同时，还合并其他组织器官的损伤（如腹部挫伤可能会伴有内脏器官的破裂）。挫伤多发生在大腿、小腿、腹部及头部等部位。

（1）主要症状：单纯性挫伤表现为局部疼痛、肿胀、淤血、压痛和运动功能障碍。内脏器官损伤时则出现头昏、脸色苍白、心慌气短、出虚汗、四肢发凉、烦躁不安，甚至休克。

（2）处理方法：单纯性挫伤在 24 h 内冷敷或加压包扎，抬高患肢或外敷中药。24 h 后可进行热敷、按摩和理疗。进入恢复期可进行一些功能性锻炼。混合性挫伤并出现休克的伤员，经急救处理后应尽快送医院检查和治疗。

4）肌肉拉伤

肌肉主动强烈的收缩或被动过度的拉长所造成的肌肉微细损伤、肌肉部分撕裂或完全

断裂，称为“肌肉拉伤”。这是最常见的运动损伤之一，在引体向上和仰卧起坐练习时容易发生。

（1）主要症状：肌肉拉伤后，伤处疼痛、肿胀、压痛，肌肉紧张或痉挛，触之发硬。肌肉严重拉伤时，患者可感到或听到断裂声，疼痛和肿胀明显，皮下淤血显著，运动功能出现严重障碍，肌肉出现收缩畸形。肌纤维部分断裂时，伤处可摸到凹陷；肌腹中间完全断裂时，出现“双驼峰”畸形；一端完全断裂时，肌肉收缩成“球状”畸形。

（2）处理方法：轻者可即刻冷敷，局部加压包扎，抬高患肢。24 h 后可实施按摩或理疗。肌肉部分或完全断裂时，加压包扎后立即送医院做手术缝合。

3. 关节韧带损伤

关节韧带损伤是指关节受外力异常扭转而造成的韧带损伤及关节附近其他软组织结构的损伤。在体育运动中以腰部关节、肩关节、髌骨和踝关节的损伤最为常见。例如，跳水时两腿后摆过大，导致腰部关节扭伤；投掷排球、扣球和大力发球时动作不当，导致肩关节扭伤；跳高、跳远时踏跳不合理或摔倒受到撞击，导致髌骨损伤；由高处跳下时失去平衡，踝关节过度内翻或外翻致使踝关节扭伤。

1）主要症状

关节韧带损伤一般表现为压痛、疼痛，急性期有肿胀和皮下淤血，关节功能发生障碍等。

2）处理方法

一般性扭伤在 24 h 内可采用冷敷，必要时加压包扎。24 h 后采用理疗、按摩和针灸治疗。待疼痛减轻后可增加功能性练习。对急性腰部损伤，如果出现剧烈疼痛则不可轻易移动，应让患者平卧并用担架送医院诊治。处理后应卧硬板床（或在腰部下面垫一个枕头），使肌肉韧带处于放松状态。

4. 关节脱位

关节脱位又称脱臼，是指在体育运动中因受外力作用使关节失去正常的连接关系。关节脱位可分完全性脱位和半脱位（又称错位）两种，以肩、肘关节脱位较为常见。严重的关节脱位会伴有关节囊损伤。

1）主要症状

常出现畸形，即刻发生剧烈疼痛和明显压痛，关节周围显著肿胀，关节功能丧失，有时发生肌肉痉挛，严重时出现休克。

2）处理办法

用夹板或三角巾固定伤肢并尽快护送医院治疗。如没有整复技术和经验切不可随意做复位动作，以免加重伤情。

5. 骨折

骨折是指骨的完整性和连续性在外力的作用下遭到破坏的一种损伤。常见的骨折有肱骨骨折、尺（桡）骨骨折、手指骨折、小腿骨折和肋骨骨折等。

运动中有身体某部位受到直接或间接的暴力打击时可造成骨折。例如摔倒时手臂直接

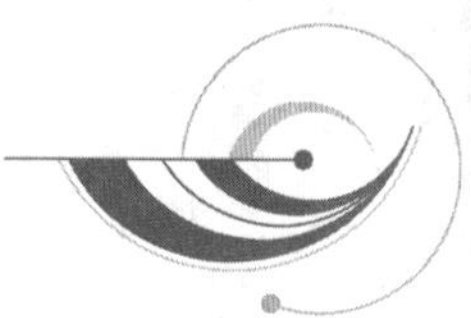

撑地，会引起尺骨或桡骨骨折等。

1）主要症状

患处出现肿胀，疼痛难忍，肢体失去正常功能，肌肉产生痉挛，骨折部位可见到畸形。严重骨折伴有出血、神经损伤和发烧，乃至发生休克等症状。

2）处理办法

一旦出现骨折后暂勿随意移动患肢，应先用夹板或其他代用品固定伤肢。如出现休克时应先施行人工呼吸。若伴有伤口出血应同时施行止血，并及时护送医院治疗。

6. 脑震荡

脑震荡是指头部受到外力打击后，脑神经细胞和神经纤维普遍受到震荡后所引起的意识和功能的一般性障碍。脑震荡的常见原因是摔倒时头部着地，头部受到外力打击等。

1）主要症状

伤后即刻发生意识丧失、呼吸表浅、脉搏缓慢、肌肉松弛，瞳孔稍放大但左右对称；清醒后常伴有头晕、头痛、恶心或呕吐、失眠、耳鸣和记忆力减退等。

2）处理方法

立即让患者平卧，不可坐起或立起，头部冷敷，注意保暖。对昏迷者可用手指掐点人中、内关等穴或给嗅闻氨水。对于呼吸障碍者可施行人工呼吸，并立即送医院诊治。患者在恢复期要保持环境安静，卧床休息，直至头痛、头晕症状消失。切忌过早地参加体育运动和脑力劳动。

5.5　运动伤害的现场急救

5.5.1　现场急救的意义和原则

急救（见图 5-1）是对意外或突然发生的伤病事故进行紧急的、临时性的处理，其目的是保护伤员的生命安全，避免、减轻伤员的痛苦，预防并发症，并为伤员转运和进一步治疗创造条件。因此，无论何种运动伤害，及时而正确的急救都是很重要的。

图 5-1　现场急救

急救时必须分秒必争，力求迅速、准确、有效，做到快抢、快救和快送医院处理。发生骨折、脱位、严重软组织损伤或合并其他损伤时，伤员常因出血、疼痛等原因而发生休克。因此，在现场急救时要首先注意预防发生休克，若有休克必须优先处理休克。

急救过程中，切不可惊慌失措、顾此失彼，即使遇到危急情况也要保持镇静，敏捷而有序地进行抢救工作。经急救处理后应将伤员送至医院，并向医生介绍伤员的发病情况及抢救经过。

5.5.2　现场急救方法

1. 休克与抗休克

1）休克产生的原因及症状

休克是一种由有效血液循环功能不全或有效血容量减少而引起的急性的全身综合征。引起运动损伤性休克的原因主要有以下两种。

（1）剧烈疼痛，如骨折等。因为剧烈疼痛，通过神经反射作用使伤部周围血管扩张，导致有效血容量相对减少。

（2）大出血，如腹部挫伤、肝脾破裂出血使有效血液循环减少。

休克的症状与特征：早期常有烦躁不安、呻吟、表情紧张、脉搏稍快、呼吸浅而急促等症状。此期常易被忽略，之后由兴奋期过渡到抑制期，表现为精神萎靡、表情淡漠、面色苍白、口渴、畏寒、头晕、出冷汗、四肢发冷、脉搏无力、血压和体温下降，严重者出现昏迷。

2）抗休克措施

（1）一般处理。让伤员安静平卧，松解衣领，注意保暖，给予亲切安慰和鼓励，并适当给患者饮茶或姜汤、盐水等以减轻口渴；若患者头部受伤或呼吸困难，应将其头部稍微抬高，以避免颅内压增高，静脉回流受阻，使横膈上升而造成呼吸困难。

（2）对症处理。因出血引起的休克应立即止血；若已昏迷应使之平躺，关注生命体征并及时送医。

2. 心跳、呼吸停止的急救——心肺复苏术

有时溺水、严重损伤、休克、重病等会造成呼吸或心搏骤停，如果不及时抢救，伤员很快就会死亡。心肺复苏术是抢救这类伤员的重要手段，其目的是帮助伤员恢复呼吸和血液循环。心肺复苏术的主要程序如下。

心肺复苏术

1）判断意识

拍打伤病员的双肩，大声呼唤“同学，你怎么了”。如果没有任何反应，说明病情很危急，如图 5-2 所示。

2）高声呼救

高声呼救“快来人呀，有人晕倒了，赶快拨打 120 急救电话，会急救的一起来救护”（见图 5-3）。如果现场有除颤器（AED），叫人立即取过来。

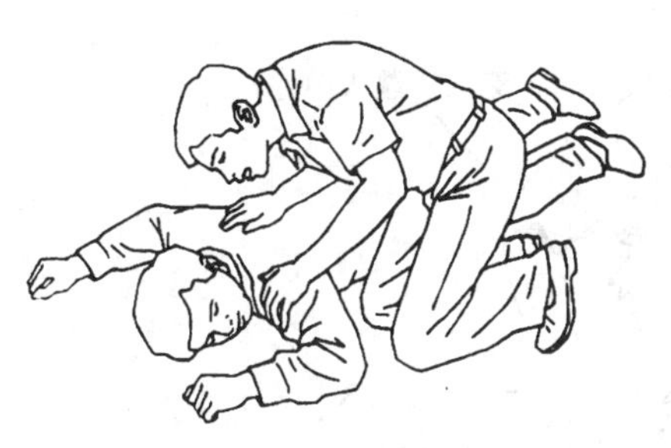

图 5-2　判断意识

图 5-3　高声呼救

3）复苏体位（仰卧位）

如果伤病员是俯卧位在地上，要把他翻转成复苏体位，即仰卧在坚硬的平面上（转换体位时，要注意保持头、颈、脊柱整体移动），如图 5-4 所示。

4）查看呼吸和颈动脉搏动

迅速清除伤病员口腔异物（如假牙、口香糖等），立即扫视伤病员的口鼻有无呼吸，将耳贴近伤员口鼻，听口鼻处有无呼吸声，并侧头注视伤员胸部约 6 s，观察胸部有无起伏。同时，用食指和中指轻摸伤员喉结处，然后向外侧滑至颈动脉（气管与颈部肌肉之间），检查伤员颈动脉是否搏动，如图 5-5 所示。

图 5-4　复苏体位

图 5-5　查看颈动脉是否搏动

5）胸外心脏按压和口对口人工呼吸

若伤员有自主呼吸，则继续保持其气道通畅。若伤员无自主呼吸和脉搏，则应迅速进行胸外心脏按压、打开气道和人工呼吸，其中着重于胸外心脏按压。

（1）胸外心脏按压。胸外心脏按压的目的是让伤员血液人工循环，具体方法如下：施救者跪于伤员一侧（一般为右侧），将双手上下重叠，并将手掌根部放在伤员乳头连线的中点处（见图 5-6），然后翘起手指，伸直双臂（肘关节不弯曲），双肩垂直于按压部位，借助自身体重和肩部力量向下压，将胸骨下压约 5 cm，随即松手使胸骨复原（手掌不离开胸骨），如此反复有节律地（每分钟 100～120 次）进行，直至伤员恢复心跳为止。

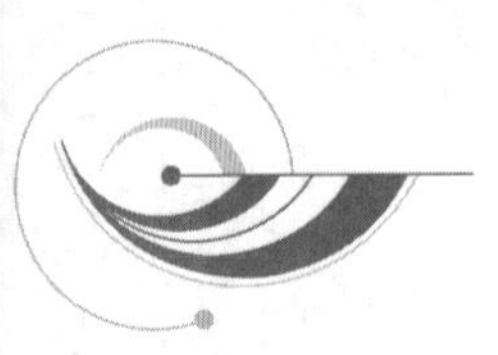

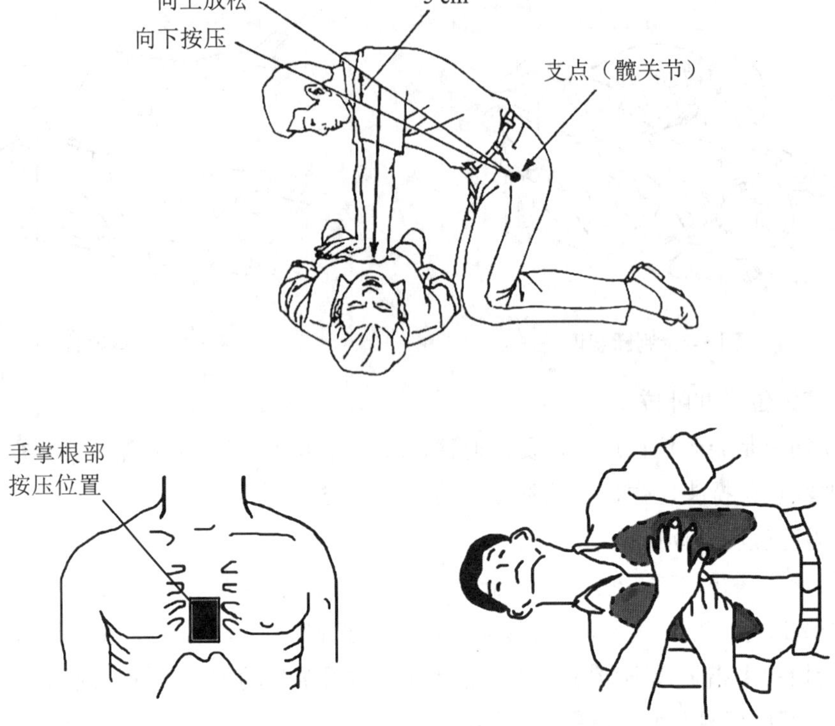

图 5-6　胸外心脏按压的方法及部位

（2）打开气道。进行胸外心脏按压后，伤者可能会出现呕吐的情况，这时需用仰头举颌法打开气道，使下颌角与耳垂连线垂直地面呈直角，如图 5-7 所示。可用双手扶住患者头部使其偏向一侧，利于液体状异物的顺势流出，也可以将食指或小指包上纱布、手帕，从口腔中掏取异物。

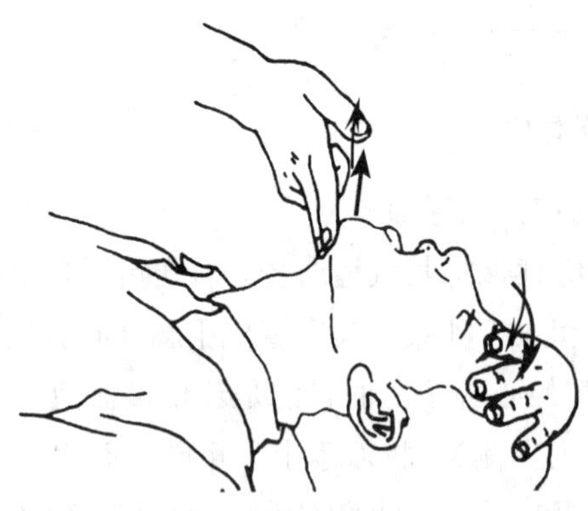

图 5-7　打开气道

（3）人工呼吸。打开伤员口腔，用嘴包住伤员的双唇深吹两口气，吹气时应捏住伤员的鼻孔（以免鼻腔漏气），如图 5-8 所示，并注意观察伤员胸部有无起伏。吹气后，放松伤员鼻子，并抬头深吸气，以备下一次吹气，如此反复并有节律地（成人每分钟 12～16 次）

进行，直至伤员恢复自主呼吸为止。

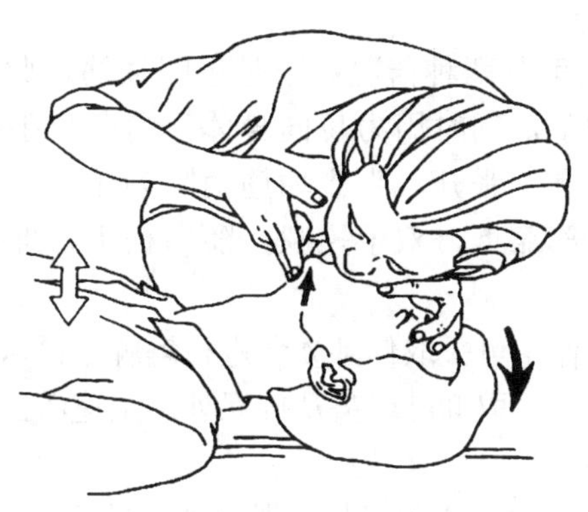

图 5-8　人工呼吸

（4）人工呼吸与胸外按压的协调。胸外按压与人工呼吸的比例是 30∶2，即连续胸外按压 30 次，人工呼吸 2 次。在做完每轮吹气按压后，要检查伤员是否恢复脉搏和自主呼吸，但注意检查所用的时间不要超过 5 s。如此反复进行。

（5）判断操作是否成功。对伤员施行人工呼吸和胸外按压后，若能感觉伤员大动脉搏动，或者发现伤员恢复自主呼吸、双瞳孔由大缩小、肤色（特别是唇和指甲的颜色）转红润，则表示操作成功。

3. 溺水救援

若自己溺水或遇见他人溺水，要保持冷静，合理选择救护措施。

1）自我救护

自我救护（见图 5-9）是指水中遇到意外险情而进行的自我保护措施。

图 5-9　游泳运动的自我救护

（1）游进中自感体力不支应立即取仰卧漂浮泳姿，向岸边或有浮动和固定支撑的目标靠近，同时发出求救信号。

（2）游进中发生抽筋可分两种情况：一是小腿抽筋，此时应及时仰浮在水面上，一只手握住抽筋肢体的脚趾，同时用力拉向身体，另一只手按下膝盖，帮助抽筋腿伸直；手指抽筋时应反复握拳、张开，直到抽筋消除为止；二是腹部抽筋，此时应仰浮水中，迅速弯曲两腿向胸部靠近，双手抱膝，随即松手，伸展身体，反复进行直到抽筋消除为止。

（3）如被长藤植物缠住，可采取仰卧姿势进行解脱，再从原路游出。

（4）如被旋涡吸住，可采取仰卧姿势从旋涡外沿全速游出。

2）他人救护

（1）间接救护。间接救护是指利用救生器材，对较清醒的溺水者施行救护。救生器材主要包括救生圈、竹竿、木板、轮胎、泡沫块、绳子等。

（2）直接救护。直接救护是指不借助任何救生器材，徒手对溺水者施救，救护人员须经训练才可以实施。在接近或寻找溺水者时首先要避免被溺水者抱住，然后要使溺水者背向自己，然后进行拖带，如图 5-10 所示。

图 5-10 拖带溺水者

第 6 章　田径运动

学习目标

- 了解田径运动的概况。
- 掌握跑类运动的基本技术和比赛规则。
- 掌握跳跃类运动的基本技术和比赛规则。
- 掌握投掷类运动的基本技术和比赛规则。

田径运动掠影

6.1 概　述

田径运动是在人类长期的生产劳动中产生和发展起来的，包括走、跑、跳跃和投掷等运动形式。

随着社会的发展和科技的进步，田径运动的项目不断增加，竞赛条件和竞赛规则不断改进和完善。到目前为止，田径运动已成为各项体育运动中项目最多的一项运动。

田径运动分为田赛、径赛和全能项目。田赛主要指在田径场内部进行的，以高度和远度计算成绩的比赛项目；径赛主要指在跑道或公路上完成的，以时间计算成绩的比赛项目；全能项目是由跑、跳跃和投掷中部分项目组成的综合项目。

田径运动是各项运动的基础。经常参加田径运动能够提高健康水平，增强身体素质（包括速度、力量、耐力和灵敏度等），培养意志品质，促进自身的全面发展。

6.2 跑

跑是人体水平位移的一种基本运动形式，是单脚支撑与腾空相互交替、蹬与摆相互配合的周期性运动。

6.2.1 基本技术

1. 短跑

短跑包括 400 m 及 400 m 以下的径赛项目。短跑可分为起跑、起跑后加速跑、途中跑和终点跑四个阶段。

1）起跑

短跑必须采用蹲踞式起跑并使用起跑器。蹲踞式起跑包括“各就位”“预备”“鸣枪”三个阶段。

短跑技术和起跑要点

动作要领如下。

（1）“各就位”。听到“各就位”口令后，深呼吸，走到起跑线前，屈体下蹲，两脚依次踏在起跑器抵脚板上，有力腿在前，后膝跪地；两手四指并拢与拇指呈八字形张开，虎口向前，支撑于起跑线后沿处；两手间距离比肩稍宽，两臂伸直，颈部放松，目视前下方 40～50 cm 处。如图 6-1（a）所示。

（2）“预备”。听到“预备”口令后，臀部平稳抬起，与肩同高或略高于肩，肩部略超出起跑线，重心置于两臂和前腿上，前脚紧贴起跑器抵脚板，后脚脚掌用力蹬住起跑器抵脚板，集中注意力，如图 6-1（b）所示。

（3）“鸣枪”。听到枪声后，两手迅速推离地面，两臂曲肘有力做前后摆动，两脚用力蹬离起跑器，后腿迅速曲膝向前上方摆出，前腿快速有力地蹬伸髋、膝和踝三个关节，以较大幅度的前倾姿势把身体向前推进，如图 6-1（c）所示。

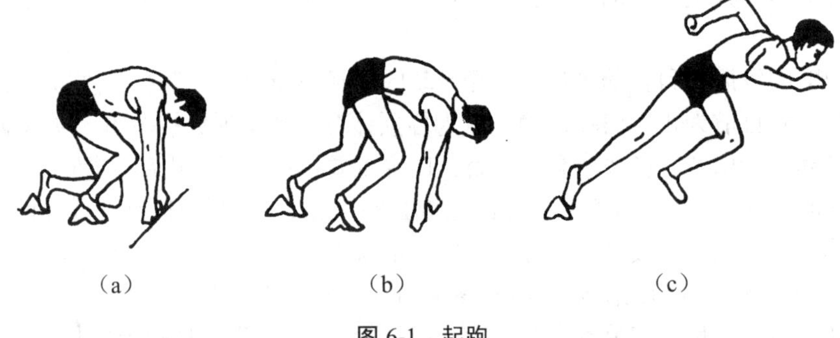
（a）　（b）　（c）

图 6-1　起跑

小提示

关于弯道蹲踞式起跑，在某些径赛项目中，起跑线设在弯道上，为了便于弯道起跑后有一段直线距离进行加速跑，起跑器应安装在跑道的右侧沿，起跑器中心线正对弯道切点方向。运动员的左手撑在起跑线后沿 5～10 cm 处，身体正对弯道的切点。

2）起跑后加速跑

起跑后加速跑是指从后腿蹬离起跑器到途中跑之间的跑段，距离一般为 25～30 m。

动作要领如下。

（1）两臂用力加速摆动，摆幅加大；摆动腿用力上抬，向前摆动，支撑腿用力向后下方蹬伸，上体保持较大幅度前倾。

（2）步长逐渐加大，步频加快，上体逐渐抬起过渡到途中跑姿势。

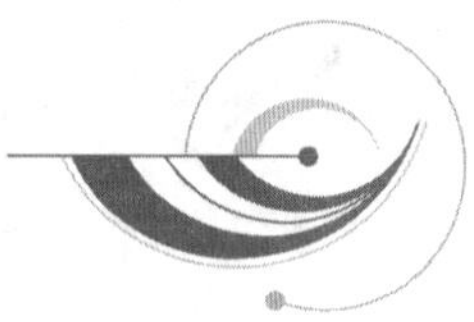

3）途中跑

途中跑是短跑全程中距离最长、速度最快的一段。

动作要领（见图 6-2）如下。

（1）头和上体挺直或稍前倾，两臂曲肘，以肩为轴前后协调摆动。

（2）摆动腿大腿抬高，积极前摆，带动同侧髋向前转动。

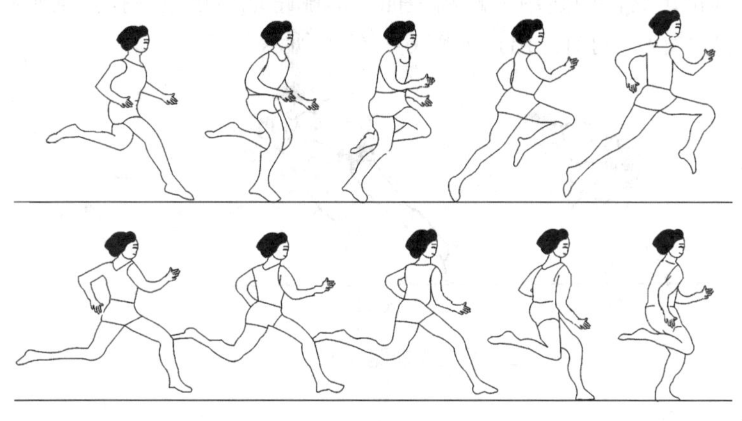

图 6-2　途中跑

途中跑技术

（3）当身体重心前移超过垂直位置后，支撑腿快速有力蹬伸髋、膝、踝关节，推动身体向前，当支撑腿蹬离地面，身体进入腾空状态。

（4）支撑腿小腿随蹬地后惯性向大腿靠拢，大小腿呈折叠姿势，原支撑腿转为摆动腿，用力前摆。

（5）原摆动腿大腿积极下压，小腿自然前伸，以前脚掌向后扒地，然后转为支撑腿。

小提示

在途中跑经过弯道时，应采用弯道跑技术。

① 经过弯道时，身体应有意识地向圆心倾斜，加大右侧腿、臂的摆动力量和幅度。

② 右腿膝关节稍向内扣，以脚掌内侧蹬地；左腿膝关节稍向外展，以脚掌外侧蹬地。

③ 右臂前摆时稍向左前方，后摆时肘关节稍偏向右后方；左臂摆动稍离开躯干。

4）终点跑

终点跑是全程跑的最后一段，短跑的终点跑距离一般为终点线前 15～20 m。

动作要领：上体前倾，两臂用力加速摆动，大腿抬高向前迈步，频率加快；距终点线约一步时，上体急速前倾，用胸部或肩部触压终点线，跑过终点。

2. 中长跑

中长跑是跑距为 800～10 000 m 的径赛项目，其技术动作与短跑基本相同。下面介绍中长跑中需注意的技术要点。

1）起跑

中长跑采用站立式起跑，分为“各就位”和“鸣枪”两个阶段，如图 6-3 所示。

（1）“各就位”。两腿前后开立，有力脚在前，全脚掌着地，脚尖紧靠起跑线后沿，后脚脚尖着地；上体前倾，两膝弯曲，有力脚异侧臂置于体前，同侧臂放于体侧；身体重心落于前脚，目视前下方 3～5 m 处，保持稳定姿势。如图 6-3（a）所示。

（2）“鸣枪”。听到枪声后，两腿用力蹬离地面，后腿蹬地后迅速前摆，前腿蹬直，两臂用力加速摆动，使身体快速向前冲出，如图 6-3（b）所示。

图 6-3　站立式起跑

2）起跑后加速跑

中长跑的起跑后加速跑技术与短跑基本相同，不同的是上体前倾幅度和蹬摆力度稍小。加速跑的距离需根据项目、参加人数、个人训练水平和战术要求等情况而定。

3）途中跑

中长跑的途中跑技术与短跑相比动作幅度略小，脚着地的动作柔软而有弹性，一般由脚跟着地过渡到脚尖着地，跑步过程中保持匀速而有节奏。

4）终点跑

终点跑的距离需根据自己的体力情况、战术要求和临场情况而定，一般为到达终点前的 100～200 m。

5）中长跑的呼吸

中长跑体力消耗大，对氧气的需求量较大，因此呼吸时要有一定的频率和深度，并与跑步的节奏相配合，一般为两至三步一呼，两至三步一吸。

随着疲劳的出现，呼吸的频率会有所增快，此时应注意深呼气，以充分呼出二氧化碳，吸进大量新鲜氧气。

6.2.2　比赛规则

百米赛跑掠影

1. 场地

国际标准的径赛场地为 400 m 半圆式田径场，其跑道由两段相等并平行的直段和两段半圆弯道组成，半圆的外沿直径为 36.5 m。径赛各项目起点如图 6-4 所示。

2. 比赛

（1）名次判定：参赛运动员的名次取决于其身体躯干（不包括头、颈、臂、腿、手

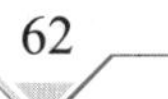

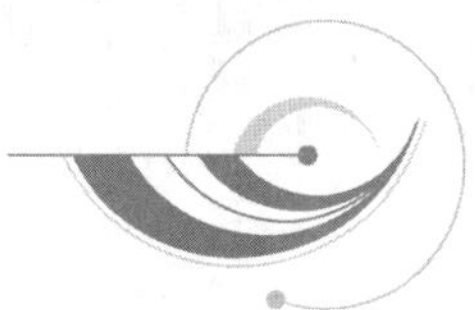

或足）抵达终点线后沿垂直面的顺序，先到达者名次列前。

（2）起跑：400 m 及 400 m 以下各径赛项目，必须采用蹲踞式起跑及起跑器。400 m 以上径赛项目采用站立式起跑。

（3）起跑犯规：① 在枪声响起前有任何起跑动作均属起跑犯规。除此之外，在“各就位”口令发出后以声音或动作扰乱他人，也应判为起跑犯规。② 起跑时运动员一旦出现抢跑，将被取消该项目的比赛资格。

（4）分道跑：① 在分道跑和部分分道跑径赛项目中参赛者越出跑道，获得实际利益或冲撞、阻碍其他参赛者，将被取消比赛资格。② 在 800 m 比赛中运动员通过抢道标志线（见图 6-4）以后才能离开自己的跑道，切入里道。

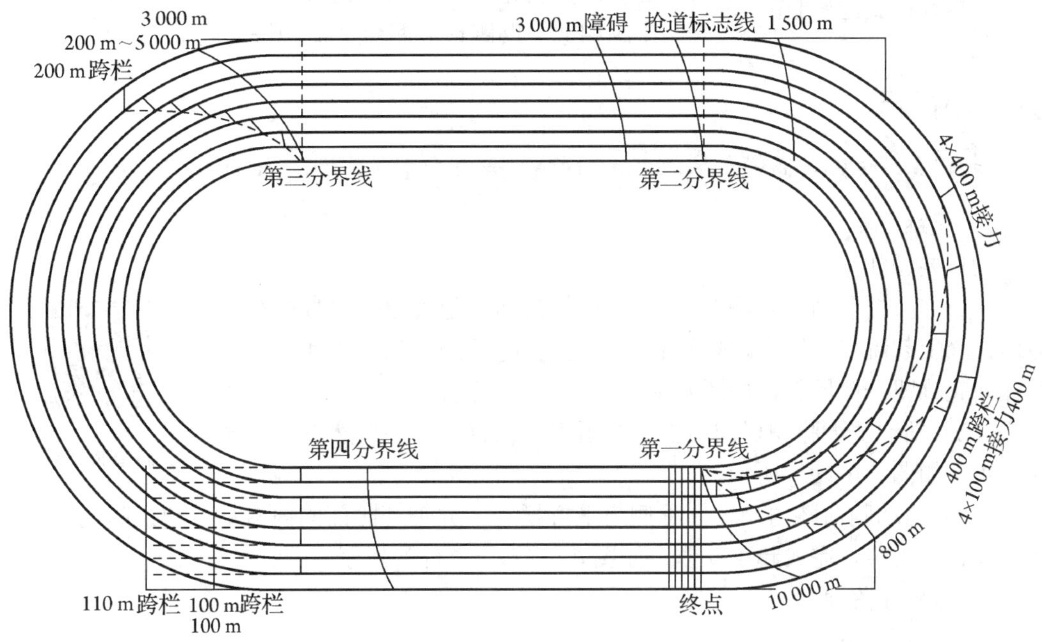

图 6-4　径赛场地

6.3　跳　跃

田径运动中的跳跃项目，是运用人体自身的能力（或同时借助一定的器材，如撑竿），通过一定的运动形式，使人体跳过尽可能高的高度或尽可能远的距离的运动。

6.3.1　基本技术

1. 跳高

跳高技术种类较多，目前较为常用的是背越式跳高技术。背越式跳高包括助跑、起跳、

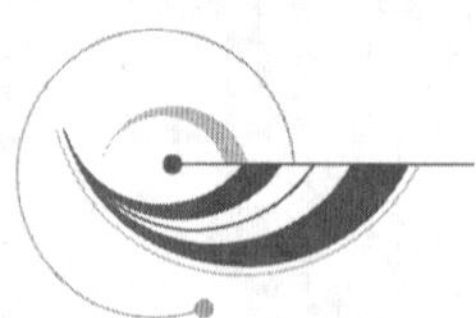

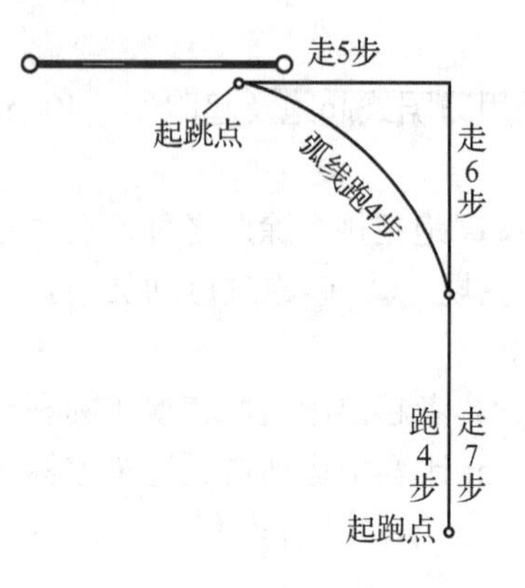

图 6-5　助跑路线图

过杆和落地四个阶段。

1）助跑

背越式跳高的助跑分直线跑和弧线跑两个阶段，助跑路线如图 6-5 所示。

动作要领如下。

（1）直线助跑一般为 4～5 步加速跑，两腿后蹬和前摆的幅度较大，身体重心较高，动作轻松、自然、有弹性。

（2）弧线助跑一般为 4～5 步，助跑时身体略向圆心倾斜，脚落地时由脚跟过渡到前脚掌，摆臂与弯道途中跑相似。助跑最后两步节奏加快。

小提示

起跳点距近侧跳高架立柱约 1 m，距横杆垂直向下投影 50～80 cm。

2）起跳

动作要领如下。

（1）起跳腿（背越式跳高以远离横杆的腿为起跳腿）向身体对侧迈出，踏上起跳点，以脚跟外侧着地，迅速过渡到全脚掌，曲膝缓冲，身体向起跳腿一侧倾斜，如图 6-6（a）～（d）所示。

跳高慢动作

（2）摆动腿大腿积极向前上方摆至水平位置，小腿自然下垂，身体端正，如图 6-6（e）所示。

（3）摆动腿曲膝内扣，向异侧肩上方摆动，并带动髋部向内转动，起跳腿迅速蹬伸髋、膝、踝关节，完成起跳动作，如图 6-6（f）～（g）所示。

3）过杆和落地

动作要领如下。

（1）保持起跳腿蹬伸，躯干充分伸展；上体转成背对横杆，起跳腿自然下垂，如图 6-6（h）～（j）所示。

（2）当头和肩越过横杆后，迅速沉肩，两臂置于体侧，髋关节向上挺起，形成“背弓”，两膝自然弯曲，小腿自然下垂，如图 6-6（k）～（n）所示。

（3）当髋关节过杆后，大腿向上摆动，小腿上踢，使整个身体过杆，如图 6-6（o）～（r）所示。

（4）两肩继续下潜，含胸收腹，自然下落，以肩部领先着垫。

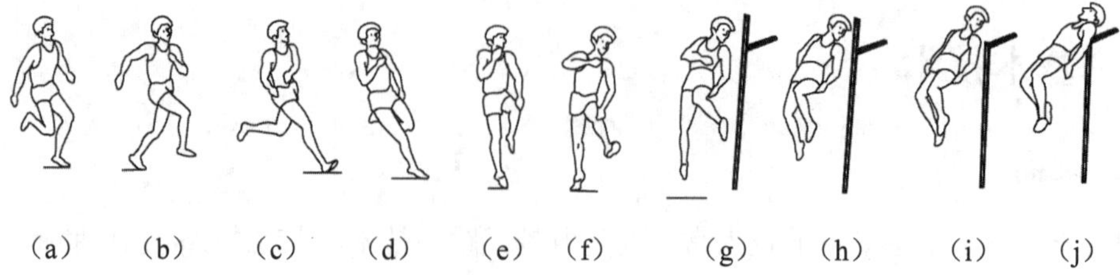

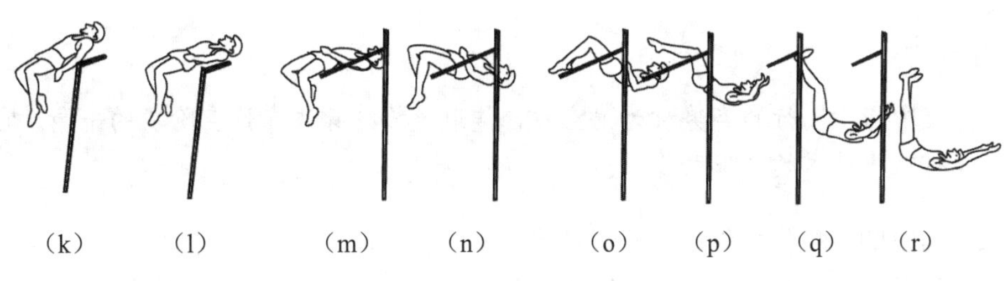

（k）　（l）　（m）　（n）　（o）　（p）　（q）　（r）

图 6-6　跳高

2. 跳远

跳远包括助跑、起跳、腾空和落地四个阶段。

1）助跑

男子跳远助跑距离一般为 35～45 m，女子跳远助跑距离一般为 30～35 m。

动作要领如下。

（1）原地站立或行进中起动开始助跑，上体前倾、两腿积极摆动，后蹬充分，摆臂有力。

（2）助跑途中上体逐渐抬起，腿和手臂加速用力摆动，加快助跑速度，注意提高重心，保持身体平衡和动作的节奏感。

（3）助跑最后几步步频加快，保持较高的身体重心和较快的助跑速度，准备起跳。

2）起跳

起跳动作从助跑最后一步摆动腿后蹬开始，至起跳腿蹬离地面结束。

动作要领（见图 6-7）如下。

（1）助跑最后一步，摆动腿用力蹬地，使身体尽快向起跳板方向运动。起跳腿快速前摆，大腿积极下压，踏上起跳板，由脚跟过渡到全脚掌着地。

（2）起跳腿着地瞬间，髋、膝、踝关节被迫弯曲，起缓冲作用；同时身体重心前移，起跳腿快速用力蹬伸，摆动腿大腿积极向前上方摆至水平位置，小腿自然下垂。

（3）起跳腿同侧臂曲肘向身体前上方摆动，异侧臂曲肘向体侧摆动，提肩、拔腰，向上顶头。

3）腾空

动作要领如下。

（1）起跳腿蹬离地面后，上体挺直，摆动腿保持起跳时水平姿势，小腿自然下垂，起跳腿自然弯曲，留在体后，形成空中的跨步飞行，如图 6-8 所示。

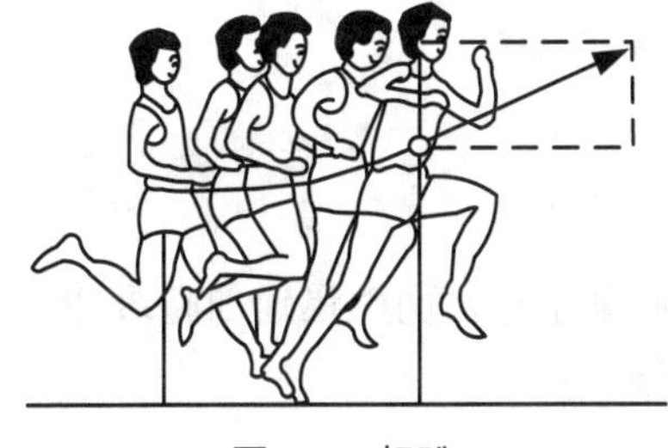

图 6-7　起跳

图 6-8　腾空步

小提示

这一空中跨步飞行的姿势称为腾空步，作用是维持身体在腾空阶段的平衡。它是完成任何一种空中技术的基础动作。

（2）腾空的姿势分为蹲踞式和挺身式。

蹲踞式：接近腾空最高点时起跳腿曲膝上提，与摆动腿并拢；双腿曲膝，大腿靠近胸部，上体稍前倾；两臂由前向下、向后摆动；落地前两小腿向前伸出，准备落地。如图 6-9 所示。

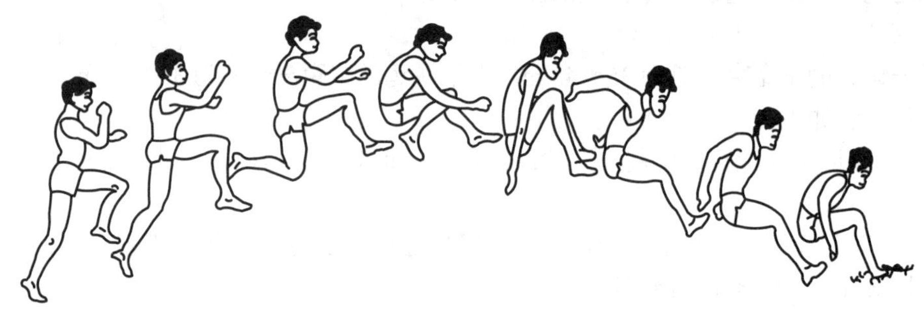

图 6-9　蹲踞式腾空

挺身式：腾空后摆动腿自然放下，小腿向后下方做弧形摆动；两臂向下、经体侧向后上方摆动；摆动腿与起跳腿并拢，髋部向前，胸、腰前挺，头、肩后展成挺身展体姿势；落地前，两臂由后上方经体前、向后摆动；同时两大腿上抬，收腹举腿，上体前倾，小腿前伸，准备落地。如图 6-10 所示。

图 6-10　挺身式腾空

4）落地

动作要领（见图 6-11）如下。

（1）小腿尽力前伸，脚跟首先触地，前脚掌下压，两腿迅速曲膝缓冲。

（2）两臂曲肘前摆，身体向前或向一侧倒。

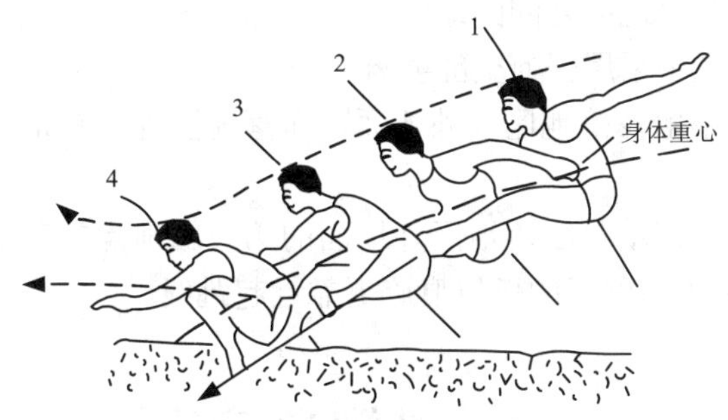

图 6-11　跳远落地

6.3.2　比赛规则

1. 跳高

1）**场地**

（1）助跑道：呈扇形，长度不限，最少为 15 m。

（2）落地区：跳高落地区的长至少为 5 m，宽为 3 m。

2）**比赛**

（1）运动员必须用单脚起跳。

（2）如果运动员在比赛中出现下列情况之一者，应判为试跳失败：

① 运动员的试跳动作不规范，致使横杆从横杆托上脱落。

② 在越过横杆之前运动员身体的任何部位触及立柱前沿垂直面以外的地面或落地区。如果运动员在试跳中一只脚触及落地区，而裁判员认为其并未从中获得利益，则不应由此而判该次试跳失败。

③ 试跳时运动员有意用手或手指把即将从横杆托上掉下的横杆放回。

2. 跳远

1）**场地**

（1）助跑道：助跑道的长至少为 40 m，宽为 1.22 m。

（2）起跳板：起跳的标志，长 1.22 m，宽 20 cm，一般用木料制成，漆成白色。

跳远比赛掠影

（3）起跳线：指起跳板靠近落地区一侧的边沿。

（4）落地区：宽 2.75～3 m，跳远起跳线至落地区远端的距离至少为 10 m，落地区内应填充湿沙，沙面与起跳板齐平。

2）**比赛**

如果运动员在比赛中出现下列情况之一者，则应判为试跳失败：

（1）在助跑中或跳跃中运动员以身体任何部位触及起跳线以前的地面。

（2）从起跳板两端之外起跳，无论是否超过起跳线的延长线。

（3）触及起跳线和落地区之间的地面。

（4）在助跑或跳跃中采用任何空翻姿势。

（5）在落地过程中触及落地区以外地面，而落地区外的触地点较落地区内的最近触地点更靠近起跳线。

（6）离开落地区时运动员在落地区外地面的第一触地点较落地区内最近触地点和在落地区内因身体失去平衡而留下的任何痕迹更靠近起跳线。

6.4　投掷类运动

投掷是人体运用自身的能力，通过一定的运动形式，将手持的规定器械掷出尽可能远的体育运动项目。本节主要介绍推铅球运动。

6.4.1　基本技术

推铅球的技术有侧向滑步、背向滑步和旋转式三种，下面我们仅介绍运用最普遍的背向滑步推铅球的技术。背向滑步推铅球可分为握球和持球、预备姿势、滑步、最后用力和维持身体平衡四个阶段。

1. 握球和持球

推铅球的基本技术

（1）握球的方法（以右手为例，下同）有两种，一种是分指握球，一种是并指握球。分指握球时五指自然分开，手腕背屈，将铅球放在食指、中指和无名指的指根处，拇指与小指自然扶于球的两侧，如图 6-12 所示。并指握球时五指并拢，掌心要空，把球放在指根以上的位置，这种握球方法力量集中，出手速度快。

（2）球握好后曲肘，手持球放在肩上锁骨窝处，贴于颈部，右肘外展略低于肩，掌心向前，左臂自然上举，如图 6-13 所示。

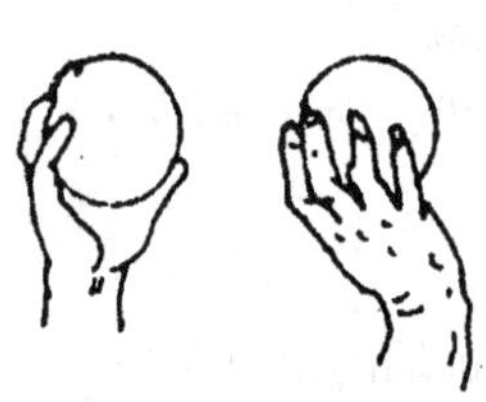

图 6-12　握球

图 6-13　持球

2. 预备姿势

（1）持球后背对投掷方向，两脚前后开立，相距 20～30 cm。

（2）右脚尖贴近投掷圈后沿，脚跟正对投掷方向（即抵趾板方向）；左脚以前脚掌着地，自然弯曲；保持上体端正、放松。

（3）左臂自然上举，身体重心落于右腿上，如图 6-14 所示。

图 6-14　预备姿势

3. 滑步

（1）滑步前需先做一至两次预摆。预摆时左腿向投掷方向摆出，右腿协调配合向下蹬伸，上体前俯，左臂前伸；左腿收回靠近右腿，右腿弯曲，重心下降，预摆结束。如图 6-15（a）～（e）所示。

（2）左腿用力向投掷方向摆出，右腿用力蹬伸，如图 6-15（f）～（g）所示。

（3）当右脚蹬离地面后，身体向投掷方向快速平稳移动，此时迅速收拉右小腿，右脚尖向内转扣，右前脚掌落于投掷圈中心附近；左脚迅速在抵趾板偏右侧位置以前脚掌内侧蹬踩着地，准备最后用力。如图 6-15（h）～（j）所示。

4. 最后用力和维持身体平衡

（1）右脚用力向投掷方向蹬转，同时带动右髋向投掷方向转动，左臂向左侧摆动，上体逐渐抬起，如图 6-15（k）～（m）所示。

（2）随髋部扭转，身体重心逐渐移至左腿，上体向投掷方向转动，挺胸抬头，如图 6-15（n）所示。

（3）当左臂摆至体侧时制动，两脚积极蹬伸，右臂迅速用力将铅球向前推送；当铅球快离手时，手腕推送、手指拨球，将球推出。如图 6-15（o）～（q）所示。

（4）铅球离手后，两腿迅速换位，降低身体重心，以维持身体平衡，如图 6-15（r）～（s）所示。

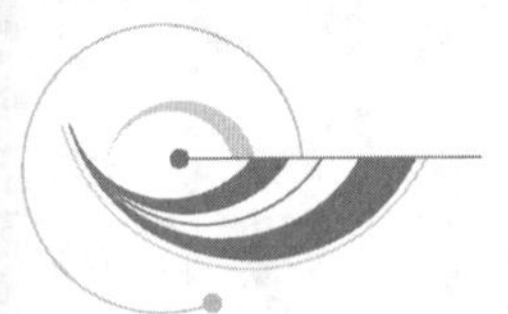

图 6-15　背向滑步推铅球

6.4.2　比赛规则

1. 场地

铅球场地如图 6-16 所示。

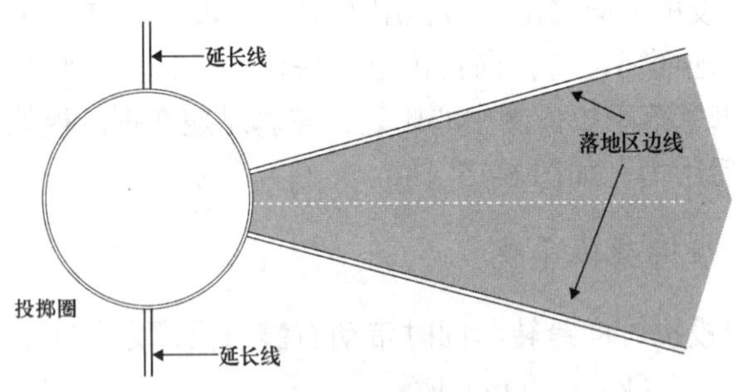

图 6-16　铅球场地

（1）投掷圈：铅球投掷圈直径为 2.135 m，投掷圈外围金属镶边，厚度为 6 mm，顶端涂白。

（2）落地区：铅球落地区为 34.92°的扇形区域。

（3）铅球：用实心的铁、铜或者其他任何硬度不低于铜的金属制成，表面必须光滑。男子铅球重量为 7.26 kg，女子铅球重量为 4 kg。

2. 比赛

（1）运动员必须在投掷圈内，由静止状态开始，以单手由肩上将铅球推出。铅球应抵住或靠近颈部或下颌，在推球过程中持球手不得降到此部位以下。不得将铅球置于肩轴线后方。

（2）铅球完全落在落地区角度线内沿以内，方为试掷有效。

铅球比赛掠影

（3）运动员在器械落地后方可离开投掷圈。

（4）完成投掷后铅球运动员必须从投掷圈后半圈的延长线后面退出。

（5）在没有犯规的情况下，参赛者可以中止已开始的试掷动作，将器材放下以后暂时离开投掷区，并重新开始，但是必须在规定的时限内完成投掷。

（6）如果运动员在试掷中出现下列情况，则应判为试掷失败：

① 投掷铅球的出手姿势不符合规定。

② 在投掷过程中身体或器械的任何一部分触及投掷圈上沿、圈外地面及抵趾板上沿。

第 7 章　球类运动

学习目标

- 熟悉篮球运动的基本技术、基本战术和比赛规则。
- 熟悉排球运动的基本技术、基本战术和比赛规则。
- 熟悉足球运动的基本技术、基本战术和比赛规则。
- 熟悉乒乓球运动的基本技术、基本战术和比赛规则。
- 了解羽毛球运动的基本技术、基本战术和比赛规则。
- 了解网球运动的基本技术、基本战术和比赛规则。
- 了解荷球运动的起源、特征、基本技术和比赛规则。
- 了解棒垒球运动的基本技术、基本战术及棒球与垒球的区别。

7.1　篮　球

篮球运动起源于美国，是以投篮为目标，以得分多少决胜负的体育项目，具有集体性、对抗性和时空性的特点。经常参加篮球运动不仅能使参与者在力量、速度、灵敏和弹跳等方面得到发展，而且可以培养其集体荣誉感、组织纪律性和顽强的意志品质。

7.1.1　基本技术

篮球技术是在篮球比赛中，队员为了攻守目的所运用的各种专门动作的总称，主要包括脚步移动、传接球、运球和投篮等。

1. 脚步移动

脚步移动是在篮球比赛中队员为了争取时间和空间上的主动优势所采用的各种脚步动作的总称，是学习篮球技术和使用机动灵活战术的基础。脚步移动主要包括起动、跑、急停、滑步和转身等。

1）基本站立姿势

基本站立姿势是脚步移动的准备姿势，以便于各种技术动作的开始和运用。

动作要领：两脚前后或左右开立，与肩同宽，两膝微屈，重心落于两脚间，上体稍前倾，两臂自然弯曲于体侧，两眼注视全场情况。

2）起动

起动是队员在球场上由静止状态变为运动状态的一种起始动作，一般用于攻、守中抢占有利位置的行动中。起动包括向前和侧向起动两种方式。

动作要领：从基本站立姿势开始，向左侧起动时重心左移，上体迅速左转，左脚不动，右脚前脚掌用力蹬地，并向左跨出，两臂自然摆动；向前或向右起动与向左起动的动作要领相仿，只是方向不同而已。

3）跑

跑是最基本的移动技术，包括侧身跑、变速跑、变向跑和后退跑等。其中侧身跑和变速较为常用。

（1）侧身跑。侧身跑是队员在跑动中为了抢位、摆脱防守、接侧向或侧后方的传球而采用的一种跑动方法。动作要领：跑动过程中两脚尖正对跑动方向，头和上体转向球的方向。

（2）变速跑。变速跑是队员在跑动过程中改变跑的速度（加速或减速）的一种方法。动作要领：跑动过程中，加速时上体前倾，两脚掌连续交替向后蹬地，同时迅速摆臂；减速时上体直起，加大步幅，用前脚掌抵地，缓冲减速。

4）急停

急停是进攻队员在快速跑动过程中，突然制动并呈静止状态的一种方法。常用的有跨步急停和跳步急停两种方法。

（1）跨步急停。动作要领：停步时一只脚向前跨出一大步，脚跟着地过渡到全脚掌抵地，同时迅速曲膝，上体后仰。另一只脚紧随着地时脚尖内旋，身体顺势侧转，前脚掌内侧蹬地。两臂曲肘张开，保持身体平衡。

（2）跳步急停。动作要领：停步时双脚起跳，上体稍后仰，两臂自然摆动，两脚同时平行落地，曲膝降重心，两臂曲肘张开，保持身体平衡。

5）滑步

滑步是队员防守时移动的主要步法。常用的有侧滑步、前滑步和后滑步三种步法。

（1）侧滑步。动作要领：开始滑步前两脚左右开立，微曲膝，两臂侧张开；向左滑步时身体重心左移，左脚向左跨出一步，落地的同时右脚迅速滑行跟进，完成一步侧滑，然后重复以上动作。如图 7-1 所示。向右滑步时，动作相反。

图 7-1　向左侧滑步

（2）前滑步。动作要领：开始滑步前，两脚前后开立，微曲膝，两臂前后张开。向前滑步时，身体重心前移，前脚向前跨一步，落地的同时后脚迅速滑行跟进，向前滑一步，

然后重复以上动作；向后滑步时动作相反。

6）转身

转身是队员以一脚做轴（中枢脚），另一只脚蹬地向前或向后跨出，身体顺势转动，以改变身体方向的一种方法。转身包括前转身和后转身两种方式。

（1）前转身。动作要领：转身时（以右脚为中枢脚）左脚前脚掌向外蹬地，同时身体重心右移，左脚经体前向右跨一步，同时中枢脚以前脚掌为轴（脚跟提起）用力碾地旋转，身体顺势右转，如图 7-2 所示。

（2）后转身。后转身和前转身的动作要领相仿，不同的是后转身时移动的脚向自己身后跨步使身体改变方向。

图 7-2　前转身

2. 传接球

双手传球

传接球是篮球比赛中队员之间有目的地转移球，以更好地配合全队进攻的有效手段。因此，传接球是组织全队进攻配合的纽带，也是提高进攻质量的重要环节。

1）传球

传球包括双手胸前传球、双手头上传球、单手肩上传球、单手胸前传球和勾手传球等。下面将对双手胸前传球和单手肩上传球进行简要的介绍。

（1）双手胸前传球。双手胸前传球是一种最基本、最常用的传球方法，适用于不同方向、不同距离的传球，其特点是准确性高，便于控制球。

动作要领：双手持球时两脚开立，两膝微屈，重心落于两脚间，双手十指自然分开，两拇指相对呈“八”字形，指根以上部位持球两侧，掌心空出，持球于胸腹之间；传球时，两臂迅速向传球方向前伸，当手臂将要伸直时，急促抖腕，同时两拇指用力下压，食、中指用力拨球，将球传出。如图 7-3 所示。

图 7-3　双手胸前传球

（2）单手肩上传球。单手肩上传球常用于中、远距离传球，特点是传球力量大，利于抢到后场篮板后长传快攻。

动作要领：（以右手传球为例）左脚向传球方

向迈出半步，同时右臂引球至右肩上方，左手离球，左肩对着传球方向，重心落于右脚上；右脚内侧蹬地转身，同时迅速向前挥臂，手腕前屈，通过食、中指拨球，将球传出。如图 7-4 所示。

图 7-4　右手肩上传球

2）接球

接球是队员获得球的动作，是抢篮板球和断球的基础，包括双手接球和单手接球两种。

（1）双手接球。双手接球包括双手接胸部高度的球、双手接头部高度的球、双手接低于腰部的球和双手接地滚球等方法。下面简要介绍双手胸前接球的动作要领。

双手胸前接球动作要领：两眼注视来球方向，两臂向来球方向伸出，十指自然分开；当双手触及球时手臂顺势引球，将球持于胸腹之间。如图 7-5 所示。

图 7-5　双手胸前接球

（2）单手接球。动作要领：（以右手接球为例）两眼注视来球方向，右臂微屈，伸向来球方向，手掌呈勺形，五指自然分开；当手指触及球时右臂顺势引球，左手立即帮助右手，双手持球于胸腹间。如图 7-6 所示。

图 7-6　单手接球

3. 运球

运球包括高运球、低运球、体前变向换手运球、后转身运球和胯下运球等。下面将对

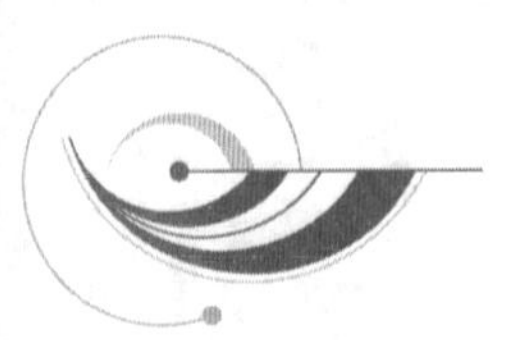

高运球、低运球、体前变向换手运球和胯下运球进行简要介绍。

原地运球练习

1）高运球

高运球是球反弹的高度在腰、胸之间的运球方法，一般用于无防守的快速运球。

动作要领：（以右手运球为例）运球时微曲膝，上体稍前倾，目平视，以肘关节为轴，前臂自然伸屈，用右手按拍球的后上方，控制球的落点在身体右前方，球的反弹高度在胸腹之间。

2）低运球

当持球队员接近防守队员或防守队员来抢球时，持球队员为保护球或摆脱防守，常采用低运球方法。

动作要领：运球时抬头、目视前方，深曲膝，上体前倾，用上体、腿和另一只手臂保护球。同时用手短促地按拍球，控制球的反弹高度在膝关节以下。

3）体前变向换手运球

当防守队员堵截运球队员的进攻路线或运球队员运球接近防守队员时，运球队员可运用体前变向换手运球摆脱和突破对手。

动作要领：（以运球队员右手运球突破对手左侧为例）运球队员右手运球，当对手向右侧移动堵截时运球队员应向右侧加速运球吸引对手偏离正常防守位置，接着突然变向，用右手按拍球的右后上方，向左侧拍球，左、右脚先后迅速向左前方跨出，上体左转并前倾探肩，换左手按拍球的后上方，加速运球突破对手，如图 7-7 所示。

图 7-7　体前变向换手运球

4）胯下运球

动作要领：（以右手胯下运球为例）运球跨步急停后两脚前后开立，左脚在前，重心落于两脚间，右手按拍球的右上方，使球从两腿之间穿过，换左手运球，右脚向左前跨出，完成一次胯下运球。

4. 投篮

投篮包括原地投篮、行进间投篮、跳起投篮、补篮和扣篮等，下面将对原地投篮和行进间投篮进行简要介绍。

投篮技术

1）原地投篮

原地投篮包括双手头上投篮、双手胸前投篮、单手头上投篮和单手肩上投篮。下面介绍原地单手肩上投篮的动作要领。

原地单手肩上投篮动作要领：（以右手投篮为例）从双手持球的基

本站立姿势开始，左手扶球左侧，右手持球，右臂曲肘，置球于右肩上；投篮时两脚掌蹬地，左手离球，右臂向前上方伸直时手腕前屈，食、中指拨球，将球投出。如图 7-8 所示。

图 7-8　原地单手肩上投篮

2）行进间投篮

行进间投篮包括单手肩上投篮、单手低手投篮、双手低手投篮、反手投篮和勾手投篮等。下面介绍行进间单手低手投篮的动作要领。

行进间单手低手投篮动作要领：（以右手投篮为例）运球队员结束运球变为双手持球的同时，右脚跨出第一步；左脚跨出第二步落地时，前脚掌用力蹬地向前上方起跳，右腿曲膝自然上提，右手将球引至右肩侧上方；腾空到最高点时左手离球，右手托球，右臂向前上方伸展；接近球篮时，手腕、手指上挑，将球投出。如图 7-9 所示。

图 7-9　行进间单手低上投篮

7.1.2　基本战术

篮球战术是篮球比赛中队员所运用的攻守方法的总称，主要分为进攻和防守两种战术，其中进攻战术包括传切配合、掩护配合和突分配合等战术；防守战术包括换防配合和补防配合等战术。

1. 传切配合

传切配合包括一传一切和空切两种配合。一传一切是指持球队员传球给同伴后自己立即切向篮下，接同伴回传的球进行投篮的方法；空切是指无球队员根据球的转移情况，从不同的方向迎球或侧向插入篮下接球的配合方法。

2. 掩护配合

掩护配合是指队员用自己的身体挡住同伴的防守队员，使同伴摆脱防守的配合方法。

3. 突分配合

突分配合是指持球队员突破防守后遇到补防或吸引对手注意力后，及时将球传给同伴，使同伴获得进攻机会的配合方法。

4. 换防配合

换防配合是指防守队员为了破坏进攻队员的掩护配合，彼此之间及时呼应并交换防守对手的一种配合方法。换防配合是破坏掩护配合的一种方法。

5. 补防配合

补防配合是指当防守队员被对手突破或绕过时，临近的其他防守队员主动放弃自己防守的对手，去补防突破队员的配合方法。

7.1.3 比赛规则

1. 比赛场地

标准篮球场地是一块长 28 m，宽 15 m 的长方形平地，如图 7-10 所示。球场必须有明显的界线，界线距观众、广告牌或其他障碍物至少 2 m。篮球场长边的界线叫边线，短边的界线叫端线。

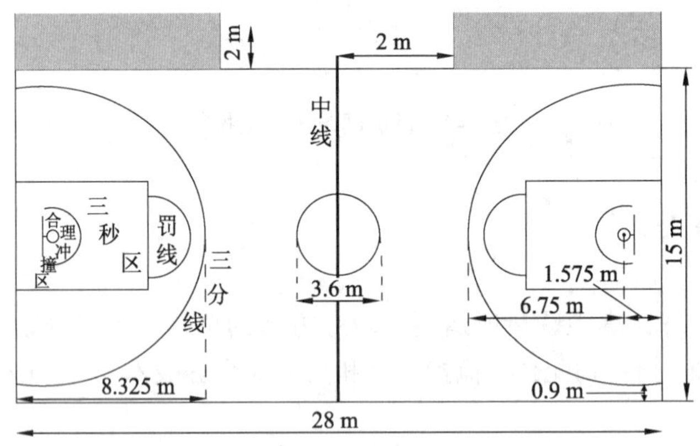

图 7-10　篮球场

2. 违例

违例是指球员在比赛过程中不慎侵犯了比赛中的一些基本规定，包括 2 次运球、故意踢球、带球走、控球队员在对方的限制区内持续停留超过 3 s、队员持球 5 s 内没有传球，

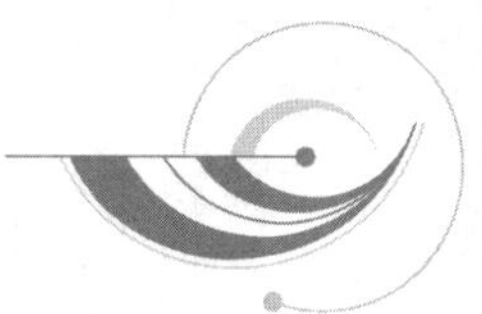

投球或者运球、控球队员从后场推进前场超过 8 s 和进攻队在场上控球，24 s 内没有投篮出手等。

罚则：在比赛过程中出现时间方面的违例、带球走、2 次运球、脚踢球和跳球违例等均判对方在违例地点附近的边线或底线发界外球。

3. 侵人犯规

侵人犯规是指比赛过程中队员与对方队员的接触犯规。例如，队员通过伸展他的手、臂、肘、肩、髋、腿、膝或脚来拉、阻挡、推、撞、绊和阻止对方队员行进；队员将自己的身体扭曲成“反常”的姿势（超出自己的圆柱体）；队员对对方队员有任何粗暴的动作，都属于侵人犯规。

罚则：给犯规队员记一次侵人犯规，以及判给对方球权或罚球，当判给对方球权或罚球时，按如下规定执行，① 被侵犯队员未投篮，由被侵犯队员在靠近犯规地点的界线外掷界外球。② 被侵犯队员正在投篮，投篮成功应计得分并判给其 1 次罚球；投篮未中，在 2 分区（或 3 分区）投篮，则判给其 2 次（或 3 次）罚球。

7.2 排 球

排球运动是以得分多少决胜负的集体项目，具有技巧性、对抗性和集体性等特点。排球比赛无时间限制，参赛双方通常通过变换击球路线和落点造成对方失误来得分。

7.2.1 基本技术

排球技术是在比赛规则允许的条件下，队员运用的各种合理击球动作和配合动作的总称，主要包括准备姿势与移动、传球、垫球、扣球、发球和拦网等。

1. 准备姿势与移动

准备姿势与移动是排球运动中运用最多的两项基本技术，它是完成传球、垫球、扣球、发球和拦球各项技术的前提和基础，并且对各项技术动作的运用起着串联作用。

1）准备姿势

按照重心的高低，准备姿势包括稍蹲、半蹲和低蹲三种。下面介绍半蹲准备姿势的动作要领。

半蹲准备姿势动作要领：两脚左右或前后开立（根据场上情况，可以左脚在前或右脚在前），稍比肩宽，脚跟提起，膝微屈，脚尖和膝稍内扣；上体前倾，重心前移，肩超膝，膝超脚尖；两臂自然弯曲，置于腹前，目视来球。

2）移动

移动的基本步法包括并步与滑步和交叉步等。

并步与滑步的动作要领：（以向前移动为例）从两脚前后开立的准备姿势开始，后脚用力蹬地，前脚向来球方向跨出一步，后脚迅速跟上成准备姿势。连续并步移动称为滑步。

交叉步的动作要领：从准备姿势开始，向右移动时上体稍向右转，左脚从右脚前面向右交叉跨一步，然后右脚再向右跨一大步，同时身体转向来球方向呈准备姿势。

2. 发球

发球过程分为准备姿势、抛球和击球三个环节。下面对侧面下手发球和正面上手发球进行简要介绍。

1）侧面下手发球

下手发球和上手发球

侧面下手发球的特点是发球动作较简单，容易掌握，稳定性较大，但攻击性较小。

（1）准备姿势：右肩对网站立，两脚左右开立，与肩同宽，上体稍前倾，重心落于两脚间或稍偏右脚，左手置球于腹前。

（2）抛球：左手将球抛至胸前距身体约一臂远，同时右臂摆至身体右侧后下方，上体稍右转。

（3）击球：右脚内侧蹬地，身体左转，带动右臂向前摆动，在腹前用全掌击球下部，将球击出。击球时手臂要伸直，眼睛要看着球。

2）正面上手发球

正面上手发球的特点是力量大、速度快、弧度平、旋转强和落点易于控制。

（1）准备姿势：面对球网站立，两脚前后自然开立，左脚在前，两膝微屈，上体前倾，左手持球于胸前。

（2）抛球：左手将球垂直平稳地抛向右肩的前上方，高度为距头顶三个球高。同时右臂抬肘约与肩平，前臂后引，手掌置于头后上方，上体略向后移，挺胸、展腹、身体重心后移至右脚。

（3）击球：身体重心前移，收腹，同时带动右臂迅速向肩前上方挥动，在最高点伸直手臂，用力掌击球的后中部；在触球的刹那，手腕适当地向前推压。如图 7-11 所示。

图 7-11　正面上手发球

3. 传球

传球是排球运动中的一项最基本的技术，是进行比赛和组织战术的基础。传球的种类

多种多样，下面对正面双手传球（简称正传）和背传进行简要介绍。

1）**正传**

（1）动作要领：传球前采用稍蹲姿势，身体站稳，上体挺直，双手自然抬起，置于脸前；当球至距额前上方一个球左右的位置时，开始双脚蹬地、伸膝、伸双臂，张开双手，从脸前向前上方击球，将球传出。如图 7-12 所示。

（2）传球手形：当手触球时两手自然张开呈半球状，手腕稍后仰，以拇指、食指和中指拖住球的后下部，两拇指相对，接近“一”字形，两手间要有一定的距离（不超过球的直径）。

（3）传球的用力：传球时主要是利用蹬地、伸膝、向上展体和伸臂协调动作，配合手指和手腕的弹力将球传出。

2）**背传**

动作要领：传球时上体挺直或稍后仰，两膝半屈，重心落于两脚间，双手自然抬起，置于脸前，目视来球方向；迎球时微仰头挺胸，下肢蹬地，同时上体向上方伸展；触球时，手腕后翻，掌心向上击球底部（手形与正传的手形相同），同时下肢蹬地、展腹、抬臂、伸肘，通过手指和手腕的弹力把球向后上方传出。如图 7-13 所示。

图 7-12 正传　　　　图 7-13 背传

4. 垫球

垫球主要包括正面双手垫球、体侧垫球、跨步垫球和挡球等。下面将对正面双手垫球和跨步垫球进行简要介绍。

排球垫球技术

1）**正面双手垫球**

正面双手垫球是双手在腹前垫击来球的一种垫球方法，是各项垫球技术的基础。

（1）动作要领：垫球前判断球的落点后迅速移动到落点，身体正对来球方向呈准备姿势站好；当球接近腹前时两臂夹紧前伸，含胸收肩，收腕抬臂将球准确地垫在小臂上。如图 7-14 所示。

（2）手形：两手手指上下相叠，掌根紧靠，两拇指平行相靠，紧压在上层手指中指的第二节上，两臂伸直相夹，如图 7-15 所示。

（3）击球点与垫球部位：击球点应保持在腹前约一臂处；垫球部位为前臂腕关节以上 10 cm 左右桡骨内侧平面为宜，如图 7-16 所示。

图 7-14 正面双手垫球

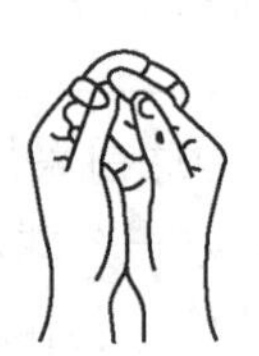

图 7-15 垫球手形

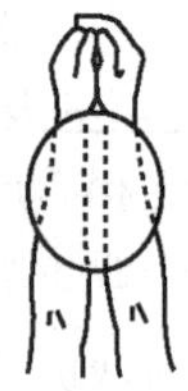

图 7-16 垫球部位

2）跨步垫球

跨步垫球是当球距身体一步左右，但速度很快或位置较低、队员来不及移动正对时，迅速向前或向一侧跨出一步，做垫球的动作。

动作要领：垫球前首先判断来球的落点，然后迅速向来球方向跨出一步，曲膝制动，重心移至跨出的脚上。两臂夹紧伸直插入球下，用两前臂击球的后下部，将球平稳地朝目标方向垫出。

5. 扣球

扣球主要包括正面扣球、自我掩护扣球和勾手扣球等。下面将对正面扣球进行简要介绍。

正面扣球（见图 7-17）的动作要点（以两步助跑右手扣球为例）如下。

图 7-17 正面扣球

（1）准备姿势：采用稍蹲姿势，两臂自然下垂，观察来球，做好向各个方向助跑起跳的准备。

（2）助跑：助跑时左脚先向前迈一小步（便于寻找和对正方向），接着右脚再迅速跨出一大步，同时两臂绕体侧向后引。左脚及时跟上右脚，踏在右脚之前，两脚尖稍向右转，曲膝制动同时两臂自后积极向前摆动。

（3）起跳：助跑制动之后两臂用力向上摆，同时两脚猛力蹬地向上起跳。

（4）空中击球：起跳后挺胸展腹，上体稍向右转，右臂向后上方抬起，身体呈反弓形；挥臂时身体左转，收腹，带动肩、肘、腕各部分关节向前上方挥动（类似甩鞭动作）；击球时五指微张呈勺形，以掌心击球的后中部，同时曲腕、曲指向前推压，将球扣出。

（5）落地：落地时前脚掌先着地，然后过渡到全脚掌着地，顺势曲膝收腹，以缓冲下落的冲击力。

6. 拦网

拦网包括单人拦网和集体拦网两种，两者的个人动作要领相同，只不过后者更注重相互间的协调与配合。下面将对单人拦网进行简要介绍。

单人拦网的动作要点（见图 7-18）如下。

图 7-18 单人拦网

（1）准备姿势：面对拦网，两脚左右开立，与肩同宽，两膝微屈，两臂在胸前曲肘距网 30～40 cm。

（2）移动：为了及时对正对方的进攻点，拦网队员需要及时移动。常用的移动步法有并步与滑步和交叉步等。

（3）起跳：原地起跳时两膝弯曲（弯曲程度因人而异，以发挥最高弹跳力为原则），重心降低，双脚用力蹬地，同时两臂在体侧画小弧用力上摆，带动身体垂直起跳。

（4）空中击球：起跳过程中两手经额前向网上沿伸出，两臂上举，平行伸直，前臂靠近网，两肩尽量上提；拦网时两臂尽力过网伸向对方上空，两手自然张开，曲指、曲腕呈勺形，以便包住球；手触球时用力下压手腕，盖住球的前上方通道。

（5）落地：落地时面对对方，曲膝缓冲，同时曲肘向下收臂。

7.2.2 基本战术

排球基本战术主要包括阵容配置、进攻战术和防守战术等。

1. 阵容配置

阵容配备主要有“四二”阵容配备和“五一”阵容配备。

1）“四二”阵容配备

“四二”阵容配备是上场队员中有 4 个进攻队员和两个二传队员。4 个进攻队员中有两个主攻队员和两个副攻队员。主（副）攻队员站在对角的位置上。

2）“五一”阵容配备

“五一”阵容配备是上场队员中有 5 个扣球手和 1 个二传手，通常二传队员在对角位置上，配备一名有进攻能力的扣球手接应二传队员。

2. 进攻战术

1）“中一二”进攻战术

“中一二”进攻战术的阵型：二传手站位于 3 号，5 号垫球至 3 号，3 号传球给 2 号或 4 号扣球进攻，如图 7-19 所示（实线为传球路线，虚线为队员移动路线）。

2）“边一二”进攻战术

“边一二”进攻战术的阵型：二传站位于 2 号，6 号垫球至 2 号，2 号传球给 3 号或 4 号，由 3 号或 4 号扣球进攻，如图 7-20 所示。

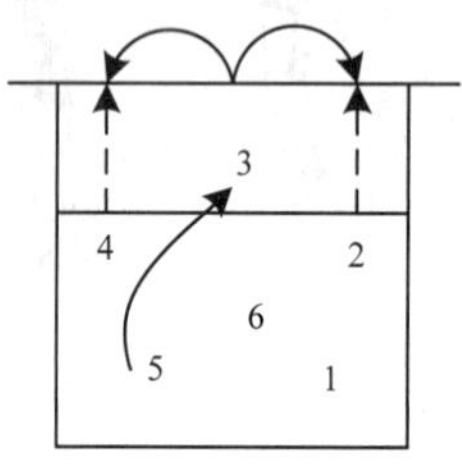

图 7-19　“中一二”

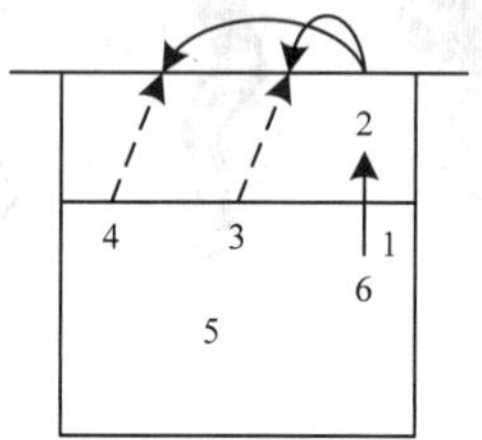

图 7-20　“边一二”

3. 防守战术

防守战术是组织进攻和反攻战术的基础，主要包括接发球防守和接扣球防守等。

1）接发球防守

下面将对 5 人接发球防守战术和 4 人接发球防守战术进行简要介绍。

（1）5 人接发球防守战术。5 人接发球防守战术是比赛中最基本、最常用的接发球方法，它的阵型是除前排 1 名二传手或后排准备插上的二传手外，其余 5 名队员都参与接发球。5 人接发球时，球员的位置应根据本方一攻战术来确定。

（2）4 人接发球防守战术。4 人接发球防守战术的阵型是除前排 1 名二传手和后排准备插上的二传选手外，其余 4 名队员都要参与接发球。它的特点是可以缩短插上和扣快球队员跑动的距离，有利于提高进攻的速度。

2）接扣球防守

接扣球防守战术由拦网和后排防守两部分组成，分为无人拦网、单人拦网、双人拦网和三人拦网防守战术。下面将对双人拦网防守战术进行简要介绍。

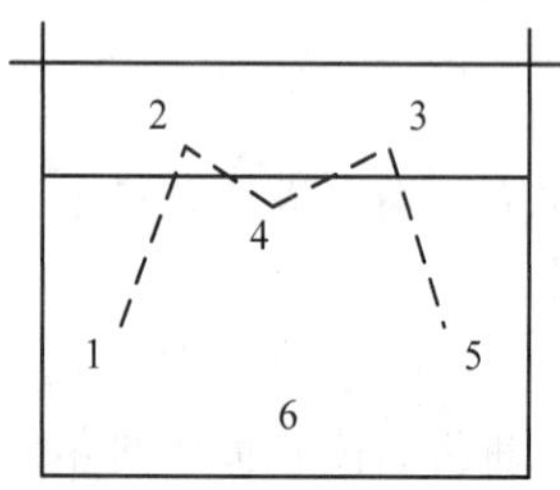

图 7-21　“M”形站位

双人拦网防守战术适用于对手的扣球力量较大、线路变化多的情况，其方法包括“边跟进”防守和“心跟进”防守等。

（1）“边跟进”防守。“边跟进”防守的阵型是队员呈“M”形站位时，2 号和 3 号网前拦网，4 号后退至攻防线后参与后场防守，1 号或 5 号跟进保护和防守对方吊球，如图 7-21 所示。它适用于对方进攻力量强，扣球多，吊球少的情况。

（2）“心跟进”防守。“心跟进”防守的阵型是队员呈“M”形站位时，2 号和 3 号网前拦网，4 号后退至攻防线后参与后场

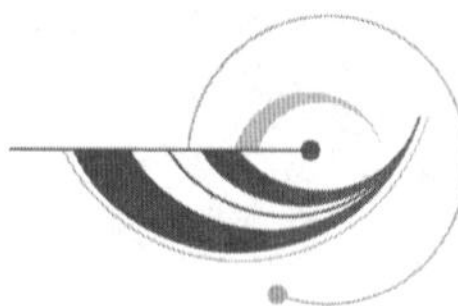

防守，6 号队员专职跟进、保护拦网和防吊球。它适用于对方经常打吊结合的情况。

7.2.3　比赛规则

1. 比赛场地

排球场包括比赛区域和无障碍区两部分：比赛区域为 18 m×9 m 的长方形，如图 7-22 所示；比赛场地边线外的无障碍区至少宽 5 m，端线外的无障碍区至少宽 8 m，比赛区域上空的无障碍空间至少高 12.5 m（从地面量起）。

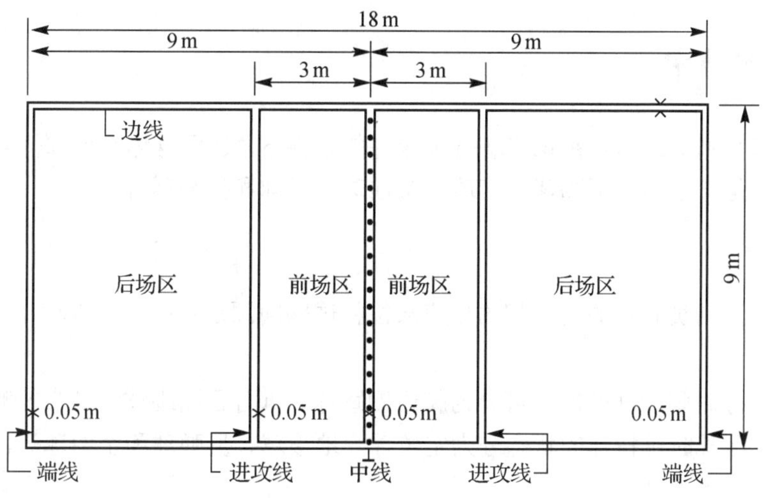

图 7-22　排球场

2. 犯规

1）发球犯规

（1）发球队队员未依照上场阵容单的顺序，轮流发球。

（2）发球队员在击球时或击球跳起落下时，踏及场区（包括端线）或发球区以外地面。

（3）发球队员在第一裁判员鸣哨后 8 s 内没有将球击出。

（4）发球出界。

2）击球犯规

（1）排球比赛中，一名队员（拦网队员除外）连续 2 次击球或球连续 2 次触及他身体的不同部位。

（2）比赛过程中，击球队员将球接住或抛出。

（3）击球出界。

3）拦网犯规

（1）拦对方的发球。

（2）拦网出界。

（3）队员从标志杆以外伸入对方空间拦网。

罚则：无论哪种犯规，若一队犯规，另一队得 1 分并得到发球权。

7.3 足 球

现代足球运动起源于英国，是以射门为目标，以得分多少决胜负的一种体育项目，具有易行性、对抗性、集体性和多变性的特点。经常参加足球运动，不仅能锻炼身体素质，还能培养顽强拼搏的精神和团队协作意识。

7.3.1 基本技术

足球技术是指运动员在足球竞赛规则允许的条件下，运用身体有效部位合理完成各种动作的总称。足球技术包括踢球、接球、头顶球、运球和抢截球等。

1. 踢球

踢球是指运动员有目的地用脚的相应部位将球踢向预定目标的技术动作。它主要用于传球和射门。

踢球按击球时脚触球的部位可分为脚内侧踢球、脚背正面踢球、脚背内侧踢球和脚背外侧踢球等。踢球时可按球的状态分为定位球、地滚球、反弹球和空中球等，在此仅以踢定位球为例介绍动作要领。

1）脚内侧踢球

脚内侧踢球是用脚内侧的跖指关节、舟骨和根骨所构成的三角部位接触球的一种踢球方法。其特点是触球面积大，可控性强，出球平稳，角度准确，出球力量较小。它适用于短距离传球和射门。

动作要领：直线助跑，支撑脚踏在球侧约 15 cm 处，膝微屈，脚尖指向出球方向；支撑脚落地同时，踢球腿以髋关节为轴由后向前摆动，膝、踝外展，脚跟前送，脚尖稍翘，脚掌与地面平行；小腿加速前摆，脚形固定，用脚内侧部位击球的后中部，击球后踢球腿随球前摆。如图 7-23 所示。

绕杆射门和相关踢球技术

图 7-23 脚内侧踢球

2）脚背正面踢球

脚背正面踢球是用脚背正面的楔骨和趾骨末端部位触球的一种踢球方法，其特点是踢摆幅度大、摆速快，便于发力，但出球路线缺乏变化。它适用于远距离传球和大力射门。

动作要领：直线助跑，支撑脚踏在球侧约 15 cm 处，膝微屈，脚尖指向出球方向，踢球腿自然后摆，小腿后屈；支撑脚落地同时，踢球腿以髋关节为轴带动小腿前摆；膝关节接近球体上方时，小腿加速前摆，脚背绷直，脚趾扣紧，以脚背正面击球的后中部，击球后，踢球腿顺势前摆。如图 7-24 所示。

图 7-24　脚背正面踢球

3）脚背内侧踢球

脚背内侧踢球是用脚背内侧的几个楔骨和趾骨末端部位接触球的一种踢球方法。其特点是摆幅度大，摆速快，踢球力量大，助跑方向和支撑脚站位灵活，出球的方向变化较多。它适用于中、远距离传球和射门。

动作要领：沿出球方向 45°斜线助跑，支撑脚踏在球体侧后方 20～25 cm 处，膝微屈，脚尖指向出球方向，身体稍倾向支撑脚一侧，踢球腿自然后摆；支撑脚落地同时，踢球腿以髋关节为轴带动小腿前摆；膝关节接近球体上方时小腿加速前摆，脚尖外转，脚面绷直，脚趾扣紧，以脚背内侧击球的后中部，击球后踢球腿顺势前摆。如图 7-25 所示。

图 7-25　脚背内侧踢球

2. 接球

接球又称停球，是指运动员有目的地运用身体的有效部位触球，将运行中的球接控在所需要范围内的技术动作。常用的接球方法有脚内侧接球和脚底接球等。

1）脚内侧接球

脚内侧接球的特点是触球面积大，接球平稳，便于改变球的方向。它适用于接地滚球和反弹球。

动作要领如下。

（1）接地滚球时身体正对来球，支撑腿微屈，接球腿曲膝外转前迎，脚内侧对准来球，脚内侧触球瞬间自然后撤，将球控制在所需要的位置上，如图 7-26 所示。

（2）接反弹球时支撑脚踏在落球点的侧前方，膝微屈，上体稍前倾，并向停球方向微转；接球腿曲膝上提，膝、踝外转，脚内侧对准球的反弹路线，当球落下反弹刚离地时用脚内侧触压球的中上部，如图 7-27 所示。

图 7-26 脚内侧接地滚球

图 7-27 脚内侧接反弹球

2）脚底接球

脚底接球的特点是动作简单，控球稳定。它适用于接地滚球和反弹球。

动作要领：身体正对来球，支撑腿踏在球的侧后方，膝微屈，停球腿自然曲膝上提，脚尖翘起，用前脚掌触压球的中上部，如图 7-28 所示。

图 7-28 脚底接球

3. 头顶球

头顶球技术

头顶球是指运动员有目的地用额部将球击向预定目标的技术动作。头顶球包括前额正面顶球和前额侧面顶球。

1）前额正面顶球

特点：触球部位平坦，发力顺畅，易于控制出球方向，出球平稳有力。

动作要领（见图 7-29）如下。

（1）身体正对来球，两腿前后开立，膝微屈，上体后仰，重心置于后脚，两臂自然张开。

（2）当球运行到身体垂直面的瞬间，后腿用力蹬地，重心前移，迅速向前摆体，微收下颌，用前额正面击球的后中部。

2）前额侧面顶球

特点：动作突然、能变换出球方向，但触球面积小，出球力量较小。

动作要领：两脚前后开立，与来球方向的同侧脚在前，两膝微屈，重心置于后脚；上

体和头部向出球的相反方向倾斜，两臂自然张开；当球运行到体前上方时，后脚用力蹬地，上体迅速向出球方向扭摆，屈体甩头，用前额侧面击球的后中部，如图 7-30 所示。

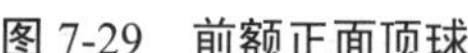

图 7-29 前额正面顶球

图 7-30 前额侧面顶球

4. 运球

运球是指运动员在跑动过程中用脚连续推拨球，使球处于自己控制范围之内的技术动作。常用的运球方法有脚内侧运球、脚背正面运球和脚背外侧运球等。

1）脚内侧运球

特点：易于控球，但运球速度慢，适用于掩护性运球。

动作要领：运球时支撑脚踏于球的侧前方，膝微屈，重心移至支撑脚，身体略转向运球方向，运球腿曲膝上提，脚尖外转，在向前迈步过程中用脚内侧推球前进，如图 7-31 所示。

2）脚背正面运球

脚背正面运球的特点是直线推拨，速度快，但运球路线单一。它多在快速运球前进或前方纵深距离较大时使用。

动作要领：运球时身体自然放松，两臂自然摆动，上体稍前倾，步幅不宜过大；运球脚提起时膝微屈，脚跟提起，脚尖下指，在向前迈步过程中用脚背正面推球前进，如图 7-32 所示。

图 7-31 脚内侧运球

图 7-32 脚背正面运球

3）脚背外侧运球

脚背外侧运球的特点是具有较强的灵活性和可变性，易于控制运球方向和提高运球速度。它多在快速奔跑和向外改变运球方向时使用。

动作要领：其动作要领与脚背正面运球相似，只是在摆脚时脚尖稍向内转，用脚背外侧推球前进，如图 7-33 所示。

图 7-33　脚背外侧运球

5. 抢截球

抢截球是指在比赛规则允许的范围内，运动员有目的地运用身体的某一部位，将对方控制下或传递中的球夺过来、踢出去或破坏掉的技术动作。常用的抢截球方法有正面抢球和侧面抢球等。

1）正面抢球

动作要领：两脚前后开立，两膝微屈，身体重心下移，落于两脚。在控球队员运球脚触球后即将着地或刚刚着地时，抢球队员支撑脚用力蹬地，抢球脚以脚内侧，同时曲膝向球跨出将球堵截住；身体重心随即移至抢球脚，支撑脚前跨将球控制住。如图 7-34 所示。

2）侧面抢球

动作要领：当与对方控球队员呈平行跑动时，身体重心稍下移，靠近对手一侧的手臂紧贴身体；当对方靠近自己一侧的脚离地时，用肘关节以上部位冲撞对方相应部位，使其失去平衡，趁机将球控制在自己脚下。如图 7-35 所示。

图 7-34　正面抢球

图 7-35　侧面抢球

7.3.2　基本战术

足球战术是指在足球比赛中，一方为了战胜对方，根据主客观情况所采取的个人行动和集体配合的方法。足球战术可分为比赛阵型、进攻战术和防守战术三大部分。攻、守战术中又各自包括个人战术、局部战术和整体战术。

1. 比赛阵型

足球比赛阵型是指为了适应攻守战术的需要，队员在场上的位置排列和职责分工的基本形式。各阵型的名称按队员排列的形状而定。阵型的序列由后向前依次为守门员、后卫、前卫和前锋。守门员的职责是固定的，一般不将其列入比赛阵型中。较为常见的比赛阵型

有 4—2—4、4—3—3、3—5—2 和 4—4—2 等。例如，4—2—4 阵型为 4 名后卫、2 名前卫和 4 名前锋。

2. 进攻战术

1）个人进攻战术

个人进攻战术包括了采取有效措施，摆脱对方防守队员；跑动到有利位置，接应队友传球；运球突破对方防线，寻求射门机会等，其目的是进球得分。

2）局部进攻战术

局部进攻中常用“二过一”战术配合。“二过一”战术配合是指在局部地区两名进攻队员通过连续传球和跑位，突破一名防守队员的配合。

（1）斜传直插二过一：当对方防守队员逼近正在运球的进攻队员时，进攻队员将球传给队友，然后直插到对方防守队员身后的空当，接应队友传球的一种战术配合，如图 7-36 所示（实线为传球方向，虚线为跑动方向，曲线为运球方向）。

足球二过一和相关技术动作

（2）直传斜插二过一：进攻队员将球直传给队友，当对方防守队员逼近控球队友时，队友将球传至对方防守队员身后的空当，进攻队员立即斜插入空当，接应队友的传球的一种战术配合，如图 7-37 所示。

（3）跳墙式二过一：当防守队员逼近正在运球进攻的队员时，进攻队员将球传给队友，队友接球后直接将球传至对方防守队员身后的空当，进攻队员快速切入空当，接应队友的传球的一种战术配合，如图 7-38 所示。

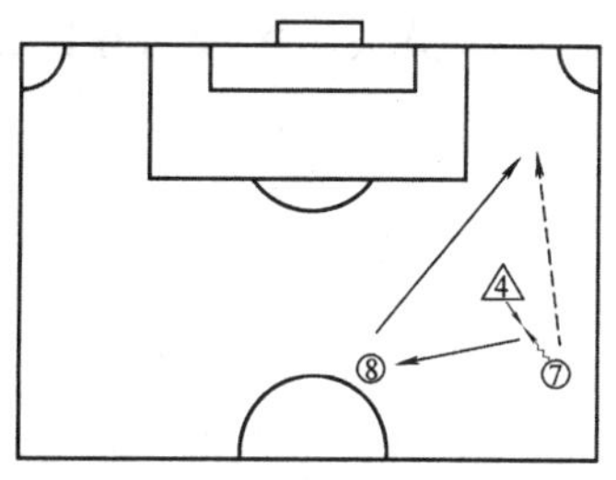

图 7-36　斜传直插二过一

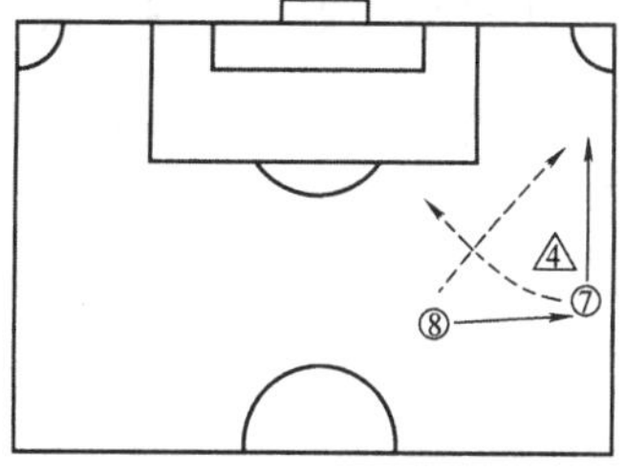

图 7-37　斜传直插二过一

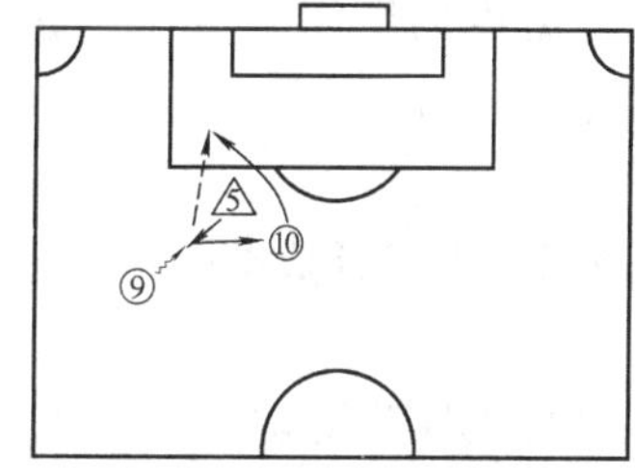

图 7-38　跳墙式二过一

3）整体进攻战术

整体进攻战术主要包括边路进攻和中路进攻战术。

（1）边路进攻：指在对方半场两侧地区发起的进攻。边路进攻可充分利用场地的宽度，拉开对方的防线，使对方边路场区的防守队员分散、防守相对薄弱，以便进攻队员利用对方边路的空当突破防线，再通过传中等方式，创造射门机会。

（2）中路进攻：指在对方半场中部发起的进攻。中路进攻的特点是进攻人数多，配合点多，破门机会多，但对方中路通常防守严密，突破难度也较大。

3. 防守战术

1）个人防守战术

常用的个人防守战术有选位和盯人等。

（1）选位：防守队员根据位置职责和临场情况，选择适当的防守位置的一种防守战术。防守队员选位的点，一般应在本队球门中心与被防守队员所构成的直线上。

（2）盯人：防守队员对进入本方防守区域内的对方队员实施监控，并及时封堵对方队员接球或传球的一种防守战术。

2）局部防守战术

常用的局部防守战术有保护、补位和围抢等。

（1）保护：一名防守队员在防守对方球员持球进攻时，另一名防守队员在其身后选择适当位置进行协助防守的战术配合。

（2）补位：一名防守队员的防守出现漏洞时，另一名防守队员及时上前弥补漏洞的战术配合。通过队友间的相互补位，可以有效地遏制和破坏对方的进攻。

（3）围抢：在局部区域内，多名防守队员同时围堵对方控球队员，以达到抢截或破坏对方进攻目的的战术配合。

3）整体防守战术

整体防守战术主要包括人盯人防守、区域防守和混合防守等。

（1）盯人防守：每个防守队员都有各自明确的防守对象，对手移动到哪里就要紧跟盯防到哪里的战术配合。

（2）区域防守：每个队员负责自己的防守区域，并在该区域内盯人防守的战术配合。

（3）混合防守：是盯人防守与区域防守相结合的一种防守方法。一般情况下，对于对方中场组织队员和持球进攻队员采用盯人防守，对于其他队员采用区域防守的战术配合。

7.3.3 比赛规则

1. 比赛场地

足球场地通常为长方形，长为90～120 m（国际标准100～110 m），宽为45～90 m（国际标准为64～75 m），如图7-39所示。

2. 越位犯规及其罚则

越位犯规：处于越位位置的队员有干扰比赛、干扰对方球员和利用越位位置获得利益的行为属于越位犯规；若队员仅处于越位位置，或在越位位置直接接到同队队员的球门球、界外球或角球时，不属越位犯规。

罚则：此时裁判员应判由对方队员在越位地点踢间接任意球。如果该队员在对方球门区内越位，那么这个任意球可以在越位时所在球门区内任何地点执行。

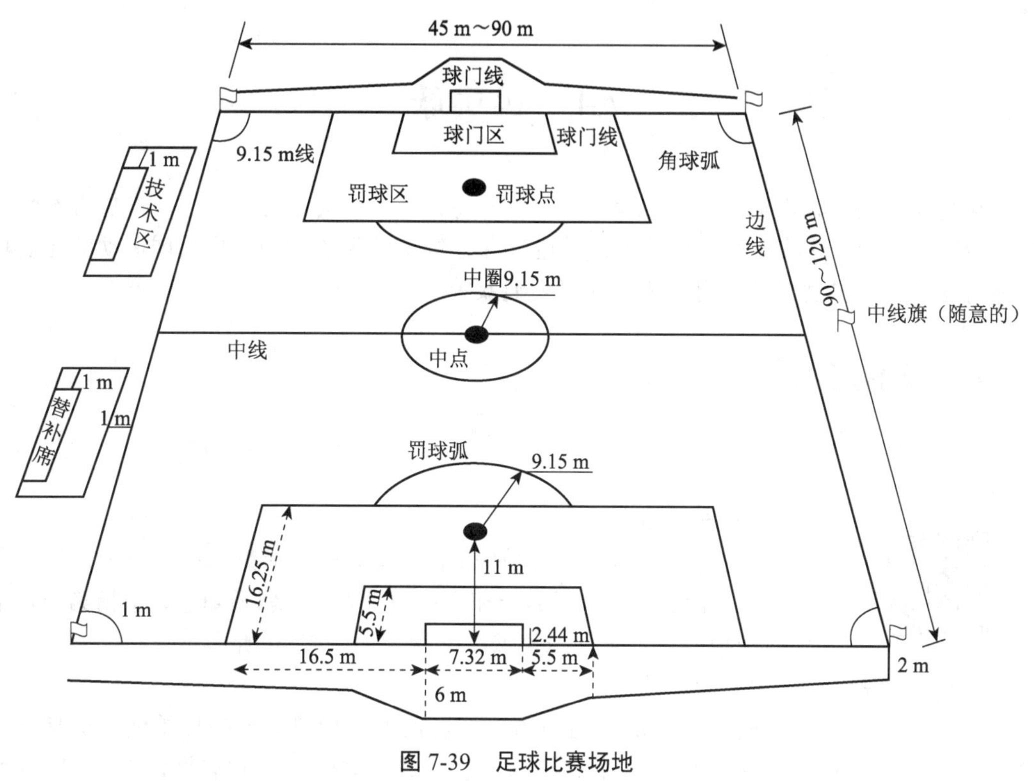

图 7-39　足球比赛场地

3. 犯规与不正当行为及其判罚

1）判罚直接任意球和点球

如果队员在比赛中出现下列情形之一，将被判为犯规，并判由对方在犯规地点踢直接任意球。

（1）拉扯、推、踢（或企图踢）、绊摔（或企图绊摔）或冲撞对方队员。

（2）为了得到对球的控制而抢截对方队员时，触球前触及对方队员。

（3）向对方队员吐唾沫。

（4）故意手球（不包括守门员在本方罚球区）。

2）判罚间接任意球

如果队员在比赛中出现下列情形之一，将判给对方踢间接任意球。

（1）队员动作具有危险性。

（2）队员阻挡对方队员。

（3）队员阻挡对方守门员从其手中发球。

如果守门员在本方罚球区内出现下列情形之一，将判给对方踢间接任意球。

（1）当手控制球时，在发出球之前持球超过 6 s。

（2）在发出球之后未经其他队员触及，自己再次用手触球。

（3）用手触及同队队员故意踢给他的球。

（4）用手触及同队队员直接掷入的界外球。

7.4　乒乓球

乒乓球运动起源于英国，所用设备简单，容易开展，运动量可大可小，参加者不受年龄、性别等限制，在我国有良好的群众基础，深受青年学生的欢迎。乒乓球运动的比赛项目有男女单打、男女双打、男女团体和男女混双等。

7.4.1　基本技术

1. 握拍方法

乒乓球握拍方法

1）直握拍方法

直握拍方法是指正面拇指第一指节和食指第二指节握拍，拍柄压住虎口，背面中指、无名指和小指自然弯曲，斜着重叠，中指第一指节顶住球拍的后上部使球拍保持平稳，如图 7-40 所示。

2）横握拍方法

横握拍方法是指中指、无名指和小指自然地握住拍柄，拇指在球拍正面，轻贴在中指的旁边，食指自然伸直，斜放于球拍的背面，虎口轻微贴拍，如图 7-41 所示。

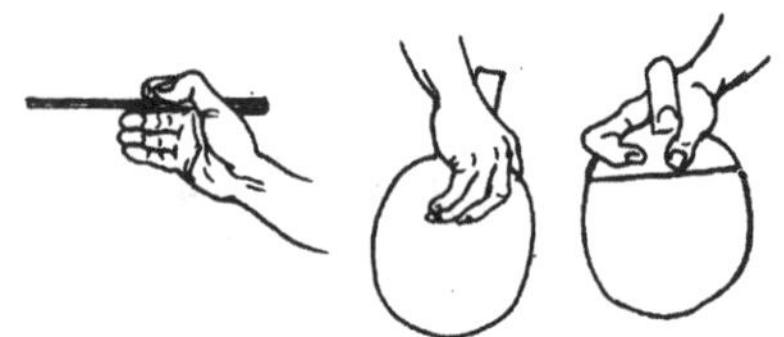
图 7-40　直握拍方法

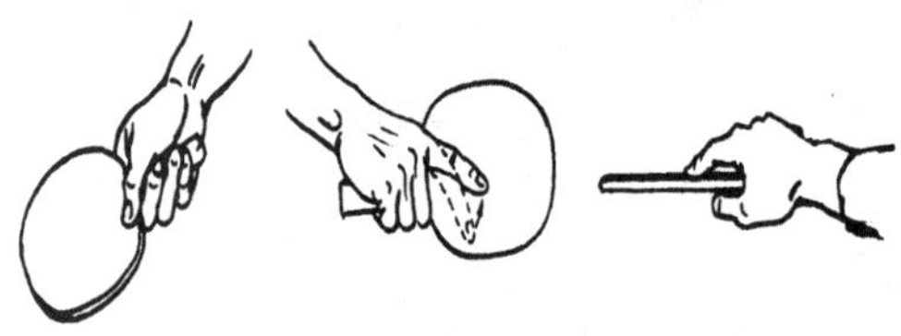
图 7-41　横握拍方法

2. 基本步伐

1）单步

单步是指一脚的前脚掌为轴，另一脚向前、后、左、右某个方向移动一步。单步的特点是移动范围较小，重心较为稳定，适用于来球离身体不远的情况。

2）跨步

跨步是指一脚向来球方向跨出一大步，另一脚跟着移动。跨步的特点是移动范围较大，身体重心起伏也大，适用于来球急、角度大的情况。

3）滑步

滑步是指两脚几乎同时向来球方向蹬地，离球远的脚先落地。滑步的特点是移动范围较大，身体重心平稳，便于发力，适用于来球角度较大、球速快的情况。

4）交叉步

交叉步是指离球远的脚朝来球方向跨出一大步，并从前面超过另一脚形成交叉状，另一脚再向来球方向移出一步，适用于来球远离身体的情况。

3．发球方法

乒乓球发球技术

1）正手平击发球

正手平击发球是指将球抛起，拍面稍前倾，当球下降稍高于球网时手臂向左前方发力，挥拍击球中上部，如图 7-42 所示。击球后的第一落点应落在球台中区。

2）反手发轻短球

反手发轻短球是指手臂先向后上方引拍，当球下降至比网稍高时，前臂向前下方轻微用力送出，拍面后仰，触球中下部并向底部摩擦，如图 7-43 所示。

3）发下旋球

发下旋球是指发加转球时执拍手的上臂带动前臂加速向前下方挥拍，前臂迅速旋内；拍面后仰较大，由球的中下部后向底部摩擦击球。如图 7-44 所示。

图 7-42　正手平击发球

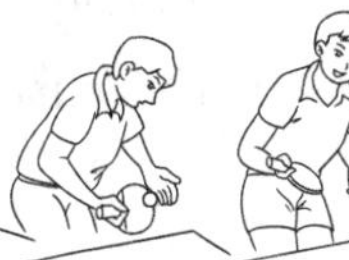

图 7-43　反手发轻短球

图 7-44　发下旋球

4）高抛发球

高抛发球是指发球者先将球抛至空中，高度为 2～3 m，待下落到一定高度时击球。挥拍时上臂外展的幅度较大，要借助转腰和蹬地的力量。由于抛球高度大，球体下落时的重力加速度骤增。高抛球具有球速快、旋转强、时间差明显等特点。

4．常用击球方法

1）推挡球

推挡球包括挡球、快推、快拨和加力推等多种方法，下面介绍常用的两种。

（1）挡球是指前臂与台面平行伸向来球。球拍触球时前臂和手腕稍向前移动，拍面接近垂直，并在来球的上升期击球的中部，如图 7-45 所示。

（2）快推是指引拍时肘关节靠近身体右侧，前臂与台面平行，将球拍后引至左腹前，

拍面垂直；击球时前臂和手腕迅速前伸，食指用力，拇指放松使拍面稍前倾，并在上升期击球的中上部，如图 7-46 所示。

图 7-45　挡球　　　　图 7-46　快推

2）搓球

搓球是近台还击下旋球的一种技术，指球拍在体前，击球时上臂前伸，拍面稍后仰，利用上臂前伸和外旋的力量，将球拍向前下方送出，在来球的下降期摩擦球的中下部，如图 7-47 所示。

3）攻球

攻球是指当来球将落至台面时前臂外展，将球拍后引至身体右侧稍后，当来球从台面弹起时，上臂带动前臂向左前上方快速挥动，并配合前臂内旋动作将拍形前倾，在上升期击球的中上部，如图 7-48 所示。

图 7-47　搓球　　　　图 7-48　攻球

4）弧圈球

弧圈球是指执拍手沉肩垂臂，引拍至身体后下方，大臂带动前臂向前上方挥拍，逐渐加快挥拍速度。拍触球时，右脚蹬地转体向左侧转动，迅速收缩前臂，发力要以腰、手为主，在来球下降期击球的中部或中上部，如图 7-49 所示。

图 7-49　弧圈球

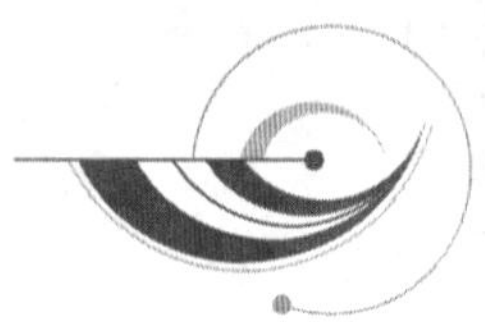

7.4.2 基本战术

（1）推攻战术：指运用正手攻球和反手推挡的速度和力量，并结合落点变化和节奏变化来压制和调动对方，以争取主动或得分。

（2）两面攻战术：指利用正、反手攻球技术的速度和力量压制对方，以争取主动或创造扣杀机会。

（3）拉攻战术：指连续运用正手快拉创造进攻机会，然后采用突击和扣杀来得分。拉攻战术是快攻打法对付削球类打法的主要战术。

（4）拉、扣、吊结合战术：由拉攻与放短球相结合而成，是快攻型打法对付削球打法的常用战术。

（5）搓攻战术：指运用“转、低、快、变”的搓球控制对方，以寻找战机，然后采用低突、快点或拉攻等技术展开攻势，并进入连续进攻。

（6）发球抢攻战术：指利用球的旋转、线路、落点和速度等要素来增加对方回击的难度，使其出现机会球，或降低回球质量，然后抢先进攻，以争取主动或直接得分。

7.4.3 比赛规则

1. 场地与器材

标准的乒乓球台由两块组成，每块长 137 cm，台面宽为 152.5 cm，球台与地面距离是 76 cm。台面颜色通常为海蓝色或墨绿色。中间球网的长度是 183 cm，高度是 15.25 cm。乒乓球拍由底板、胶皮和海绵三部分组成。乒乓球呈白色、黄色或橙色，表面无光泽。

2. 发球和击球

（1）发球：发球员须用手将球几乎垂直地向上抛起，不得使球旋转，球的上升高度不少于 16 cm。当球从抛起的最高点下降时，方可击球，使球首先触及本方台区，然后越过或绕过球网装置，再触及接发球员的台区。

（2）击球：对方发球或还击后，本方运动员必须击球，使球直接越过或绕过球网装置，或触及球网装置后，再触及对方台区。

3. 失分

球没有触及对方台区而越过对方台区的端线；球未过网或出现连击；运动员使球台移动或触及球网装置；未执拍手触及台面；双打运动员击球次序错误。

4. 一局和一场比赛

在一局比赛中，先得 11 分的一方为胜方；10 平后，先多得 2 分的一方为胜方；在一场比赛中，单打淘汰赛采用七局四胜制，双打淘汰赛和团体赛采用五局三胜制。

5. 发球次序

在一局比赛中每一方运动员连续发两个球后，就换发球。比分打到 10 平或执行轮换发球法时，每得 1 分就换发球。在双打比赛时发球和接发球次序不变，但每个运动员每次轮发两个球。

7.5　羽毛球

现代羽毛球运动诞生于英国，由网球派生而来。它简单易学，设备简单，适合男女老幼，运动量可根据个人年龄、体质、运动水平和场地环境而灵活设定。羽毛球运动的比赛项目有男女单打、男女双打、男女团体和男女混双等。汤姆斯杯赛、尤伯杯赛、苏迪曼杯和全英羽毛球锦标赛等是羽毛球比赛中的大赛事。

羽毛球运动的起源与发展

7.5.1　基本技术

1. 握拍方法

握拍方法有正手握拍和反手握拍两种，如图 7-50 所示（拍面与地面垂直）。

羽毛球握拍方法

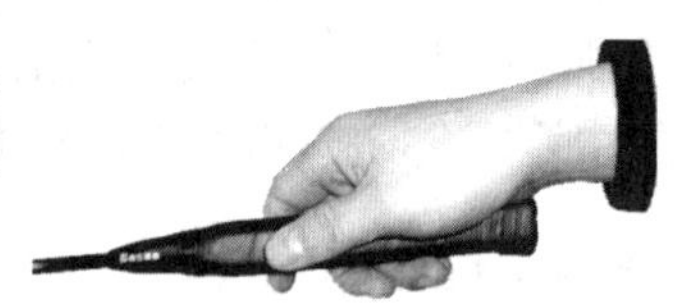

图 7-50　正手握拍法与反手握拍法

正手握拍法是指虎口对着拍柄窄面的小棱边，拇指和食指贴在拍柄的两个宽面上，食指和中指稍分开，中指、无名指和小指并拢握住拍柄。

反手握拍法是在正手握拍的基础上，拇指和食指稍向外转。

2. 基本步法

1）上网步法

上网步法是完成上网搓球、推球、勾球、扑球及挑球的步法，它包括蹬跨步上网［见图 7-51（a）］、垫步加蹬跨步上网［见图 7-51（b）］、交叉步加蹬跨步上网［见图 7-51（c）］等。

2）后退步法

后退步法是指从中心位置后退到底线的步法，包括侧身后退一步步法［见图 7-52（a）］、侧身并步后退步法［见图 7-52（b）］、交叉步后退步法［见图 7-52（c）］等，一般用于后退回击高球、吊球、杀球、后场抽球等情况。

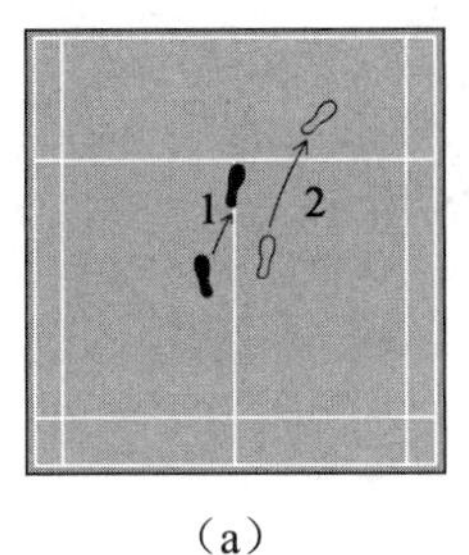

（a）

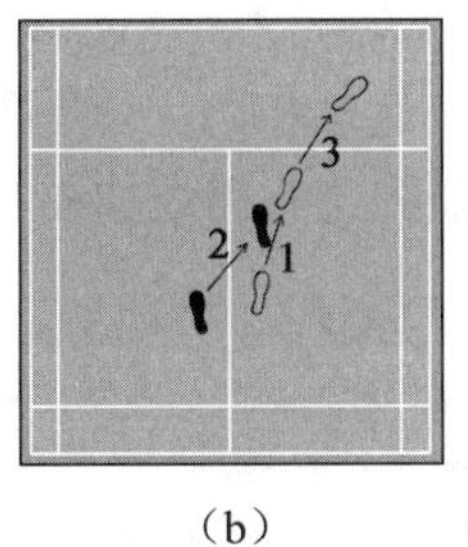

（b）

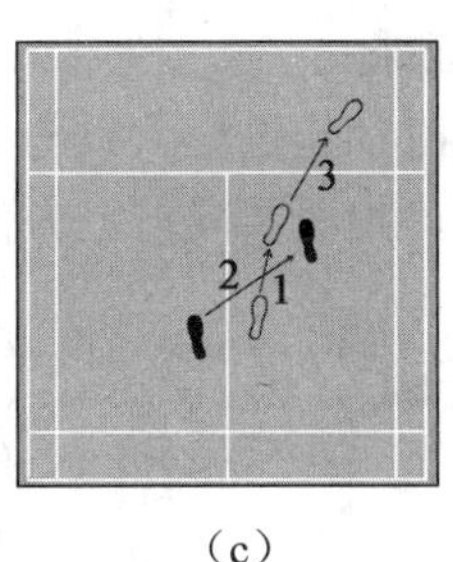

（c）

图 7-51　蹬跨步上网步法

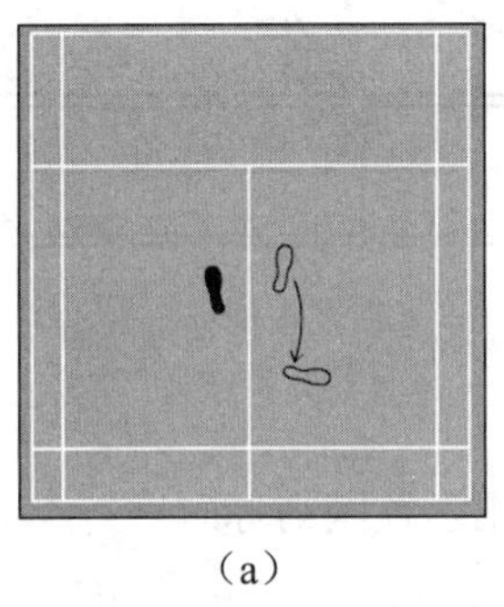

（a）

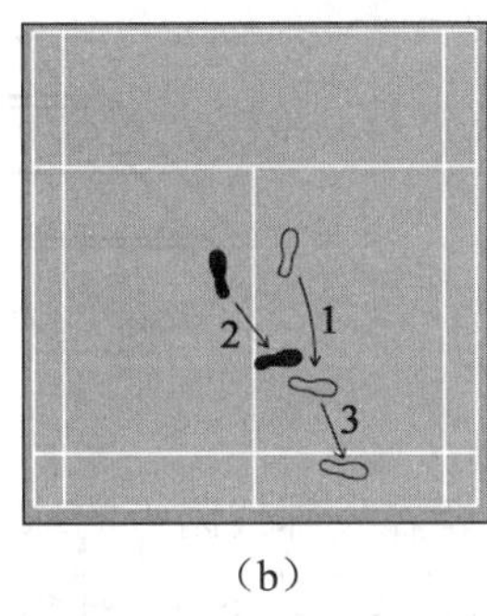

（b）

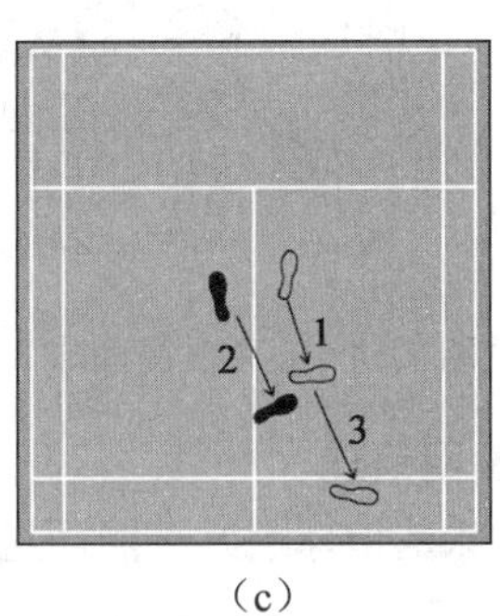

（c）

图 7-52　正手后退步法

3）两侧移动步法

两侧移动步法是指从中心位置向左、右两侧边线移动的步法，包括向右侧蹬跨步［见图 7-53（a）］、向右并步加蹬跨步［见图 7-53（b）］、向左蹬转跨步［见图 7-53（c）］、向左垫步加蹬转跨步［见图 7-53（d）］等，一般用于中场接球、扣杀球或起跳突击等情况。

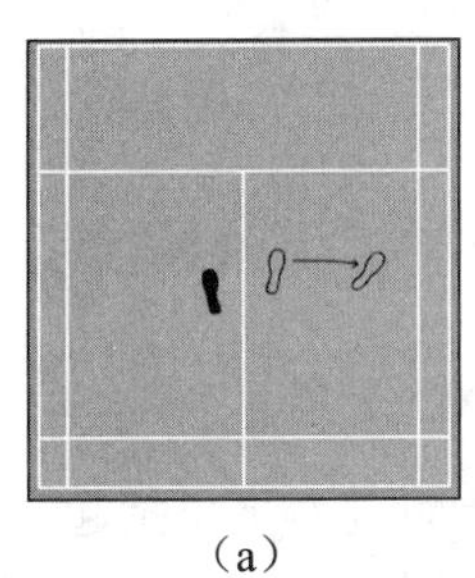

（a）

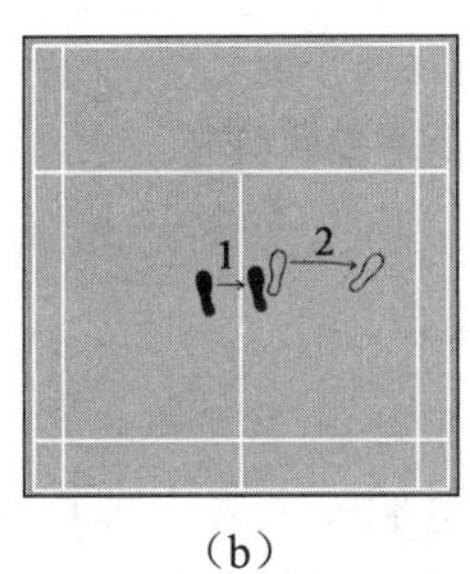

（b）

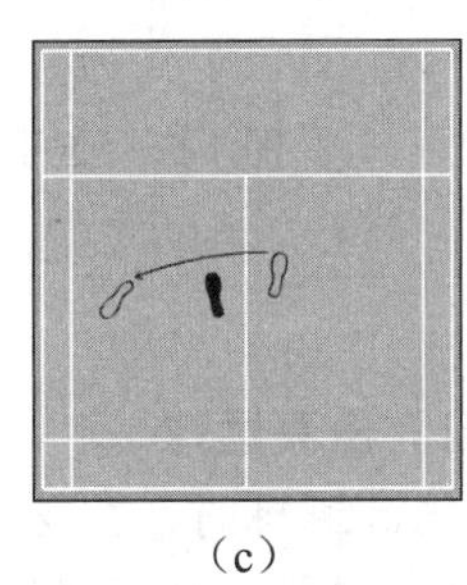

（c）

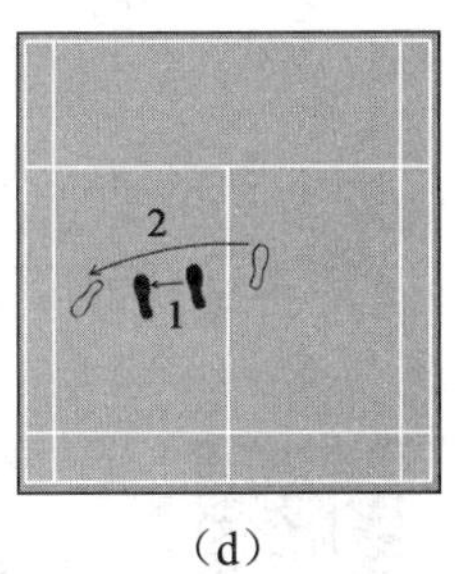

（d）

图 7-53　两侧移动步法

3. 发球方法

1）发高远球

发高远球是把球发得又高又远，球的飞出方向与地面的夹角要大于 45°。当球落到右臂向前下方伸直能够接触到球的一刹那，紧握球拍，并利用手腕屈收的力量向前上方发力击球，然后顺势向左上方挥动缓冲，如图 7-54 所示。

2）发平高球

发平高球时动作过程大致与发高远球相同，只是在击球的一刹那，前臂加速带动手腕向前上方挥动，拍面要向前上方倾斜，飞行路线如图 7-55 所示。

图 7-54　正手发高远球

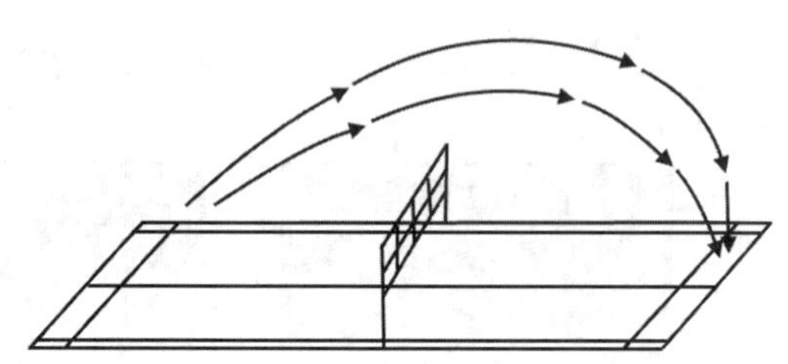

图 7-55　高远球与平高球运动轨迹

3）发网前球

网前球是指球刚好越网而过，落在发球线附近的球。正手发网前球时，上臂动作要小，主要靠前臂带动手腕向前切送；反手发网前球时，球拍触球时拍面应呈切削状，手腕柔和发力，由后向前推送击球。如图 7-56 所示。

图 7-56　正手、反手发网前球

4. 击球方法

羽毛球高远球和扣杀球演示

1）击高远球

击高远球时，在球落至额前上方击球点时上臂往右上方抬起，前臂自然后摆，手腕尽量后伸；前臂急速内旋，往前上方挥动，手腕发力击球的后部。如图 7-57 所示。

2）击平高球

击平高球与击高远球的动作类似，只是在击球的一刹那，手腕是向前用力而不是向前上方用力。

3）击吊球

击吊球时在球下落到接近击球点高度时，右腿开始蹬伸，身体由右向左转动；腰腹协调用力，上臂带动前臂，利用伸肘关节、前臂旋内和曲腕的力量，向前下方轻击来球。如图 7-58 所示。

图 7-57　正手击高远球

图 7-58　正手吊球

4）击挑球

挑球是把对方击来的吊球或网前球挑高回击到对方后场去。击挑球时球拍后引，以肘关节为轴，曲臂内旋，握紧球拍，用食指及手腕的力量将球向前上方击出。如图 7-59 所示。

图 7-59　正手挑球

5）击扣杀球

击扣杀球时快速后退，向上引拍；在球开始下落时靠脚尖蹬地的力量起跳，击球时充分利用腰腹力量，以大小臂带动手腕快速下扣。如图 7-60 所示。

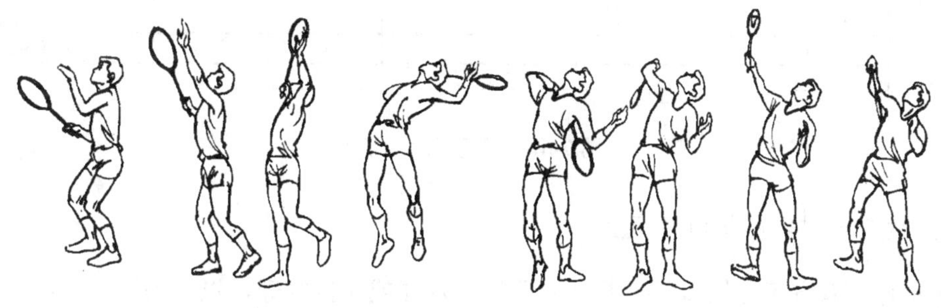

图 7-60　扣杀球

7.5.2　基本战术

（1）发球抢攻战术：从发球的第一拍起，争取控制对方，以攻杀得分。这种战术一般为发网前低球结合平快球、平高球，争取第三拍主动进攻。

（2）攻后场战术：此战术是通过击高球、重复压对方的底线两角，造成对方被动，然后寻找机会进攻。

（3）攻前场战术：对网前技术较差的对手，可运用此战术先将其吸引到网前，然后再攻击其后场。要采用此战术，自己首先要有较好的网前击球技术。

（4）杀、吊上网战术：对对手打来的后场高球，本方先以杀球配合吊球把球下压，落点选在场区的两条边线附近，致使对手被动回球。

（5）打对角线战术：对付身体灵活性差、转体较慢的对手，不论是进攻还是防守，均应以打对角线球为主。

7.5.3　比赛规则

1. 场地

羽毛球运动场长为 13.40 m，单打场地宽为 5.18 m，双打场地宽为 6.10 m。球场四周 2 m 以内、上空 9 m 以内不得有任何障碍物，如图 7-61 所示。

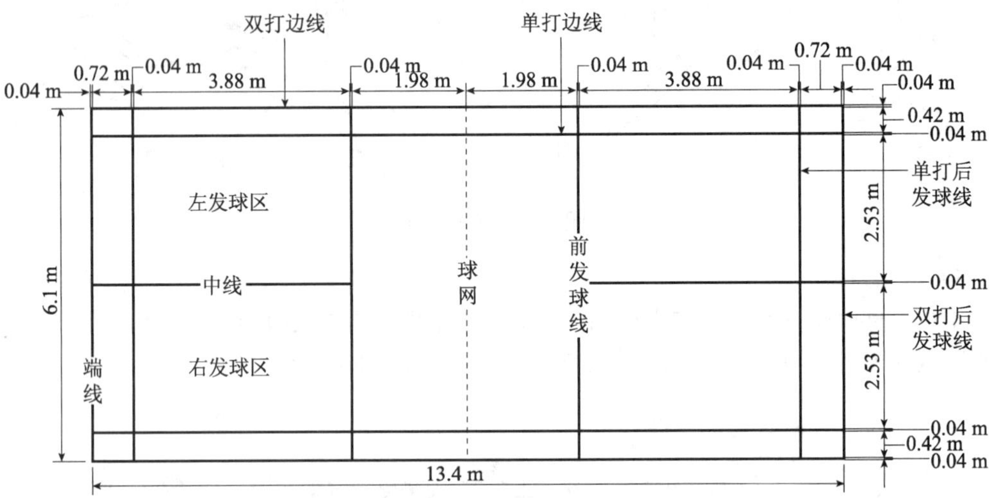

图 7-61　羽毛球运动场地

2. 发球、接发球和场区选择

开始时，双方应掷挑边器，获胜方选择先发球或先接发球，以及场区。

在单打比赛中，当发球员的分数为 0 或双数时，双方运动员均应在各自的右发球区发球或接发球；当发球员的分数为单数时，双方运动员均应在各自的左发球区发球或接发球。一回合中，球应由发球员和接球员交替从各自所在场地一边的任何位置击出，直至成死球为止。

在双打比赛中，当发球方的分数为 0 或双数时，发球方均应从右发球区发球；当发球方的分数为单数时，发球方均应从左发球区发球。接发球方上一回合最后一次发球的运动员应在原发球区接发球。其同伴接发球的站位则与其相反。接发球员应是站在发球员斜对角发球区的运动员。发球方每得一分后，原发球员则变换发球区再发球。

每局比赛的发球权必须按如下顺序传递：首先是发球员从右发球区发球，其次是首先

接发球员的同伴从左发球区发球，然后是首先发球员的同伴，接着是首先接发球员，再接着是首先发球员，如此传递。一局胜方的任一运动员可在下一局先发球；一局负方的任一运动员可在下一局先接发球。

3. 计分方法

除非另有规定，一场比赛应以三局两胜定胜负，率先得到 21 分的一方赢得当局比赛，如果双方比分打成 20 比 20，获胜一方需超过对手 2 分才算取胜，如果双方比分打成 29 比 29，则率先得到第 30 分的一方取胜。首局获胜一方在接下来的一局比赛中率先发球。对方“违例”或球触及对方场区内的地面成死球，则该方胜这一回合并得 1 分。

7.6　网　球

网球是一项优美而激烈的运动，能够充分施展个性，放松身心。网球运动的比赛项目有男子单打、女子单打、男子双打、女子双打、混合双打、男子团体和女子团体等。世界上最著名的网球赛事是温布尔登网球锦标赛、美国网球公开赛、法国网球公开赛和澳大利亚网球公开赛。

7.6.1　基本技术

1. 握拍方法

网球拍有三种基本的握拍方式，即东方式、西方式和大陆式。为了能够更加直观地理解握拍的方法，这里用拍柄的平面图展示（此时拍面垂直于地面），如图 7-62 所示。

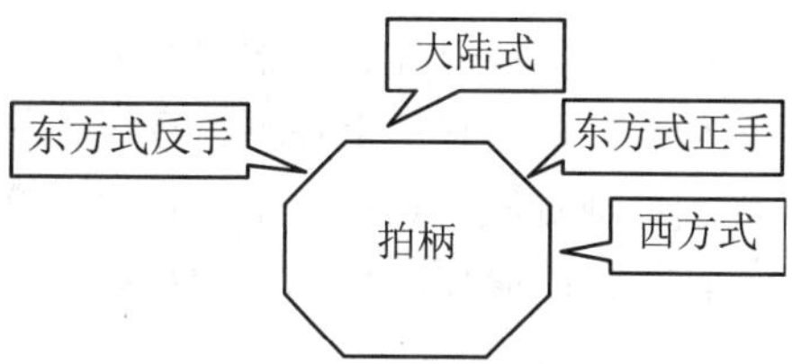

图 7-62　球拍握法示意图

1）东方式

东方式握拍法又称“握手式”握拍法，包括正手握拍和反手握拍。正手握拍时拇指与食指形成的“V”形虎口处在球拍的右上斜面；反手握拍法是在正手握拍法的基础上，虎口沿逆时针旋转两个平面，如图 7-63 所示。

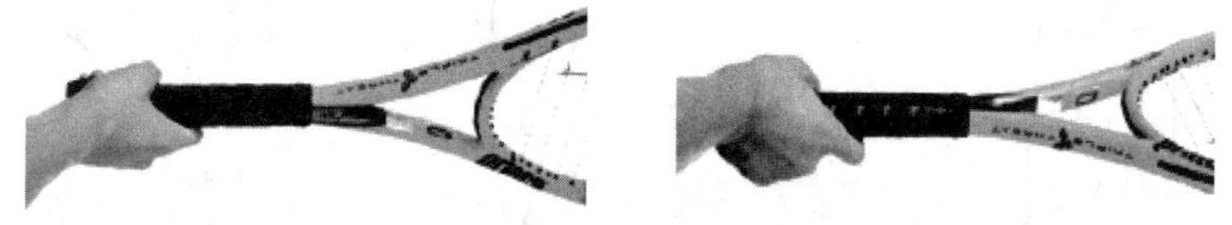

图 7-63　东方式正手和反手握拍方法

2）西方式

西方式握拍法又称“一把抓”，握拍时虎口处在拍柄的右平面，如图 7-64 所示。

3）大陆式

大陆式握拍法又称“握锤式”，握拍时虎口处在拍柄的上平面，如图 7-65 所示。

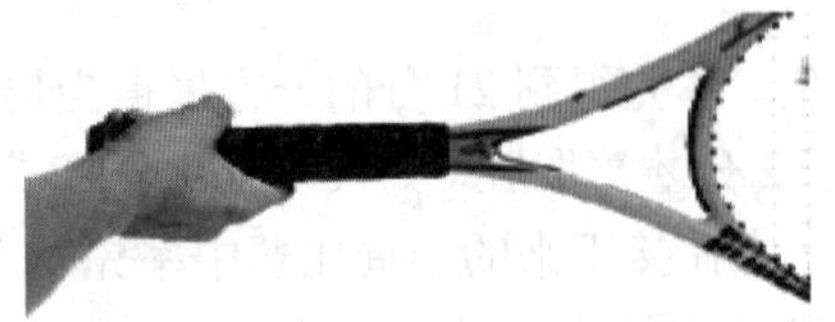

图 7-64 西方式握拍方法

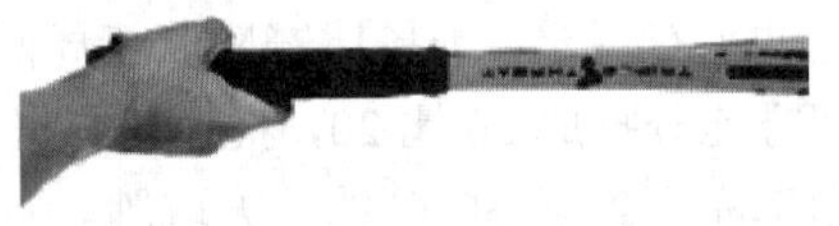

图 7-65 大陆式握拍方法

2. 站位姿势

1）准备姿势

网球入门

学习准备姿势是学习网球的第一阶段。在打网球的全过程中，球员将不断地反复摆出这个姿势。因此，找到一个舒服的准备姿势是很重要的。其中，正手握拍时的准备姿势如下：面对球网，双脚向前自然分开，双膝微屈身体略向前倾，重心落在双脚的前脚掌上，右手握拍，左手轻托拍颈，双肘微屈，球拍舒适地放在身前，拍面垂直于地面，拍头指向对方，两眼注视对方来球，做好击球准备，如图 7-66 所示。

2）挥拍动作

挥拍动作不是单纯的挥动球拍，而是一个从准备活动开始的连续完整的动作。挥拍动作由以下 6 个阶段组成。

准备姿势：身体、肩部等都要放松，如过于用力，将无法顺利进入挥拍动作。

后摆：可选择从上往下、直线、从下往上后摆。后摆动作要有充分的余地，最好是在来球刚过网时进行。不只是握拍手后摆，同时还要转体，如图 7-67 所示。

前挥：眼睛要盯住球，臂部要尽量伸展挥拍；注意不要仰头。如图 7-68 所示。

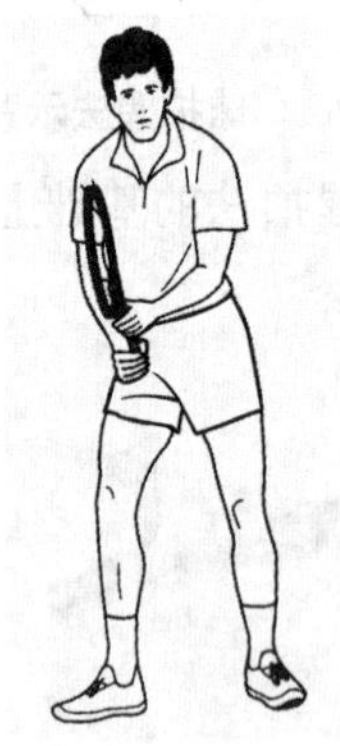

图 7-66 准备姿势

图 7-67 后摆

图 7-68 前挥

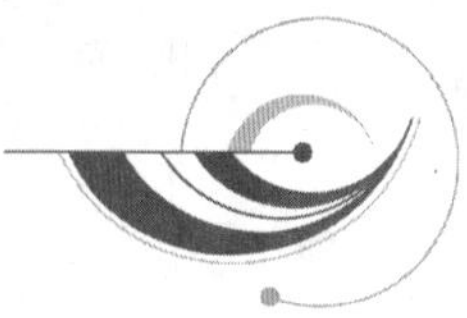

击球：手腕固定，保持拍面稳定，击球的一瞬间再猛力握，如图 7-69 所示。

随挥：动作幅度要大，且自然地停止用力，如图 7-70 所示。

回到准备姿势：随挥后的手臂平缓地收回到身体的中心，做好再次击球的准备。

图 7-69　击球

图 7-70　随挥

3）步伐

网球步伐包括封闭式步伐、开放式步伐和半开放式步伐等。

封闭式步伐是指右脚略向斜侧，左脚与来球方向平行，如图 7-71 所示。

开放式步伐是指后脚在身体后侧，来球时马上跟进，另一只脚相应前移，以保持平衡，如图 7-72 所示。

半开放式步伐是指后脚比来球飞行方向平行位置稍靠后，双脚间距较大，从而减轻上肢的压力，如图 7-73 所示。

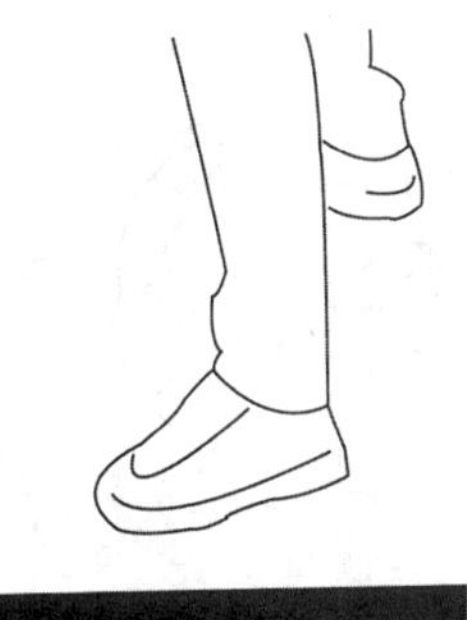

图 7-71　封闭式步伐

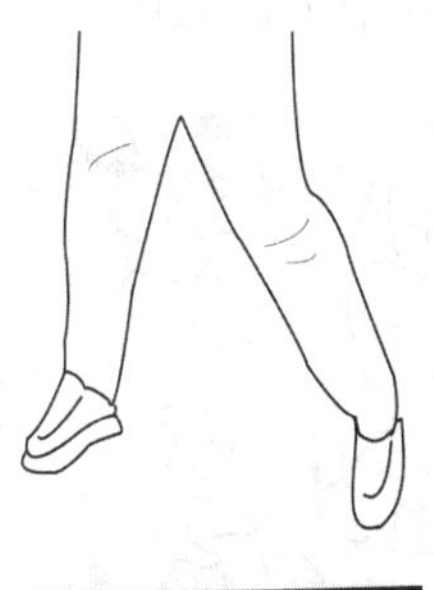

图 7-72　开放式步伐

图 7-73　半开放式步伐

3. 常见发球方法

发球时多采用大陆式或东方式握拍方法，发球一般有平击发球、切削发球和旋转发球三种。

1）平击发球

平击发球的击球点应在右眼的前上方，是指发球时以拍面中心平直对准球，击球的后中上部，身体充分向上向前伸展，以获得最高击球点，提高发球命中率。

2）切削发球

切削发球是指发球时把球抛到右侧斜上方，球拍快速从球的右上方往左下方切削击球。

3）旋转发球

旋转发球是指发球时把球抛到头后偏左的位置，击球时身体后仰成弓形，球拍快速从左向右上方挥动，从下向上擦击球的背面，并向右带出，使球产生右侧上旋。

4. 常见击球方法

1）正、反拍击球

（1）正拍击球是指来球时向右侧转体，同时，带拍后引；右脚向右转与端线平行，左脚向右迈出，两脚成45°；来球距离1 m左右时以肩为轴，借助转腰、髋及蹬腿的力量，挥动手臂，以拍面的中心击球的中部。如图7-74所示。

图7-74　正拍击球

（2）反拍击球是指来球时向左侧转体，同时带拍后引；左脚向左转与端线平行，右脚向左前方迈出，握拍手腕回勾，肘关节弯曲并贴近身体；击球时转腰回身，重心前移，肘关节外展，挥拍由下向上至身体左前方。如图7-75所示。

图7-75　反拍击球

2）截击球

截击球又称拦网，是指在来球落地之前凌空击回。截击球时后引拍动作不宜过大，击球点保持在身体前方约一臂处。击球时手腕固定，紧握球拍，拍面不要转动。

3）高压球

高压球是指当自己上网、对方挑高球时在头部上空用扣杀动作还击来球。高压球的握拍方式和击球动作与发球相似，稍有不同的是由于对方击过来的球下落速度比发球时快，所以要以较小幅度的身体动作、较短而直接的后摆收拍完成击球动作。

4）挑高球

挑高球是指使球高高地飞越球网，落入对方后场区域。当对方上网时可用挑高球迫使对方后退，为自己赢得回到场中有利位置的时间。击球时拍面朝上，由后下方向前上方平缓挥拍击球的中下部，动作要柔和，但手腕不能放松。

5）放小球

放小球是指将球轻轻击到对方网前。击球时拍面稍开，动作柔和，击球的下部，使之产生下旋，并加以前推或上托动作，使球划过适当的弧线落在对方球场近网处，一般离网不超过 1.5 m。

7.6.2 基本战术

1. 发球、接发球战术

站在右区发球时，站位应靠近中点，发直线球来迫使对方反手接球；站在左区发球时，站位可以距中点稍远，这样便于以更大角度的发球发到对方反拍区，同时扩大自己正拍防守的区域。

接发球时，站位应距端线半米左右，最好站在对方可能发球范围的角分线上，这样可以压制对方，自己上网。

2. 上网战术和底线战术

上网战术是指在发球或接发球后，冲到离网较近的位置，不等对方回击的球落地便进行空中截击或高压的一种战术。上网时尽可能站在距离球网约 2 m 处，因为近网进攻威胁性大、封网角度小、防守控制面积大。

在底线击球时要利用整个场地，可以使用斜线对拉打法大范围调动对手，以争取时间，寻找有利的进攻时机。击球时用快速、准确、凶狠取胜对方。

7.6.3 比赛规则

1. 网球场

一片标准网球场地的占地面积不小于 36.6 m（长）×18.3 m（宽）。在这个面积内，有效网球运动场地是一个长方形，长为 23.77 m，单打场地宽为 8.23 m，双打场地宽为 10.97 m，如图 7-76 所示。

2. 发球规则

发球员应站在端线后，中点和边线的假定延长线之间的区域里。每局开始时从端线后的 A 位置开始发球，发出的球应落在对角的对方发球区有效范围内（右区）。当增加 1 分时，换到 B 位置发球，如图 7-77 所示。

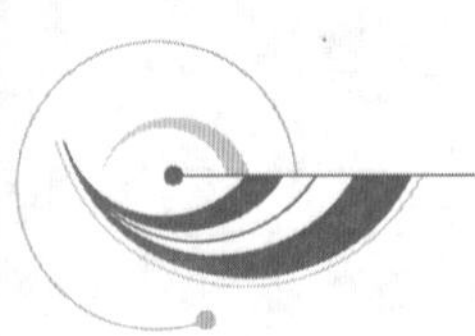

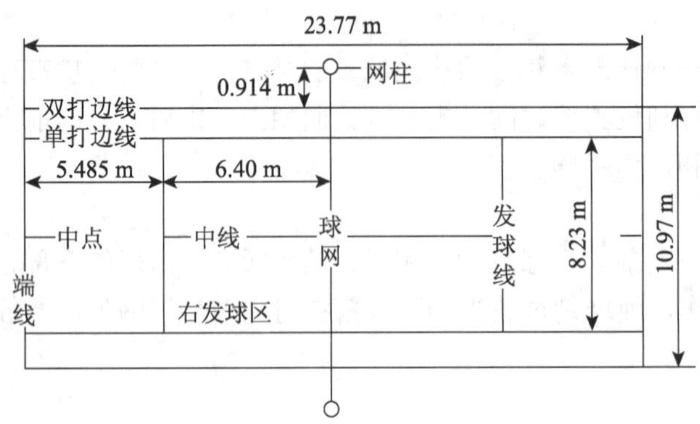

图 7-76　网球运动场地

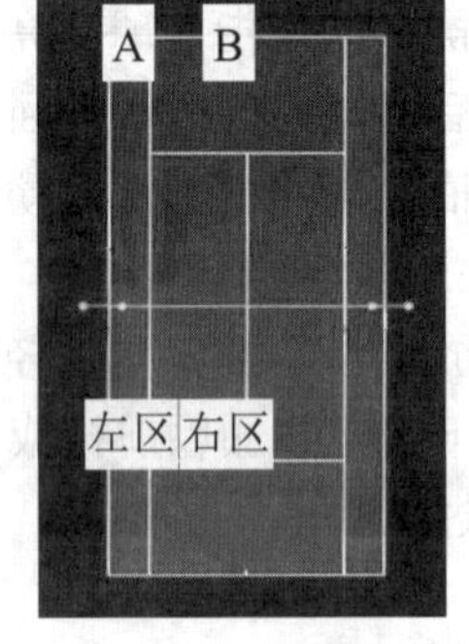

图 7-77　发球规则示意图

3. 计分方法

男子比赛一般采用五盘三胜制，女子比赛多采用三盘二胜制。

1）得 1 分

本方得 1 分：发球员发出的球落地前触及接球员的身体或穿戴物。

对方得 1 分：发生下列任何一种情况，均判对方得分。

在球第二次着地前，未能还击过网；还击的球触及对方场区界线以外的地面、固定物或其他物体；还击空中球失败；故意用球拍触球超过一次；运动员的身体、球拍，在发球期间触及球网；过网击球；抛拍击球。

2）胜 1 局

（1）每胜 1 球得 1 分，先胜 4 分者胜 1 局。

（2）双方各得 3 分时为“平分”，平分后，净胜 2 分为胜 1 局。

3）胜 1 盘

（1）一方先胜 6 局为胜 1 盘。

（2）双方各胜 5 局时一方净胜两局为胜 1 盘。

（3）在每盘的局数为 6 平时有以下两种计分制。

① 长盘制：一方净胜两局为胜 1 盘。

② 短盘制（即抢七）：先得 7 分者胜该局及本盘。

7.7　荷　球

7.7.1　荷球运动的起源

荷球是荷兰式篮球的简称。1902 年，荷兰体育教师尼克·布鲁克修森在瑞典一个小镇参与夏季课程时，基于男女相互尊重与彼此合作的理念，借鉴其他球类游戏创立了荷球运动。1923 年，荷兰首次举办了正式的荷球比赛。1933 年，国际荷球联合会在比利时成立。

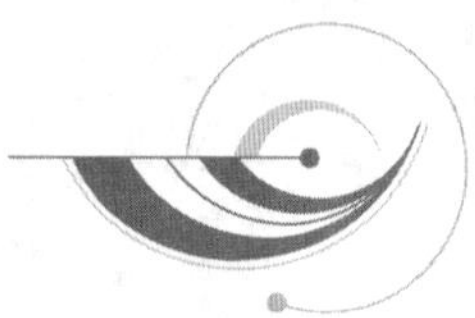

1978 年，世界荷球锦标赛成功举办，此后每四年举办一次。1995 年，荷球运动首次走出欧洲，在印度举办了世界锦标赛，将荷球运动的影响力扩展至亚洲。

进入 21 世纪以来，我国开始对荷球运动有所关注和接触。2004 年，荷兰国家荷球队的运动员在国际荷球联合会主席的带领下来到中国进行访问，他们来到北京第八中学向师生介绍荷球运动。因为荷球运动符合公平公正的运动精神，有利于全民健身和阳光体育运动的展开，同时适合进行校园推广，因此，之后我国把荷球运动作为一个重点发展项目进行推广。为了更好地推广荷球运动，提高人们对荷球的认识，2005 年荷兰国家荷球队一行人再次来到我国进行交流访问。国家体育总局为了更好地支持荷球运动的发展，相继在部分学校开展了荷球裁判员教练员的专业培训，旨在提升高校体育教师的荷球专业素养，为荷球运动在高校的快速发展奠定基础。随后，郑州大学、广州大学等部分高校相继开设了荷球课程，不仅传授给学生荷球的理论知识，还训练学生的荷球基本技术，为荷球运动的发展起到了推动作用。

图 7-78　荷球

7.7.2　荷球运动的特征

荷球运动既具有竞争性，又具有娱乐性，其基本技术和比赛规则跟篮球类似。不同之处在于其凸显了平等性、安全性、灵活性和易学性。

1. 平等性

首先，荷球运动的平等性体现在参赛人员的性别上，荷球比赛规则规定，每支球队必须包含男女各 4 名运动员，不允许单一性别的队伍参赛。荷球运动充分体现了对女性运动员的尊重，重视挖掘女性在体育运动中的积极作用，并利用男性和女性各自的身体优势来取长补短、合作共赢。其次，荷球运动的平等性体现在攻守战术上，比赛规则规定在实行人盯人战术时，异性运动员不能相互防守，否则将视为犯规，同性运动员之间可以相互防守。

2. 安全性

荷球运动规则强调不能有过分的身体接触，因此，比赛的安全性就得到了很大提高。总体来说，荷球运动是一项安全系数很高、适合不同年龄男女参加的全民化运动。

3. 灵活性

荷球运动对场地的要求并不高，只需要一块平整的地面、一个球筐和一个球，就可以开展一场精彩的荷球比赛。荷球比赛的场地大小可以根据参赛人员的年龄、体质、人数、身高等因素缩小或扩大，在室内或室外均可。

4. 易学性

荷球运动和篮球运动有很多相似之处，主要体现在技术和战术两方面。技术上两项运动都是以投篮作为主要得分方式，荷球的投篮由于没有篮板的限制，更是在任何角度都能投篮。战术上同篮球运动、排球运动等运动项目一样，荷球运动也强调沟通协作和技战术配合，因此，接触过这类运动项目尤其是接触过篮球运动的人，学起荷球来就容易很多。

7.7.3　荷球的基本技术

荷球上手传球技术

1. 上手传球技术

上手传球技术的准备姿势为双脚前后开立，脚间距略比肩宽，五指自然分开，托球于肩外侧，大臂向侧后方展开，肘略低于肩。传球时，右脚蹬地顺势转腰，带动手臂和手腕，以压腕、拨指的方式将球甩出，球出手后，五指指向球的方向。

2. 上篮技术

荷球上篮技术

上篮时，身体在腾空状态接球，单脚落地后，另一只脚顺势向前落地并起跳，双手持球向上抬起，当身体向上滑行至最高点时，两手掌向上将球送出，随后身体自然下落，单脚或双脚落地支撑。

3. 双手投篮技术

荷球双手投篮技术

双手投篮技术的准备姿势为双手持球，五指自然弯曲成半球形，包住球的后侧面，两拇指约呈 90°夹角，拇指指尖相距 2～3 cm，两肘自然下垂。投球时，双腿曲膝，双脚蹬地，向上跳起，手臂顺势向上带动手腕和手指将球推出去，注意出手时，两手掌迅速内翻并向斜上方推球，同时双手中指、食指和大拇指依次向斜上方拨动球面，将球推离指尖。球出手后，手臂和手指顺势指向球的飞行方向。

7.7.4　荷球的比赛规则

国际标准的荷球比赛场地长 40 m，宽 20 m，分成两个正方形的半场。两个球柱位于球场中央纵轴线上，与两端线的距离为 6.67 m。球柱直径为 5～8 cm，高 3.5 m，顶端固定球篮。球篮的内径为 39～41 cm，篮筐高 25 cm。荷球用皮质或合成材料制成，周长为 68～70.5 cm，重量为 425～475 g。

比赛时，每队上场 4 名男运动员、4 名女运动员，分成进攻组与防守组，每组包括男、女运动员各 2 名。每次将球投中对方球篮得 1 分。当两队得分之和为 2 的倍数时（如 2∶0、1∶1 或 3∶1），两组球员必须换区并且交换攻守角色。

比赛过程中，不允许持球走或运球，只可以通过传球使球从后场进入前场。进攻队持球队员只有在摆脱对方的防守即处于“自由位置”时才可投篮。攻防双方不允许有身体接触。

7.8　棒垒球

棒垒球是棒球和垒球的简称，因为这两项运动的运动形式和竞赛规则都非常接近，所以常被合称为棒垒球。棒垒球是以棒打球，以团队性、对抗性为显著特征的球类运动项目。棒垒球在世界范围内得到了广泛开展，主要流行于美国、日本、韩国和拉丁美洲的国家和地区。

7.8.1　基本技术

棒垒球技术是指在棒垒球比赛中队员为了攻守目的所运用的各种专门动作的总称，主要分为进攻技术和防守技术两大类。

1. 进攻技术

棒垒球进攻技术包括击球技术、跑垒技术和滑垒技术。

击球技术：击球的准备姿势为两腿曲膝半蹲，双脚左右开立比肩稍宽，髋正对本垒球，将棒举到右肩上方，双肘靠拢稍夹紧，棒头指向右后上方，如图 7-79 所示。

图 7-79　击球准备动作

持棒挥击和
持棒触击技术

击球技术包括持棒挥击［见图 7-80（a)］、持棒触击［见图 7-80（b)］和持棒推击［见图 7-80（c)］三种。击球时，击球员双手握棒，根据投手的投球动作和来球的路线采取相应的击球方式，力争将球击到守方队员接不到的远处或空档。

（a）

（b）

（c）

图 7-80　击球技术

跑垒技术：指击球员击出球后，在守方队员未接到球的瞬间立即上垒、抢垒位，如图 7-81 所示。

图 7-81　跑垒技术

滑垒技术：指跑垒员身体贴地面滑动的占垒动作，有侧身倒地踏垒和俯冲倒地扑垒两种，如图 7-82 所示。

图 7-82　侧身倒地踏垒和俯冲倒地扑垒

2. 防守技术

图 7-83　投球准备姿势

防守技术包括投球技术、接球技术、传球技术和“触杀”技术。

投球技术：棒球和垒球的投球技术有所不同。棒球投球的准备姿势（见图 7-83）有身体正对击球员和身体侧对击球员两种。

投球技术有肩上高压［见图 7-84（a）］、低肩侧投［见图 7-84（b）］和低手投球［见图 7-84（c）］三种。球出手时通过手指、手腕的压、拧、拨等动作，可投出曲线球、直线球、变速球、飘球、滑球和下坠球等。而垒球投球通常采用下手臂运动投球技术，如图 7-85 所示。

（a）

（b）

（c）

图 7-84　棒球投球技术

图 7-85　垒球投球技术

接球技术：接球的准备姿势为面向本垒，两脚左右开立，两手置于胸前，眼睛注视来球，如图 7-86 所示。最常用和最稳定的接球方式是双手接球，即戴手套的一只手接球，另一只手辅助和保护，如图 7-87（a）所示。比赛中也会出现跑动中的捕手接球［见图 7-87（b）］、单手反手接球［见图 7-87（c）］和飞身接球［见图 7-87（d）］。

图 7-86　接球准备姿势

（a）　（b）

（c）　（d）

图 7-87　接球技术

传球技术：传球的准备姿势为侧身站立，前脚指向目标，以食指、中指和拇指持球，掌心不触球，如图 7-88 所示。传球技术主要有肩上传球和体侧传球两种，如图 7-89 所示。

传球技术

图 7-88　传球准备姿势

图 7-89　肩上传球和体侧传球技术

“触杀”技术：指守备员持球碰触离开垒位的跑垒员，使之出局，如图 7-90 所示。

图 7-90　“触杀”技术

7.8.2　基本战术

棒垒球是攻守分开的运动，即进攻的时候就是进攻，防守的时候就是防守；进攻再差也不会失分，防守再好也不会得分。每场比赛由先发的 9 名球员上场。防守时，9 个人的守备位置分别是投手、捕手、一垒手、二垒手、三垒手、游击手、左外野手、中外野手、右外野手，如图 7-91 所示。进攻时，9 个人会有一个打击顺序（打击顺序由教练员确定），从第一棒打到第九棒，九棒打完又轮到第一棒。

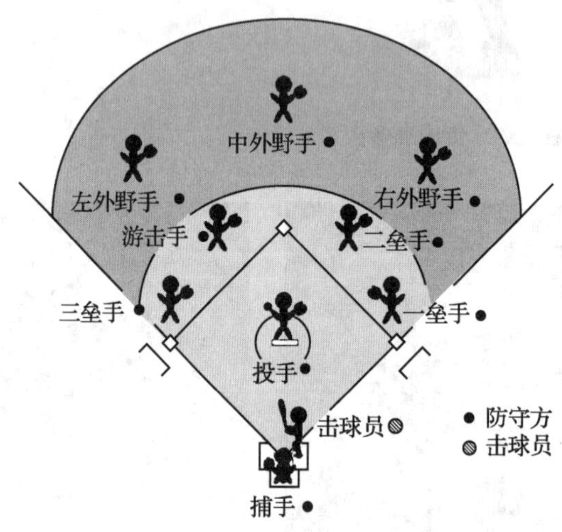

图 7-91　棒垒球比赛站位

1. 进攻战术

常用的进攻战术包括以下几种。

（1）观察：即不击打投手投来的第一个球，以观察投手的动作及实力。

（2）积极迎击第一个球：目的是攻其不备。

（3）击出高远球：目的是牺牲自己促使同队进垒得分。

（4）打带跑：即把球击到一垒跑垒员身后的空隙地带，使其他跑垒员安全进到二垒或抢到三垒，以破坏对方企图制造“双杀”的计划。

（5）跑了再打：跑垒员先偷垒，击球员随后击球。

（6）触击牺牲打：击球员用触击将球击向一垒或三垒，击出地滚球引诱守队攻击一垒，击球员牺牲自己，使同队进垒或返回本垒得分。

（7）一垒和三垒的跑垒员双偷垒：制造三垒跑垒员返回本垒得分的机会。

2. 防守技术

防守时须全队密切配合，及时移动补位和进行掩护，以防止攻队进垒或得分，常用的战术包括以下几种。

（1）接球后传一垒“封杀”击跑员。

（2）“双杀”：接球后传到垒位“封杀”跑垒员，随即传球到一垒“封杀”击跑员造成“双杀”。

（3）“夹杀”：守队互相配合传球，“截杀”在垒间跑动的跑垒员，逼赶跑垒员退回原垒并乘机在垒间“触杀”。

（4）防止双偷垒：由接手指挥行动，由游击手、二垒手或投手作中间策应，拦截接手传二垒的球，再将球传回本垒，“截杀”三垒跑垒员。如果三垒跑垒员不能抢回本垒，即由守二垒的队员接球，“截杀”一垒跑垒员。

（5）配球：投手针对击球员的弱点，投出快速球、变速球、曲线球或下坠球等，使击球员无法击中来球，造成出局。

（6）缩小防圈：为了应对击球员的牺牲触击打战术，可以进一步缩短防守距离，明确本垒前各区有人负责截接球，其余各队员则移动补位防守。

7.8.3　比赛规则

棒垒球比赛主要分为棒球、快垒和慢垒三种形式。参赛队伍分为攻、守两方，每队参赛人员为 9 人，分别利用球棒和手套在一个直角扇形的球场里进行比赛。比赛时两队轮流攻守，当进攻球员成功跑回本垒，就可得 1 分。

棒球比赛有九局，而垒球比赛有七局。如果最终局结束后两队仍是平局，垒球比赛规则规定两队进入附加赛，在各自的半局跑垒员将从第二垒开始跑，以增加得分机会。

垒球使用的球比棒球大。棒球、快垒和慢垒这三种项目的球棒都不同，垒球的球棒头比棒球的小。垒球各垒之间相距 18.3 m，而棒球垒与垒之间的距离为 27.45 m。

第 8 章　健美操与啦啦操

学习目标

- 熟悉健美操的基本动作及套路。
- 了解健美操的竞赛规则。
- 了解啦啦操的分类和基本要素。

8.1　健美操

健美操是一项以有氧运动为基础，以健、力、美为特征，融体操、舞蹈、音乐为一体的身体练习。它既是健身美体、陶冶情操的大众健身方式，又是竞技运动的一个项目，如图 8-1 所示。健美操以其自身固有的价值和魅力，风靡全世界，深受广大青年学生及群众的喜爱。

目前，健美操种类繁多，分类方法也各不相同。根据健美操的目的和任务，可以将其分为健身健美操和竞技健美操两大类。健身健美操以健身为目的，旨在全面活动身体和发展身体；竞技健美操则以竞技为目的，有特定的比赛规则和评分方法，对人的身体素质、技术技能和艺术表现力有较高的要求。

图 8-1　健美操

8.1.1　基本动作

健美操基本动作练习是按照人体生理解剖结构分部位进行练习，因此可以有重点地、系统地改善和发展身体的各个部位。掌握基本动作就可以为尽快地掌握复杂动作和成套动

作打好基础。

1. 手形

健美操的基本手形包括以下几种。

（1）五指并拢式：五指伸直，相互并拢，如图 8-2（a）所示。

（2）五指分开式：五指用力伸直，充分张开，如图 8-2（b）所示。

（3）西班牙舞手势：手指用力，小指、无名指、中指至掌指关节处依次错落，拇指稍内扣，如图 8-2（c）所示。

（4）芭蕾手势：五指微屈，后三指并拢，稍内收，拇指内扣，如图 8-2（d）所示。

（5）拳式：握拳，拇指在外，如图 8-2（e）所示。

（6）推掌式：手掌用力上翘，五指自然弯曲，如图 8-2（f）所示。

（7）一指式：握拳，食指伸直或拇指伸直，如图 8-2（g）所示。

（8）响指：拇指与中指摩擦，做打响指状，无名指、小指屈握，如图 8-2（h）所示。

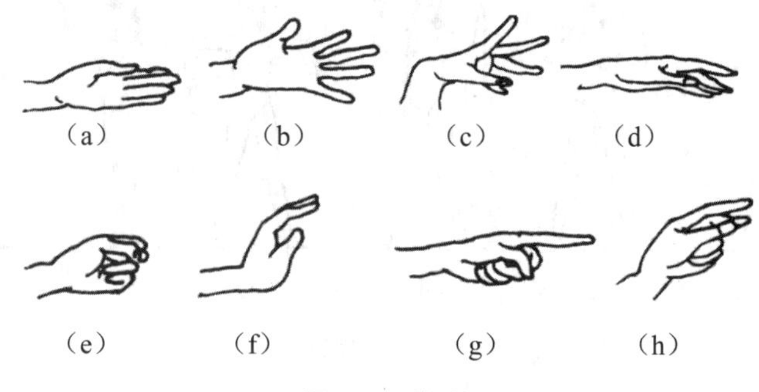

图 8-2　手形

2. 身体各部位基本动作

1）头、颈部动作

头、颈部动作由屈、转、绕和绕环等动作组成。

（1）屈：指头颈关节弯曲，包括前、后、左、右屈。

（2）转：指头颈部绕身体垂直轴转动，包括左、右转。

（3）绕和绕环：指头以颈为轴心做弧形和圆形运动，包括左、右绕和左、右绕环。

动作要求：做各种形式头颈动作时速度要慢，上体挺直，头颈移动的方向要准确，颈部被动肌群充分伸展。

2）肩部动作

肩部动作由提肩、沉肩、绕肩、肩绕环和振肩等动作组成。

（1）提肩：指肩胛骨向上运动，包括单肩、双肩同时提和依次提。

（2）沉肩：指肩胛骨向下运动，包括单肩、双肩同时沉和依次沉。

（3）绕肩：指以肩关节为轴做小于 360°的弧形运动，包括单肩向前、后绕，双肩同时或依次向前、后绕。

（4）肩绕环：指以肩关节为轴做 360°及 360°以上的圆形运动，包括单肩向前、后绕

环，双肩同时或依次向前、后绕环。

（5）振肩：指固定上体，肩急速向前或向后摆动，包括双肩同时前、后振和依次前、后振。

动作要求如下。

（1）提肩时尽力向上，沉肩时尽力向下，动作幅度大而有力。

（2）绕肩时上体不能摆动，两臂放松，头颈不能前探；动作连贯，速度均匀，幅度大。

（3）振肩动作要有速度、力度和弹性。

3）上肢（手臂）动作

上肢（手臂）动作由举、屈、摆、绕、绕环、振和旋等动作组成。

（1）举：指以肩为轴，臂的活动范围不超过 180°而停止在某一部位的动作，包括单臂和双臂的前、后、侧举，以及不同中间方向的举（如侧上举、侧下举等）。

（2）屈：指肘关节产生了一定的弯曲角度，如图 8-3 所示。

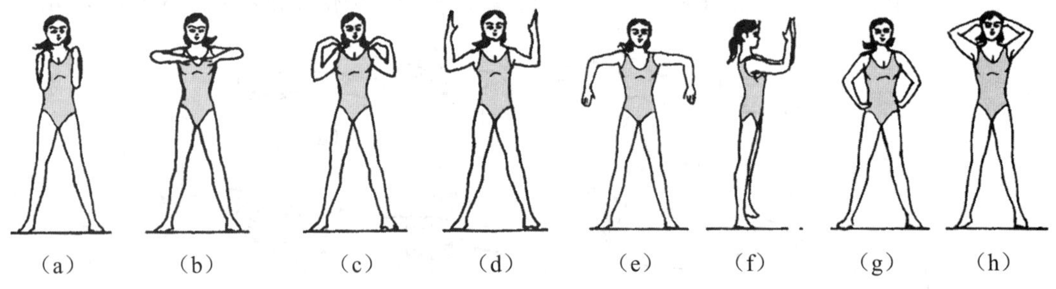

图 8-3 屈臂

（a）胸前屈；（b）胸前平屈；（c）肩侧屈；（d）肩上侧屈；
（e）肩下侧屈；（f）肩上前屈；（g）腰间屈；（h）头后屈

（3）摆：指以肩或肘关节为轴，向身体各方向做钟摆式运动，如图 8-4 所示，包括单臂和双臂同时或依次向前、后、左、右摆。

（4）绕：指双臂或单臂向内、外、前、后做 180°以上 360°以下的弧形运动。图 8-5 所示为双臂向内外绕。

（5）绕环：指以肩关节为轴，双臂或单臂做 360°及 360°以上的圆形运动，包括向前、向后、向内的绕环。图 8-6 所示为单臂前后绕环和双臂前后绕环。

图 8-4 单臂左右摆

图 8-5 双臂向内外绕

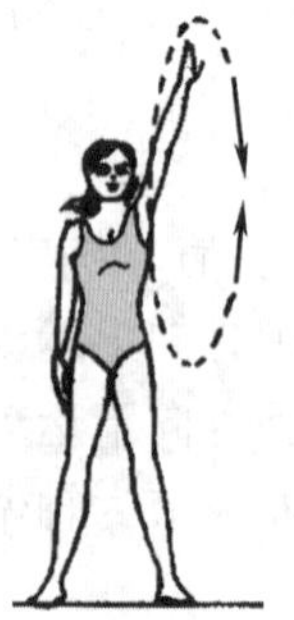

图 8-6 单臂前后绕环和双臂前后绕环

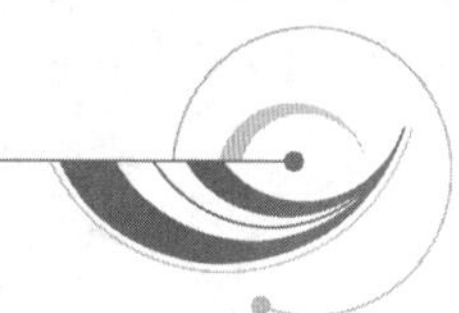

（6）振：指以肩为轴，手臂用力摆至最大幅度，包括侧举后振［见图 8-7（a）］、上举后振［见图 8-7（b）］和下举后振［见图 8-7（c）］。

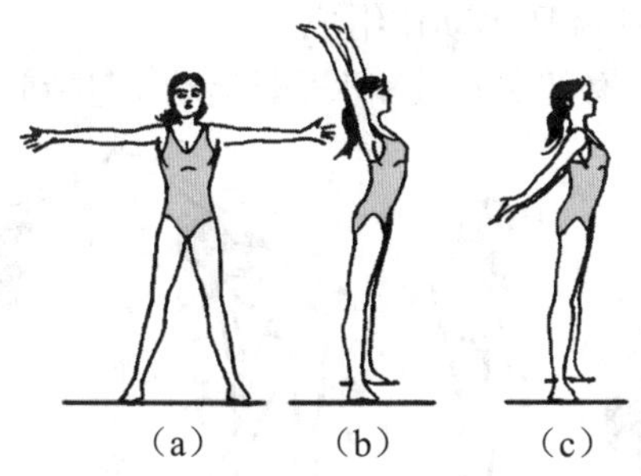

（a）　（b）　（c）

图 8-7　振臂

（7）旋：指以肩或肘为轴做臂的内旋或外旋动作，如图 8-8 所示。

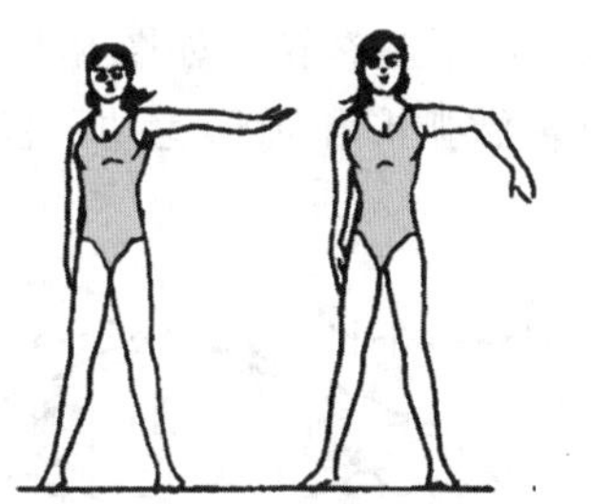

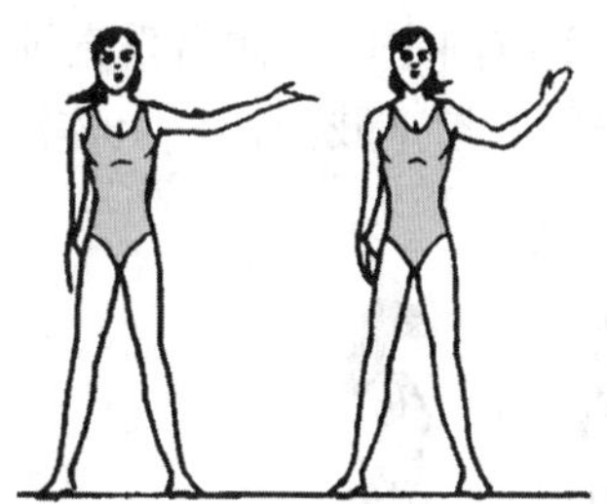

图 8-8　内旋和外旋

动作要求如下。

（1）做臂的举、屈伸动作时，肩要下沉。

（2）做臂的摆动动作时，起与落要保持弧形。

（3）保持上体端正，手臂的位置准确，动作幅度要大，力达身体最远端。

4）胸部动作

胸部动作由含胸、展胸和移胸等动作组成。

（1）含胸：指两肩内合，缩小胸腔，如图 8-9（a）。

（2）展胸：指两肩外展，扩大胸腔，如图 8-9（b）。

（3）移胸：指髋部固定，胸向左、右水平移动，如图 8-9（c）。

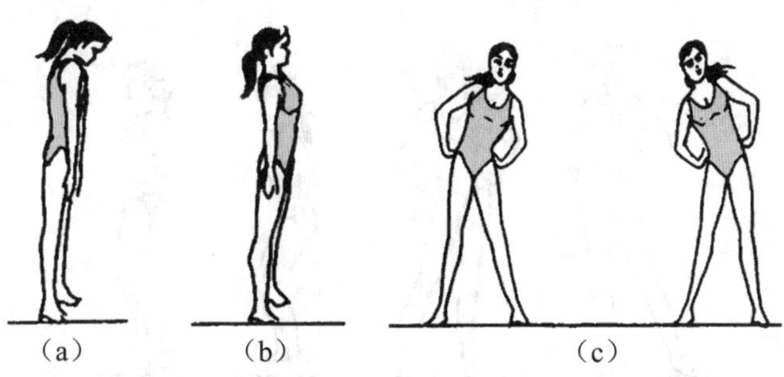

（a）　（b）　（c）

图 8-9　胸部动作

动作要求：练习时，收腹、立腰。含、展、移胸要达到最大幅度。

5）腰部动作

腰部动作由屈、转、绕和绕环等动作组成。

（1）屈：指下肢固定，上体沿矢状轴和水平轴运动，包括前后、左右屈，如图 8-10 所示。

图 8-10 前后、左右屈腰

（2）转：指下肢固定，上体沿垂直轴扭转，包括左右转，如图 8-11 所示。

（3）绕和绕环：指下肢固定，上体沿垂直轴做弧形和圆形运动，包括左、右绕和绕环，如图 8-12 所示。

图 8-11 左右转腰

图 8-12 绕和绕环

动作要求如下。

（1）练习时身体远端尽力向外延伸，绕环幅度要大，动作要充分而连贯，速度尽量放慢。

（2）做腰前屈、转动作时，上体挺直。

6）髋部动作

髋部动作由顶髋、提髋、绕髋和髋绕环等动作组成。

（1）顶髋：指髋关节急速地水平移动，包括前后、左右顶髋，如图 8-13 所示。

图 8-13 前后、左右顶髋

（2）提髋：指髋关节急速向一侧上提，包括左右提髋，如图 8-14 所示。

（3）绕髋和髋绕环：指髋关节做弧形、圆形移动，包括向左、右绕和绕环，如图 8-15 所示。

动作要求：做髋关节的顶、提、绕和绕环动作时，动作应平稳、柔和、协调，稍带弹性，上体要放松。

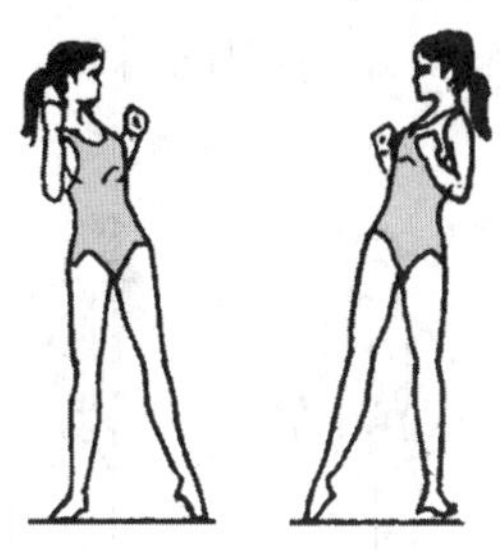

图 8-14　左右提髋

图 8-15　绕髋和髋绕环

7）下肢动作

下肢动作由滚动步、交叉步、跑跳步、并腿跳和侧摆腿跳等动作组成。

（1）滚动步：两脚同时交替做由前脚尖至全掌依次落地动作，如图 8-16（a）所示。

（2）交叉步：一脚向另一脚前或后交叉行进，如图 8-16（b）所示。

（3）跑跳步：两脚交替进行，跑后支撑阶段有一次跳的过程，如图 8-16（c）所示。

（4）并腿跳：双腿并拢，直膝或曲膝跳，如图 8-16（d）所示。

（5）侧摆腿跳：单腿跳起同时另一腿向外侧摆动，如图 8-16（e）所示。

动作要求：跳跃时要轻松自如，动作要有弹性，注意配合呼吸。

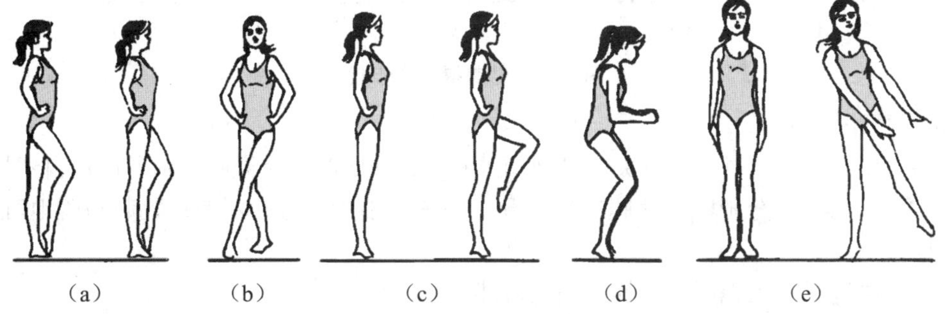

（a）　（b）　（c）　（d）　（e）

图 8-16　下肢动作

3. 健美操规则规定的 7 个基本步伐

国际体操联合会健美操委员会出版的《竞技性健美操规则》中把健美操的步伐分为以下 7 大类：踏步、开合跳、吸腿跳、踢腿跳、弓步跳、弹踢腿跳和后踢腿跳。

（1）踏步：两脚交替不间断地做曲膝上提然后踏地的动作，包括脚尖不离地的踏步、脚离地的踏步和高抬腿的大幅度踏步，如图 8-17（a）所示。

（2）开合跳：并腿跳至开立，分腿跳至并立，如图 8-17（b）所示。

（3）吸腿跳：单腿跳起，同时另一腿曲膝向前、向一侧上提，如图 8-17（c）所示。

（4）踢腿跳：单腿跳起，同时另一腿直腿向前、向一侧踢出，包括小幅度和大幅度的踢腿，如图 8-17（d）所示。

（5）弓步跳：并腿跳起，落地时形成前（侧、后）弓步，如图 8-17（e）所示。

（6）弹踢腿跳：单腿跳起，同时另一腿曲膝向前、向一侧弹踢，如图 8-17（f）所示。

（7）后踢腿跳：两脚交替有短暂腾空过程（类似跑步），小腿向后屈，如图 8-17（g）所示。

图 8-17　健美操基本步伐

动作要求如下。

（1）踏步：落地时，由脚尖过渡到脚跟着地；曲膝时，胯微收。两臂前后自然摆动。

（2）开合跳：分腿时，两腿自然外开，膝关节沿脚尖方向弯曲；跳起与落地时，曲膝缓冲。

（3）吸腿跳：大腿用力上提，小腿自然下垂。

（4）踢腿跳：踢腿时，须加速用力，上体挺直，立腰。

（5）弓步跳：跳成弓步时，把握住身体重心。

（6）弹踢腿跳：大腿抬起至一定角度后，小腿自然伸直，膝关节稍有控制。

（7）后踢腿跳：髋和膝在一条线上，小腿叠于大腿。

8.1.2　套路

套路示例：第三套全国健美操大众锻炼标准成人一级规定动作。

1. 组合一

组合一第一节动作如表 8-1 和图 8-18 所示。

表 8-1　组合一第一节动作要领

节拍		下肢动作	上肢动作
预备姿势		站立	
一	1～8 拍	从右脚开始，做 2 次一字步	1～2 拍双臂胸前屈，3～4 拍双臂后摆，5 拍双臂胸前屈，6 拍双臂上举，7 拍双臂胸前屈，8 拍双臂放于体侧

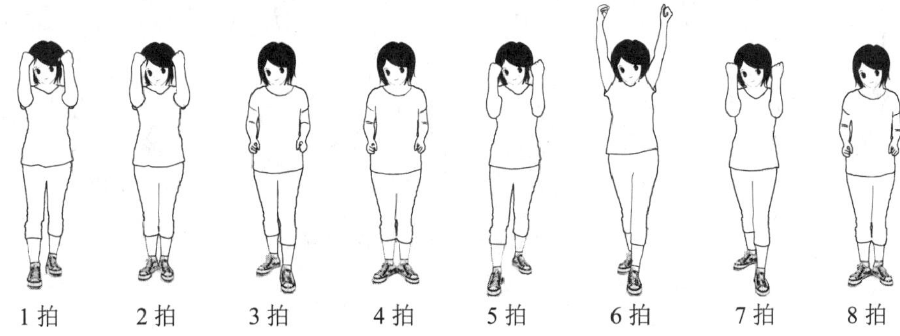

图 8-18　组合一第一节动作示意图

组合一第二节动作如表 8-2 和图 8-19 所示。

表 8-2　组合一第二节动作要领

节拍		下肢动作	上肢动作
二	1～4 拍	从右脚开始，向前走 3 步，吸腿	1～3 拍双臂经前举后摆至肩侧屈，4 拍击掌
	5～8 拍	从左脚开始，向后退 3 步，吸腿	手臂同 1～4 拍

第三套全国健美操大众锻炼标准成人一级

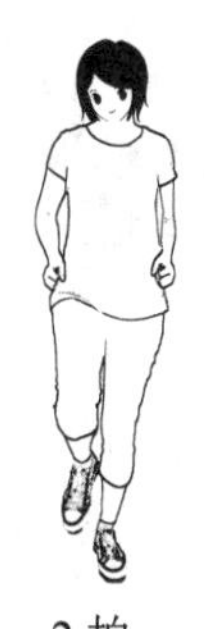

图 8-19　组合一第二节动作示意图

组合一第三节动作如表 8-3 和图 8-20 所示。

表 8-3　组合一第三节动作要领

节拍		下肢动作	上肢动作
三	1～4 拍	从右脚开始，做 2 次侧并步	1 拍右臂肩侧屈，2 拍右臂还原，3 拍左臂肩侧屈，4 拍左臂还原
	5～8 拍	从右脚开始，向一侧连续并步 2 次	5 拍双臂胸前平屈，6 拍双臂还原，7～8 拍同 5～6 拍动作

图 8-20　组合一第三节动作示意图

组合一第四节动作如表 8-4 和图 8-21 所示。

表 8-4　组合一第四节动作要领

节拍		下肢动作	上肢动作
四	1～4 拍	左脚做十字步	双臂自然摆动
	5～8 拍	从左脚开始，踏步 4 次	5 拍击掌，6 拍还原，7～8 拍同 5～6 拍动作

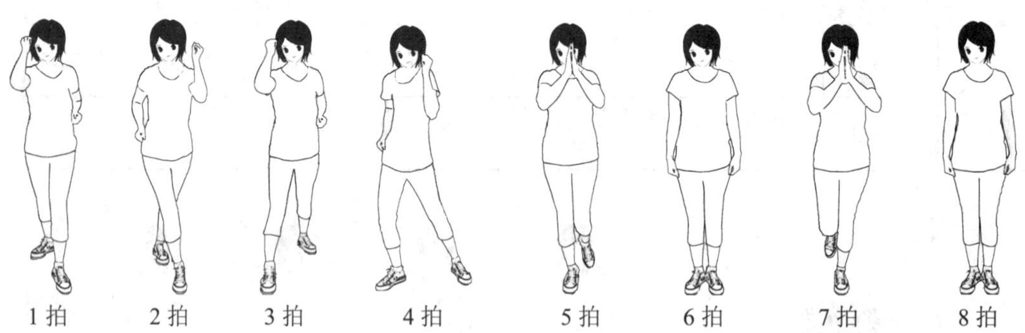

图 8-21　组合一第四节动作示意图

第五至八节动作同第一至四节，但方向相反。

2. 组合二

组合二第一节动作如表 8-5 和图 8-22 所示。

表 8-5 组合二第一节动作要领

节拍		下肢动作	上肢动作
一	1～8 拍	从右脚开始，前点地 4 次	1 拍双臂曲臂右摆，2 拍还原，3 拍双臂曲臂左摆，4 拍还原，5 拍右臂摆至侧上举、左臂胸前平屈，6 拍还原，7～8 拍同 5～6 拍动作，但方向相反

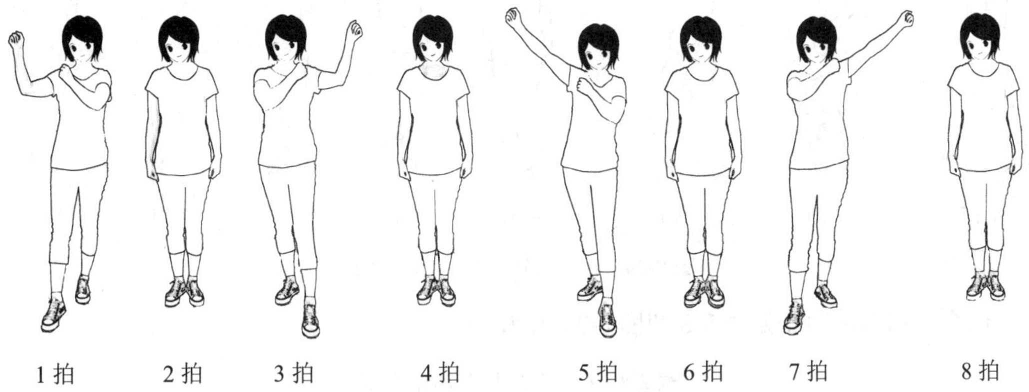

1 拍 2 拍 3 拍 4 拍 5 拍 6 拍 7 拍 8 拍

图 8-22 组合二第一节动作示意图

组合二第二节动作如表 8-6 和图 8-23 所示。

表 8-6 组合二第二节动作要领

节拍		下肢动作	上肢动作
二	1～4 拍	从右脚开始，向右弧形走 270°	双臂自然摆动
	5～8 拍	并腿半蹲 2 次	5 拍双臂前举，6 拍右臂胸前平屈（上体右转），7 拍双臂前举，8 拍放于体侧

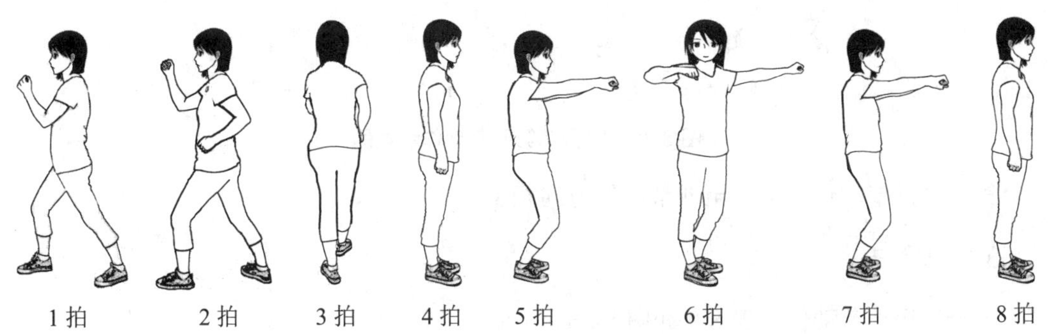

1 拍 2 拍 3 拍 4 拍 5 拍 6 拍 7 拍 8 拍

图 8-23 组合二第二节动作示意图

组合二第三节动作如表 8-7 和图 8-24 所示。

表 8-7　组合二第三节动作要领

节拍		下肢动作	上肢动作
三	1～8 拍	1～4 拍左脚上步，吸腿，右转体 90°；5～8 拍右脚上步，吸腿	1 拍双臂前举，2 拍曲臂后拉，3 拍前举，4 拍还原，5～8 拍同 1～4 拍动作

图 8-24　组合二第三节动作示意图

组合二第四节动作如表 8-8 和图 8-25 所示。

表 8-8　组合二第四节动作要领

节拍		下肢动作	上肢动作
四	1～8 拍	从左脚开始，侧迈步后屈腿，完成 4 次	曲肘前后摆动

图 8-25　组合二第四节动作示意图

第五至八节动作同第一至四节，但方向相反。

3. 组合三

组合三第一节动作如表 8-9 和图 8-26 所示。

表 8-9　组合三第一节动作要领

节拍		下肢动作	上肢动作
一	1～4 拍	右脚向右做交叉步	1～3 拍双臂上举，4 拍双臂胸前平屈
	5～8 拍	左脚向一侧迈步，成分腿半蹲	5～6 拍双臂前举，7～8 拍双臂放于体侧

图 8-26　组合三第一节动作示意图

组合三第二节动作如表 8-10 和图 8-27 所示。

表 8-10　组合三第二节动作要领

节拍		下肢动作	上肢动作
二	1～4 拍	从右脚开始，侧点地 2 次	1 拍右臂左前举、左臂曲肘于腰间，2 拍双臂曲肘于腰间，3～4 拍同 1～2 拍动作，但方向相反
	5～8 拍	右脚连续侧点地 2 次	5～8 拍同 1～2 拍动作，重复 2 次

图 8-27　组合三第二节动作示意图

组合三第三节和第四节动作如表 8-11 和图 8-28 所示。

表 8-11　组合三第三节和第四节动作要领

节拍		下肢动作	上肢动作
三	1～8 拍	从左腿开始，向前走 3 步，接吸腿 3 次	1 拍双臂肩侧屈外展，2 拍胸前交叉，3 拍同 1 拍动作，4 拍击掌，5 拍肩侧屈外展，6 拍腿下击掌，7～8 拍同 3～4 拍动作
四	1～8 拍	从右腿开始，向后走 3 步，接吸腿 3 次	同上

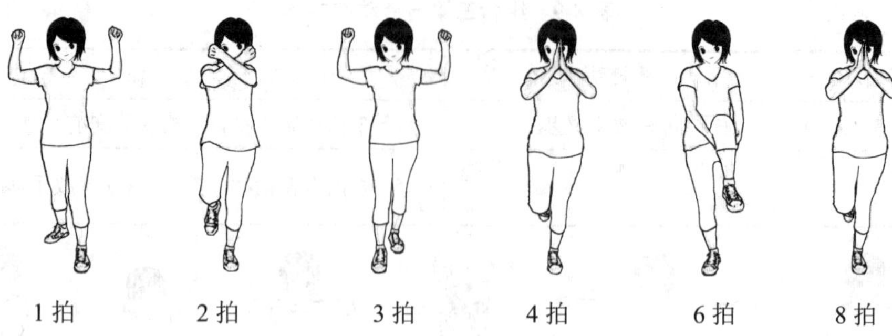

图 8-28　组合三第三节动作示意图

第五至八节动作同第一至四节，但方向相反。

4. 组合四

组合四第一节动作如表 8-12 和图 8-29 所示。

表 8-12　组合四第一节动作要领

节拍		下肢动作	上肢动作
一	1～8 拍	1～4 拍从右腿开始做“V”字步，5～8 拍做“A”字步	1 拍右臂侧上举，2 拍双臂侧上举，3～4 拍击掌 2 次，5 拍右臂侧下举，6 拍双臂侧下举，7～8 拍击掌 2 次

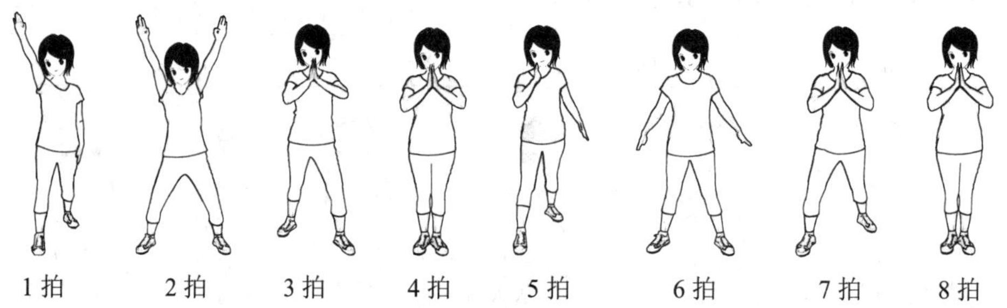

图 8-29　组合四第一节动作示意图

组合四第二节动作如表 8-13 和图 8-30 所示。

表 8-13　组合四第二节动作要领

节拍		下肢动作	上肢动作
二	1～4 拍	从右脚开始，弹踢腿跳 2 次	1 拍双臂前举，2 拍下摆，3～4 拍同 1～2 拍动作
	5～8 拍	右脚连续弹踢 2 次	5 拍双臂前举，6 拍胸前平屈，7 拍同 5 拍动作，8 拍还原体侧

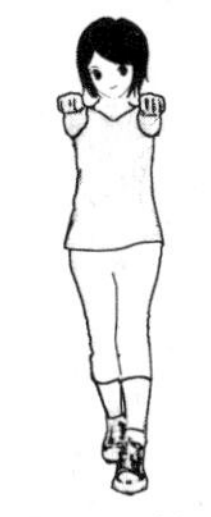

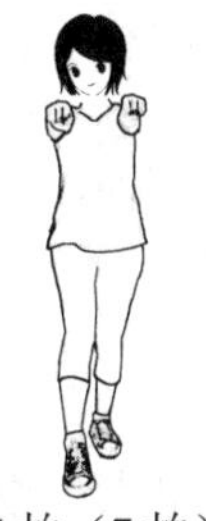

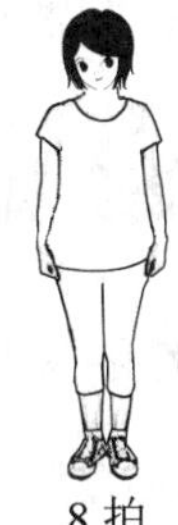

1 拍（3 拍） 2 拍（4 拍） 5 拍（7 拍） 6 拍 8 拍

图 8-30 组合四第二节动作示意图

组合四第三节动作如表 8-14 和图 8-31 所示。

表 8-14 组合四第三节动作要领

节拍		下肢动作	上肢动作
三	1～8 拍	左腿漫步 2 次	双臂自然摆动

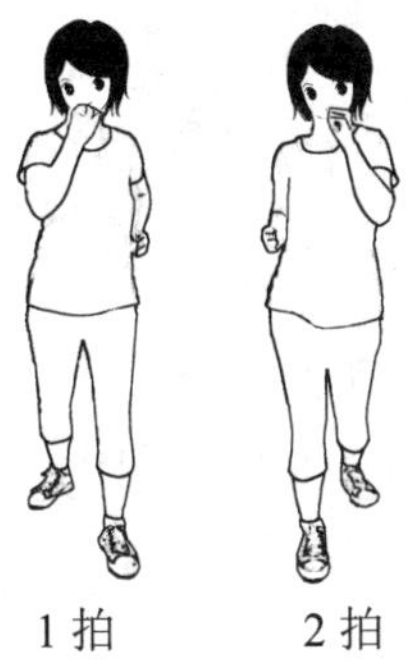

1 拍 2 拍

图 8-31 组合四第三节动作示意图

组合四第四节动作如表 8-15 和图 8-32 所示。

表 8-15 组合四第四节动作要领

节拍		下肢动作	上肢动作
四	1～8 拍	从左脚开始，迈步后点地 4 次	1～2 拍右臂经侧屈至左下举，3～4 拍同 1～2 拍动作，但方向相反 5～6 拍右臂经侧举至左下举，7～8 拍同 5～6 拍动作，但方向相反

1 拍 2 拍 3 拍 4 拍 5 拍 6 拍 7 拍 8 拍

图 8-32 组合四第四节动作示意图

第五至八节动作同第一至四节，但方向相反。

8.1.3 健美操的竞赛规则

1. 竞赛项目

比赛共设5个项目：男子单人、女子单人、混合双人、三人和集体五人。

2. 比赛场地

（1）赛台：赛台高80～140 cm，面积不得小于14 m×14 m，后面有背景遮挡。

（2）竞赛地板和竞赛区：竞赛地板位于赛台中心，面积为12 m×12 m，其上方以宽度为5 cm的黑色标记带圈定竞赛区，标记带是竞赛区的一部分。其中，单人、混双和三人健美操的竞赛区面积为7 m×7 m，集体五人赛的竞赛区面积为10 m×10 m。

3. 比赛时间

成套动作的时间为105 s，有加减5 s的宽容度。

4. 难度动作

成套动作必须包括下列各类难度动作各一个：① 动力性力量；② 静力性力量；③ 跳与跃；④ 平衡与柔韧。最多允许做12个难度动作。

5. 评分方法

裁判分为艺术裁判、完成裁判、难度裁判、视线裁判、计时裁判和裁判长。艺术裁判、完成裁判、难度裁判分别评出艺术分、完成分和难度分。

（1）艺术分：主要包括操化动作、难度动作、过渡/连接和托举动作的成套创编（2分）；音乐的使用（2分）；操化动作组合（2分）；比赛场地的使用（2分）；表现力与同伴配合（2分）。最高分为10分，以0.1加分。

（2）完成分：包括技术技巧、合拍与一致性。从10分起评，对每个完成错误给予减分。

（3）难度分：根据难度动作级别给分，按照加分的方法评分，从0分起评。但以下情况将给予减分：超过12个难度动作、超过6次地面动作或超过2次成俯卧撑落地，每超过一个扣1.0分；难度动作重复或难度动作缺组，每次扣1.0分。

另外，如果比赛时运动员身体的任何部位触及标记带以外的场地，将被判为出界，每次扣0.1分。以下情况裁判长将给予减分，如违例动作每次扣1.0分等。

艺术分、完成分与难度分相加为总分。从总分中减去难度裁判、视线裁判与裁判长的减分为最后得分。

6. 着装要求

运动员须穿适合运动的健美操服和运动鞋，要求着装整洁、美观、大方，不允许使用

悬垂饰物，如皮带、飘带和花边等。女运动员的头发须梳系于后，头发不得遮住脸部；允许化淡妆，禁止佩戴首饰。

8.2　啦啦操

啦啦操是大学生团体在音乐的伴奏下，完成复杂、高难度的基本手位与舞蹈动作，充分展示团队高超的运动技能和技巧的一项体育运动。它能够展现青春活力和积极向上的团队精神。

8.2.1　啦啦操的分类

啦啦操运动分为技巧啦啦操和舞蹈啦啦操两类。

1. 技巧啦啦操

技巧啦啦操是运动员团体在音乐的伴奏下，做出跳跃、翻腾、抛接、托举、金字塔组合等技巧性动作，并配合口号、啦啦操基本手位和舞蹈动作，充分展示运动员的高超技能和技巧的团队竞赛项目。它主要分为集体技巧啦啦操和五人、双人配合技巧啦啦操。

1）集体技巧啦啦操

集体技巧啦啦操的成套动作必须包含 30 s 口号、个性舞蹈、翻腾、抛接、托举、金字塔等内容，同时结合各种跳步动作、啦啦操基本手位动作、其他舞蹈元素和道具等，充分利用空间转换和队形变化，展现团队的技能技巧和啦啦操运动的特点。其技术特征包括：做肢体动作时，通过短暂加速和制动定位来展现技巧啦啦操特有的力度感；动作完成得干净利落；运动过程中重心稳定，动作平稳，身体控制精确、位置准确。

2）五人、双人配合技巧啦啦操

五人、双人配合技巧啦啦操的成套动作以托举、抛接两类难度动作为主要内容，需要充分利用多种上架、下架动作和过渡连接动作，进行空间的转换及方向与造型的变化，从而展示五人组或双人组高超的技能和技巧。

2. 舞蹈啦啦操

舞蹈啦啦操是运动员团体在音乐的伴奏下，运用舞蹈动作组合，结合转体、跳步、平衡和柔韧动作等难度动作和舞蹈的过渡技巧，进行空间的转换及方向与队形的变化，从而展示团队运动舞蹈技能和团队风采的竞赛项目。它主要分为花球舞啦啦操、街舞啦啦操、爵士舞啦啦操和自由舞啦啦操。

1）花球舞啦啦操

花球舞啦啦操的成套动作为手持花球做啦啦操基本手位、个性舞蹈动作、难度动作和舞蹈技巧等动作元素，展示整齐一致，层次、队形不断变换的视觉效果。其技术特征包括：做肢体动作时，通过短暂加速和制动定位来展现运动舞蹈特征和花球运用技术；为了突出运动员的爆发力，多选用跳步类难度动作。

2）街舞啦啦操

街舞啦啦操的成套动作以街舞风格的舞蹈动作为主，注重动作的风格特征、身体各部位的律动与控制，要求动作的节奏与音乐和谐一致，同时也可结合一些难度动作，如结合跳步、动作变换和动作组合等。其技术特征包括：肢体动作要体现街舞特征，表现出街舞随意、洒脱的感觉；为了突出运动员的爆发力，多选用街舞里的难度动作，如地板动作。

3）爵士舞啦啦操

爵士舞啦啦操的成套动作由爵士风格的舞蹈动作、难度动作和过渡动作等内容组成，主要是通过变换队形、空间和方向等表现运动员的激情、舞蹈能力和团队实力。其技术特征包括：肢体动作要体现爵士舞特征，表现出松弛有度的感觉和由内向外的延伸感；为了突出运动员的爆发力，多选用爵士舞里的难度动作，如转体类动作。

4）自由舞啦啦操

自由舞啦啦操区别于花球舞啦啦操、爵士舞啦啦操和街舞啦啦操，是结合其他风格、形式舞蹈的啦啦操，如具有民族舞风格特点的啦啦操。此类啦啦操的难度范围比较宽泛，可根据具体的舞风来进行动作创编。

8.2.2 啦啦操的基本要素

1. 口号

1）口号介绍

口号是啦啦操的基本技术，也是啦啦操的基本特征。口号是成套动作的重要组成部分，可以放在成套动作的前、中、后，一般放在成套动作的中间。《国际啦啦队竞赛评分规则》（2006－2009 年）规定，成套动作时间为 2 分 30 秒，前后有 10 s 的宽容度，技巧啦啦操在成套动作中必须设计一组 30 s 的口号，且前后有 5 s 的宽容度。口号的基本要求如下。

（1）口号是成套动作的重要组成部分，要求体现团队积极向上的精神面貌。

（2）队伍的名称、吉祥物、学校名称、国家名称，以及简短的激励人心、鼓舞士气的词语或名言警句等，都可以作为口号的内容。口号的含义应清楚明了，切忌选取发音复杂、难以提高音量的词语，同时应避免使用晦涩、易产生歧义的词语。

（3）喊出口号前要深呼吸，放松咽喉部位，当肺活量处于最大值时喊出口令，使身体的共鸣腔扩展到最大以产生最佳声音效果。

（4）喊口号要简短有力，声音洪亮，用自己的热情来感染观众。

2）口号组成

口号的组成通常包括来源、颜色、词语和特定词语。

（1）来源：包括学校的名称、校训，队伍的名称、吉祥物和标志等。

（2）颜色：各学校通常都有代表性或象征性的颜色（如校旗的颜色），啦啦队也可采用类似的颜色。

（3）词语：指有激励、鼓舞含义的一系列词语，如加油、团结和拼搏等。

（4）特定词语：指专门为特定事件、地域和比赛而设立的一些口号。

例如：×× ×× GO! 中国！加油！ GO let's GO!

2. 音乐

音乐作为啦啦操的一个重要组成部分，在啦啦操中起到了烘托气氛与激发灵感的作用。音乐是声音的艺术，它作为一种完整的艺术形式，有着自己独特、系统、完整的结构和完备的表达方式与方法。啦啦操的动作在音乐的衬托下，更加具有生命力与艺术性。如果说动作构成了啦啦操的原始竞技冲动，那么音乐则为啦啦操注入了灵魂，并促使运动员将内心的情感表现出来。

3. 基本手位

花球啦啦操
32 手位操

啦啦操手臂动作主要以肩关节为轴，其动作要求包括：手臂伸展时应直臂，弯曲时应有一定的角度，手形多为握拳；动作要完成得清晰、有力，即在最短的时间内完成向下一个动作的转变，转变过程中不得有多余的无控制形态出现，手臂到达下一个动作所规定的位置时不能有明显的晃动现象；手臂动作应在移动迅速、定点准确的基础上，以拳带动发力，选择最短的路线到达下一个动作所规定的位置。啦啦操的 32 个基本手位如图 8-33 所示。

上 M　　下 M　　W

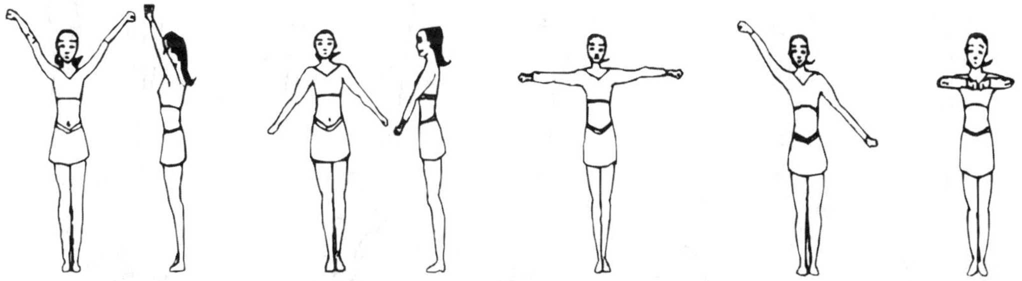

高 V　　倒 V　　T　　斜线　　短 T

前 X　　高 X　　低 X　　曲臂 X　　上 A　　下 A

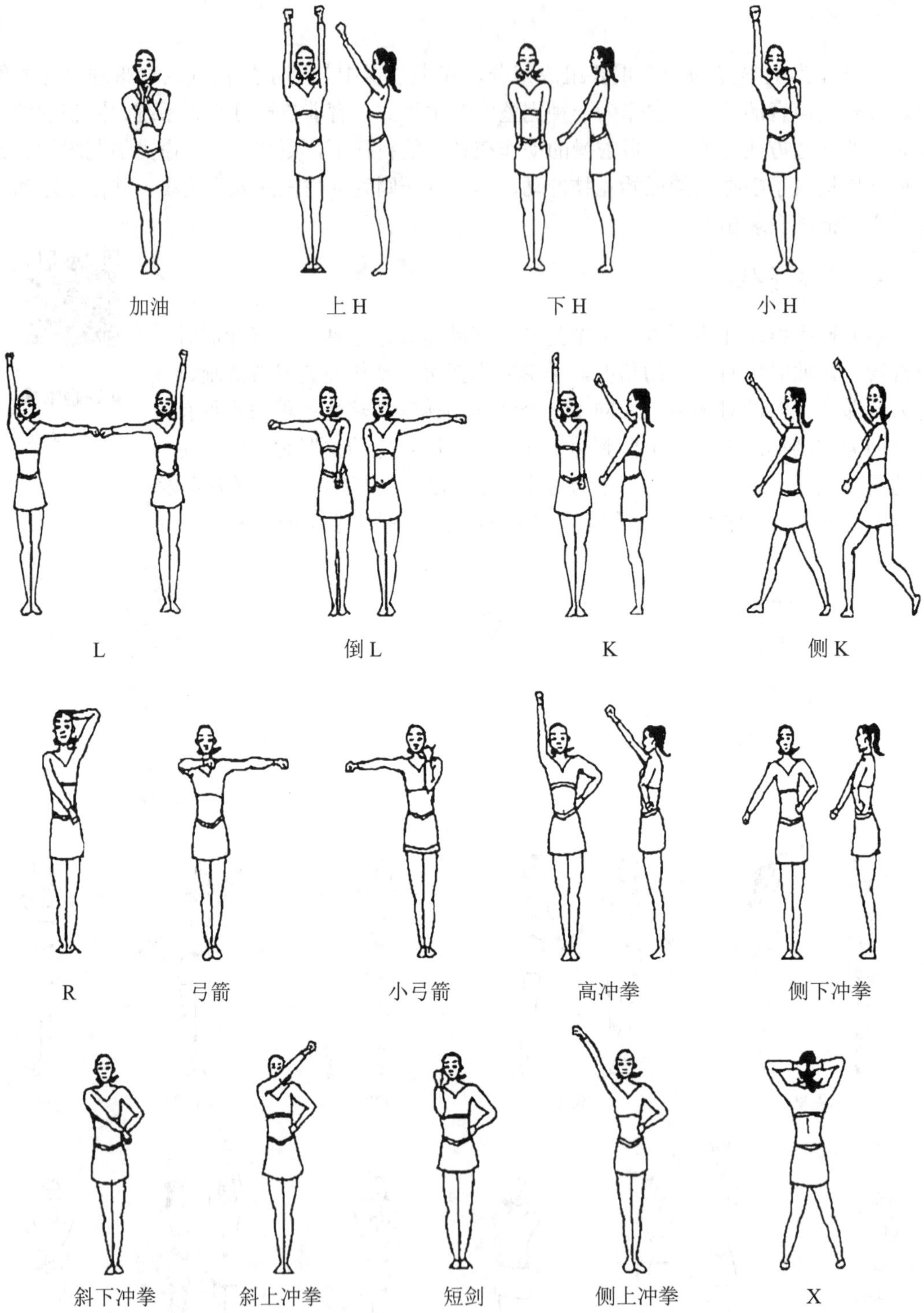

加油　上 H　下 H　小 H

L　倒 L　K　侧 K

R　弓箭　小弓箭　高冲拳　侧下冲拳

斜下冲拳　斜上冲拳　短剑　侧上冲拳　X

图 8-33　32 个基本手位示意图

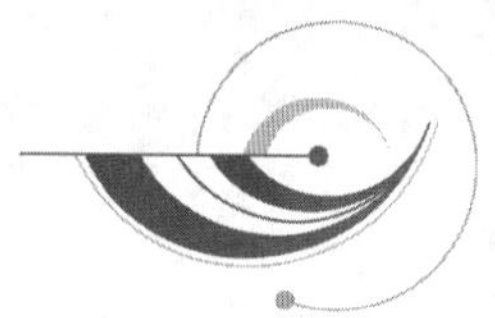

4. 身体姿态

在健美操动作中，从头部到髋部的躯干通常是保持端正；而在啦啦操动作中，尤其是舞蹈啦啦操中，从头部到髋部的躯干动作很多，对胸部、腰部的柔软度和协调性要求较高，要求运动员用身体的每个关节和肌肉来展示这个项目的激情与活力。

5. 步伐

啦啦操的步伐跟手位一样，要求在最短时间内到达动作所规定的位置，且发力、制动迅速，还要求踝关节始终保持收紧状态，每个步伐要清晰而有力。常见的几种步伐有锁步、吸腿站立、弓步和侧弓步等。

第 9 章 体育舞蹈

学习目标

- ○ 了解体育舞蹈的概念、起源和分类。
- ○ 熟悉体育舞蹈的基本技术。
- ○ 了解体育舞蹈的基本规则和评判标准。

9.1 概 述

体育舞蹈又称国际标准舞，是集体育、舞蹈、艺术和音乐为一体，以优美的艺术舞姿为表现形式的一种步行式双人舞。由于体育舞蹈的强度、力度和速度与其他体育运动量等同，所以将其划入体育类运动。

体育舞蹈来源于非洲黑人的民间土风舞，起初流行于乡间。它先后经历了原始舞蹈、公众舞、民间舞、宫廷舞、社交舞（即交际舞、交谊舞）和新旧国际标准舞等几个发展阶段。

9.1.1 体育舞蹈的分类

体育舞蹈是男女为伴的竞赛项目，按照舞蹈的风格和技术结构，可分为摩登舞和拉丁舞；按照竞赛项目可分为摩登舞（又称现代舞）、拉丁舞和团体舞（又称队列舞）。

摩登舞包括华尔兹、维也纳华尔兹、探戈、狐步和快步舞 5 个舞种。拉丁舞包括伦巴、恰恰、桑巴、牛仔和斗牛舞 5 个舞种。团体舞是拉丁舞和摩登舞的混合舞，由 8 对选手组成，将 10 种舞姿编排在一支舞中，通过群体的动作配合和队形的变化来表现舞蹈特点。

9.1.2 体育舞蹈的常用术语

1. 舞程向

舞程向是指整套舞蹈行进的方向。为了避免舞者之间相互碰撞，规定在舞场起舞时按照一定的方向行进。

2. 舞程线

舞程线是一条设想的线，是舞者沿舞程向方向行进的路线。

3. 方位

方位是以舞程线为标准，规定了脚所指的方向与舞场的位置关系。用来在舞蹈进行中正确的辨别身体与舞场的相对位置和检查旋转角度。一般以主席台的一面为规定方位的基点，并定为“1”点，按顺时针方向，每转动 45°则变动一个方位，即场上共设 8 个方位，如图 9-1 所示。

主席台

1 2 3 4 5 6 7 8 45°

图 9-1　方位

在国际体育舞蹈中，还规定了 8 条线来指示舞蹈者每个舞步的行进方向，如图 9-2 所示。

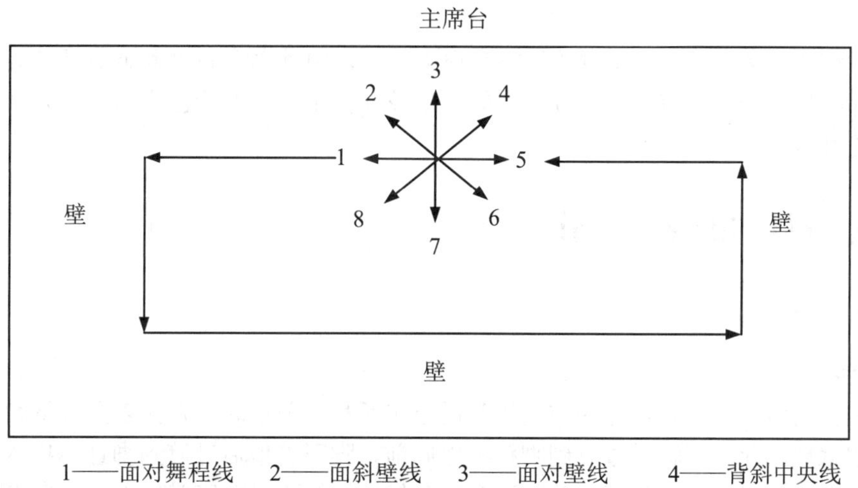

1——面对舞程线　2——面斜壁线　3——面对壁线　4——背斜中央线
5——背对舞程线　6——背斜壁线　7——面对中央线　8——面斜中央线

图 9-2　舞步的行进方向

4. 角度

指舞者运动时每一步之间脚位方向变化的度数，通常以圆的切分法来表示。旋转 1 周表示 360°；1/8 周表示 45°；1/4 周表示 90°；3/8 周表示 135°；1/2 周表示 180°；5/8 周表示 225°；3/4 周表示 270°；7/8 周表示 315°。

5. 身体位置

身体位置是指舞步开始或结束时，身体与舞场的位置关系。身体位置与舞步行进方向的规定一致。舞者可根据舞蹈编排的需要选择或变化位置关系，以突出舞蹈风格特点和表演效果。

6. 脚位

常见脚位如下：左脚或右脚前进、左脚或右脚后退、左脚或右脚向一侧、左脚或右脚斜进、左脚或右脚斜退。

7. 转度

转度是舞者在起舞过程中旋转的角度。

8. 节奏

节奏是指音乐中交替出现的有规律的强弱、长短的现象。舞者按音乐节奏的变化调整舞步，可以展现不同风格特点的舞姿。

9.2 基本技术

体育舞蹈中，摩登舞与拉丁舞的风格有很大差别，10 个舞种的舞程向、握持姿势、动作要领等都不尽相同。本节将以摩登舞中的华尔兹和拉丁舞中的伦巴为例，为大家讲解一些最基本的舞步。

9.2.1 体育舞蹈的基本动作

1. 基本腿部动作

1）常步

常步又称为散步、走步，分为前进步和后退步两种。前进时，首先以全脚掌触地，转为以前脚掌触地，向前迈腿时过渡到脚跟擦地向前，脚跟着地后过渡到脚趾，身体重心随之移到前腿上；后退时动作相反，首先以全脚掌触地，转为以前脚掌触地，向后出腿时用脚尖擦地向后，脚趾着地后过渡到脚跟，重心随之移到后腿。

2）横步

横步有左横步和右横步之分。左横步时，左脚以全脚掌向左旁迈一步，距离约与肩同宽，右脚用脚前掌向左腿靠拢，重心移到靠拢过来的右腿上；右横步动作相反。

3）并步

并步可分为向前、后、侧方 3 种并步。以向前并步为例，左脚向前迈一步，随之重心前移，右脚用脚前掌向左腿靠拢，身体重心仍在左腿上。

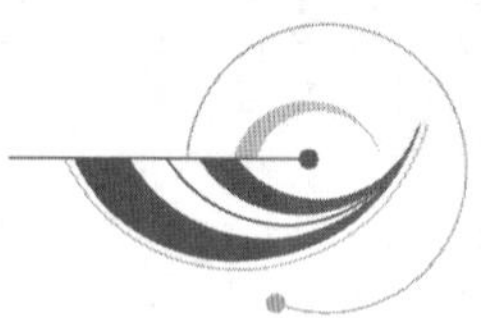

4）摇摆步

摇摆步有左右和前后摇摆两种。左脚向前迈一步，重心前移，然后重心后移再向前移，之后再向后移，形成前后摇摆状；左右摇摆步原理相同，重心变为向左或向右移动。

2. 移动

移动时要保持脚、身体与重心的一致性，只动脚不动身体或只动身体不动脚都是不正确的。转换重心时要平滑，不能有颠簸的感觉，保持肩部和脊柱的稳定，身体挺直但不僵硬；尽量用前脚掌支撑身体重量；胯部不要扭动，侧向移动时把胯部的倾斜减到最低程度。

脚在移动过程中要保持脚尖非常轻地与地面接触。不要把脚趾使劲拖在地面上，而是非常轻盈地划过。

9.2.2　摩登舞

1. 摩登舞的舞程向和舞程线

摩登舞是一种进行性舞蹈，要求舞者在行进当中完成指定动作。摩登舞的舞程向是沿着舞池的逆时针方向。舞程线是沿舞程向的方向，且与舞池墙壁平行的线，舞程线如图 9-3 所示。舞程线外侧为壁，内侧为舞池中央。

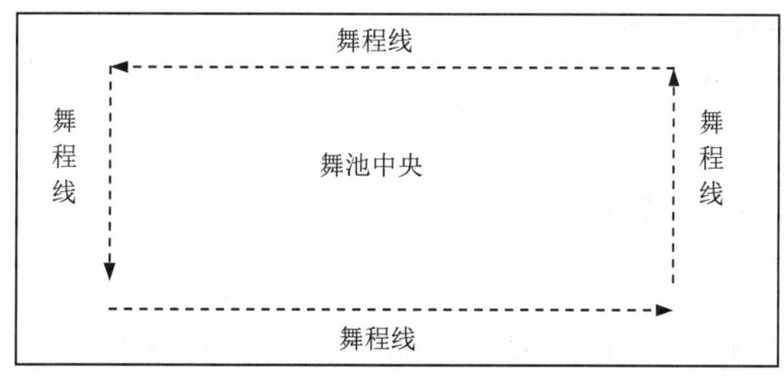

图 9-3　摩登舞的舞程线

2. 握持姿势

1）闭式握持姿势

在摩登舞中，闭式握持姿势最为常用，闭式握持姿势如图 9-4 所示。

（1）男女舞伴相对站立，双腿并拢，双膝自然放松。男伴与女伴的两脚相距 10～15 cm，右脚尖对准对方两脚的中间。

（2）双方均身体稍前倾。男伴身体重心在右脚，挺胸立腰沉肩，收腹微提臀，胯部向左微转约 15°；女伴身体重心在左脚收腹提臀，紧腰沉肩。以腹部 1/2 的右腹接触对方，胸肋以下至大腿根部与对方相贴。

（3）男伴头部端正；女伴头部向左转约 45°，含颌，颈部尽量向上牵伸，向后打开胸部线条。

（4）男伴双臂侧平举，两肘保持水平。左臂的大臂与小臂弯曲呈 90°左右，左肘比肩低 5～10 cm，左手高度与女伴右耳齐平。右臂的大臂与小臂弯曲呈 70°～80°；女伴双臂侧平举，两肘保持水平。右臂弯曲约 150°，左臂轻贴男伴右臂之上。

（5）男伴的左手虎口与女伴右手虎口相交，握于女伴小指之下，掌心空出。女伴左手虎口张开，放在男伴右上臂三角肌下部，拇指在内侧，其他四指在外侧，腕部和小臂放平，不得突起。

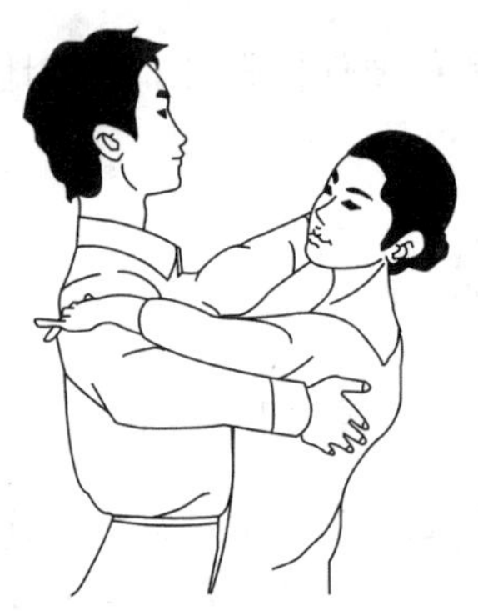

图 9-4　闭式握持姿势

2）开式（散式）握持姿势

在闭式舞姿的基础上，男女舞伴上身均向外打开，目光通过相握的手向同一方向远视，但腰髋并不分离，两人身体呈“V”字形。

9.2.3　华尔兹的基本舞步

华尔兹典雅大方，动作流畅，旋转性强，热烈而兴奋，动作具有起伏、倾斜、摆荡和反身的特点。其音乐为 3/4 拍，每分钟 30～32 小节；其舞步基本上是一拍跳一步，每小节跳三步，一些特殊舞步则是每小节跳四步，如犹豫步、前进和并步（又称追步）、前进锁步和后退锁步。

华尔兹是摩登舞中最基础，也是最难跳的一种舞。下面我们主要介绍前进、并脚换位，1/4 左转连接 1/4 右转，叉形步，侧行追步等基础步法。

1. 前进、并脚换位

前进、并脚换位包括左足前进、并脚换位和右足前进、并脚换位的动作如图 9-5 所示。动作要领如表 9-1 和表 9-2 所示。

（a）

（b）

（c）

图 9-5　左足前进，并脚换步

表 9-1　男士动作步骤

图例	节奏	要领	脚法	方位	升降	转度	倾斜
图 9-5（a）	1	左脚向正前方迈步，右腿曲膝	跟掌	面向舞程线	降、升	不转	
图 9-5（b）	2	右脚经左脚走横步	掌	面向舞程线	继续升	不转	左
图 9-5（c）	3	左脚并于右脚，双腿曲膝	掌	面向舞程线	升最高，结尾降最低	不转	左

表 9-2　女士动作步骤

图例	节奏	要领	脚法	方位	升降	转度	倾斜
图 9-5（a）	1	右脚向正后方退步	掌跟	背向舞程线	降、升	不转	
图 9-5（b）	2	左脚经右脚走横步	掌	背向舞程线	继续升	不转	右
图 9-5（c）	3	右脚并于左脚	掌	背向舞程线	升最高，结尾降最低	不转	右

右足前进、并脚换位的动作与左足前进、并脚换位的动作要领相同，动作相反。

2. 1/4 左转连接 1/4 右转

1/4 左转连接 1/4 右转动作如图 9-6 所示。动作要领如表 9-3 和表 9-4 所示。

（a）

（b）

（c）

（d）

（e）

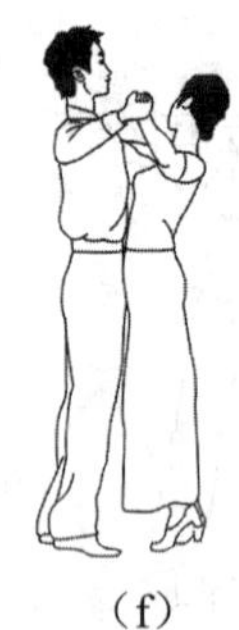
（f）

图 9-6 1/4 左转连接 1/4 右转

表 9-3 男士动作步骤

图例	节奏	要领	脚法	方位	升降	转度	倾斜
图 9-6（a）	1	左脚前进，右肩前送	跟掌	面斜中央线	结尾开始上升	开始左转	左
图 9-6（b）	2	右脚经左脚走横步	掌	背斜壁线	继续上升	左转 1/4	左
图 9-6（c）	3	左脚并于右脚	掌跟	背斜壁线	继续上升，结尾下降		
图 9-6（d）	1	左脚后退，右肩后送	掌跟	背斜壁线	结尾开始上升	开始右转	右
图 9-6（e）	2	右脚经左脚走横步	掌	面斜中央线	继续上升		右
图 9-6（f）	3	右脚并于左脚	掌跟	面斜中央线	继续上升，结尾下降	右转 1/4	

表 9-4 女士动作步骤

图例	节奏	要领	脚法	方位	升降	转度	倾斜
图 9-6（a）	1	右脚后退，左肩后送	掌跟	背斜中央线	结尾开始上升	开始左转	右
图 9-6（b）	2	左脚经右脚走横步	掌	面斜壁线	继续上升	左转 1/4	右
图 9-6（c）	3	右脚并于左脚	掌跟	面斜壁线	结尾下降		
图 9-6（d）	1	右脚前进，左肩前送	跟掌	面斜壁线	结尾开始上升	开始左转	左
图 9-6（e）	2	右脚经左脚走横步	掌	背斜中央线	继续上升		左
图 9-6（f）	3	左脚并于右脚	掌跟	背斜中央线	结尾下降	左转 1/4	

3. 叉形步

叉形步动作如图 9-7 所示。动作要领如表 9-5 和表 9-6 所示。

（a）

（b）

（c）

图 9-7　叉形步

表 9-5　男士动作步骤

图例	节奏	要领	脚法	方位	升降	转度	倾斜
图 9-7（a）	1	左脚前进	跟掌	面斜壁线	结尾开始上升	不转	
图 9-7（b）	2	右脚经左脚走横步	掌	面斜壁线	继续上升	不转	左
图 9-7（c）	3	左脚在右脚后交叉	掌跟	面斜中央线	结尾下降	左转 1/4	左

表 9-6　女士动作步骤

图例	节奏	要领	脚法	方位	升降	转度	倾斜
图 9-7（a）	1	右脚后退	掌跟	背斜壁线	结尾开始上升	不转	
图 9-7（b）	2	左脚经右脚走横步	掌	背斜壁线	继续上升	不转	右
图 9-7（c）	3	右脚在左脚后交叉，重心在后	掌跟	面斜中央线	结尾下降	右转 1/4	右

4. 侧行追步

侧行追步动作如图 9-8 所示。动作要领如表 9-7 和表 9-8 所示。

（a）

（b）

（c）

（d）

图 9-8　侧行追步

表 9-7　男士动作步骤

图例	节奏	要领	脚法	方位	升降	转度
图 9-8（a）	1	右脚前进并交叉于反身	跟掌	面斜壁线，沿着舞程线走	结尾开始上升位置	开始左转
图 9-8（b）	2（前 1/2）	左脚横步稍前	掌	面斜壁线	继续上升	左转 1/8
图 9-8（c）	2（后 1/2）	右脚并于左脚	掌跟	面斜壁线	继续上升	左转 1/8
图 9-8（d）	3	左脚横步稍前	掌跟	面斜壁线	保持上升、结尾下降	不转

表 9-8　女士动作步骤

图例	节奏	要领	脚法	方位	升降	转度
图 9-8（a）	1	左脚前进并交叉于反身	跟掌	面斜壁线，沿着舞程线走	结尾开始上升	开始右转
图 9-8（b）	2（前 1/2）	右脚横步稍前	掌	背斜壁线	继续上升	右转 1/8
图 9-8（c）	2（后 1/2）	左脚并于右脚	掌跟	背斜壁线	继续上升	右转 1/8
图 9-8（d）	3	右脚横步稍前	掌跟	背斜壁线	保持上升、结尾下降	不转

9.2.4　拉丁舞

1. 拉丁舞的舞程向与舞程线

拉丁舞与摩登舞的风格有很大的区别。摩登舞的舞种都遵循同样的舞程向与舞程线，而拉丁舞的舞种的舞程向与舞程线都有其自身的特点，且舞蹈风格也各不相同。

伦巴舞、恰恰舞、牛仔舞在起舞时可沿逆时针方向行进，也可从场地中央开始向场地四个角的方向行进；桑巴舞和斗牛舞在表演和比赛时以面向观众或评委起舞为最佳，桑巴舞的舞程向与舞程线与摩登舞的一致，因此它是拉丁舞中唯一的进行性舞蹈。

2. 拉丁舞髋部的韵律摆动和切分

1）韵律摆动

拉丁舞在整个舞蹈过程中突出表现了男女双方髋的韵律摆动（简称律动）。髋部动作是以腰部摆动带动髋的韵律性摆动。髋部摆动时，腰部要放松，上体挺直，两臂在体侧自然摆动，髋的律动要平衡，没有上下起伏的动作。

伦巴舞中髋部需要向一侧顶，此时要防止上体向体侧倾斜；恰恰舞髋的律动是向前侧或后侧摆，由于动作节奏较快，在做腰部的扭转和臀部的绕摆动作时，要注意保持髋部的律动平衡。

桑巴舞髋部的摆动与其他舞区别较大，其髋部的摆动是绕身体纵轴环形绕摆，整个身体的律动也以髋和腹的环形绕动而摆动，胸和头自然前后摆动，动作中腰部要特别放松，

膝、踝关节保持弹性以增强身体的协调性；牛仔舞在顶髋时，上体与髋同时摆动；斗牛舞髋的律动比其他舞摆动幅度小，随着舞步的移动，髋与上体同时摆动。

2）切分

动作的切分主要是指在音乐节奏的一拍中完成动作时，髋的摆动在后半拍中出现，尤其以伦巴舞和恰恰舞更为常见。例如，伦巴舞基本舞步中的前进并步第一拍中前半拍左脚前进一步，重心前移，后半拍髋向左前侧顶；第二拍中前半拍右脚在后原地踏一步，重心后移；后半拍髋向右后侧顶。

3. 拉丁舞的步伐

拉丁舞的步伐多为擦地滑行运步，运步中腿部微曲膝、踝关节的弹性表现突出，以脚尖着地运步配合快速多变的舞蹈节奏。例如，在伦巴舞、恰恰舞、桑巴舞中，运步中滑行、拖步和并步运用较多，脚尖着地运步更为突出，膝部的弯曲度较大，膝、踝关节的弹性表现明显。斗牛舞动作节奏明快，步伐刚健有力，体现出了斗牛士勇敢、健壮的勇士气质。

4. 拉丁舞身体的基本姿势

（1）双脚并立，身体尽量伸直，使头、肩、胯三点成一线，两眼平视，脖子拉直，下颌稍微内收，使人可以从后看到后颈较直。

（2）挺胸使两肩胛骨向后关闭，两肩下沉同时将身体的中段（胸腰部分）向上拔起，使身体的中段和两肩有个互相顶压的力。

（3）臀部稍向内收，小腹向上拉，但不可过分使身体变形，感觉上身躯干是直的。骨盆可往旁边送，因而感觉上重量放在支撑脚的脚跟上。

（4）两条大腿要稍内收，双膝要绷直，不可弯曲，大腿和小腿的肌肉要收紧，感觉是向反方向拉紧。

5. 拉丁舞的握持姿势

拉丁舞与摩登舞相比具有活泼欢快的特点，因而它的握持姿势没有统一固定的模式，不同舞种的握持姿势各异，在起舞过程中握持姿势还会随着舞姿的变化而变换。伦巴舞的舞姿比华尔兹舞姿变化较多，男女双方相对位置与牵手状况也较复杂，大致可将其归类为下列三种。

1）闭式握持姿势

将体重完全置于重心脚上方，男女双方距离约 15 cm。男性右手放在女性左肩胛骨，女性的左手放在男性右臂上，沿着肩膀轻放；男性的左手放在眼睛高度处，轻握女性右手。拉丁舞的闭式握姿中，男女身体相离稍远，双手腕彼此向对方稍延伸，如图 9-9（a）所示。

2）分式面对姿势

分式面对舞姿一定要注意背部后面要尽量延伸，臀部收紧向身体内缩，不要提升，男女双手保持在腰部附近，非重心脚的脚跟提起，如图 9-9（b）所示。

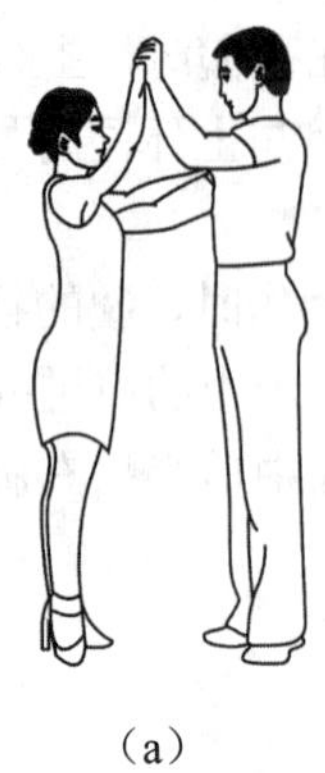

（a）

（b）

图 9-9　拉丁舞的闭式握持及分式面对姿势

3）扇形姿势

扇形姿势是伦巴舞和恰恰舞中常用舞姿。扇形打开时非重心脚脚跟提起，女性肚脐向男性，身体稍扭转。扇形舞姿要保持两人之间能容纳三个人为宜，圆形要大一些，双手则在男女双方中间紧握。如图 9-10 所示。

图 9-10　拉丁舞中的扇形姿势

9.2.5　伦巴的基本舞步

基本方步

伦巴的音乐节奏为 4/4 拍，每分钟 27～29 小节，每小节四拍。乐曲旋律的特点是强拍落在每小节的第四拍。舞步从第 4 拍起跳，由一个慢步和两个快步组成。四拍走三步，慢步占二拍（第 4 拍和下一小节的第一拍），快步各占一拍（第二拍和第三拍）。胯部动作是由控制重心的一脚向另一脚移动而形成的向两侧“∞”形摆动，每小节中胯部摆动 3 次。

下面我们主要来介绍伦巴舞的基本方步和原地左转步。

1. 基本方步

基本方步的动作如图 9-11 所示。男士动作要领如表 9-9 所示，女士动作要领相同，方向相反。

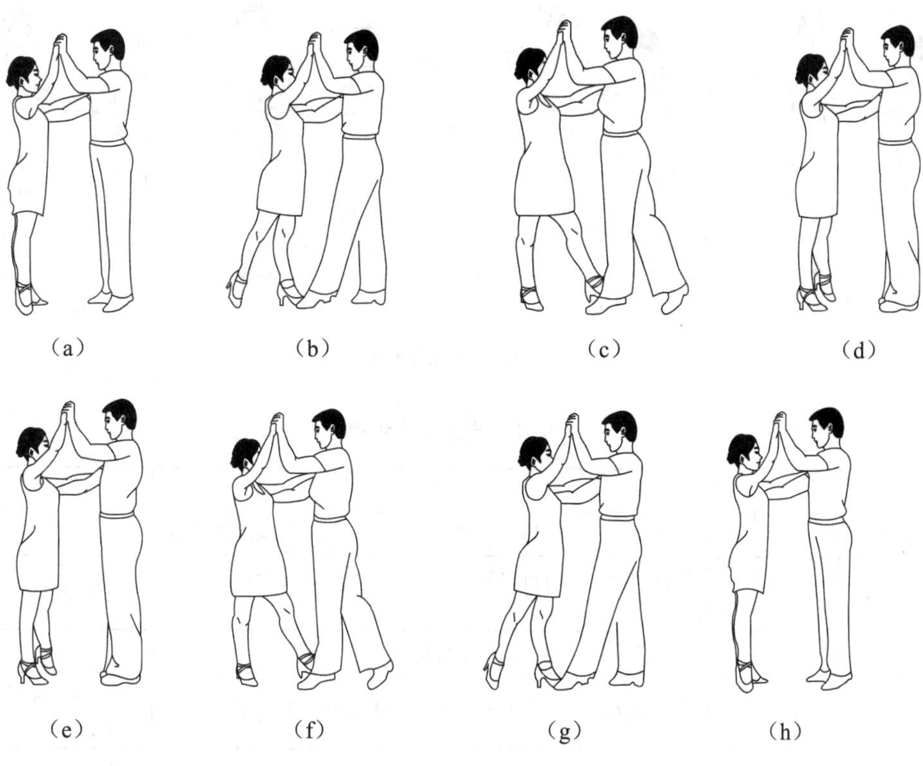

图 9-11 基本方步

表 9-9 男士动作步骤

图例	节奏	脚位
图 9-11（a）	1	重心在右脚，身体挺直，膝绷直，左脚尖内侧点地
图 9-11（b）	2	左脚正前方进步，重心落到左脚
图 9-11（c）	3	重心由左脚移动到右脚
图 9-11（d）	4	左脚经右脚向一侧迈出，结束后重心在左脚、膝绷直
图 9-11（e）	1	重心在左脚，身体挺直，膝绷直，右脚尖内侧点地
图 9-11（f）	2	右脚正后方退步，重心落到右脚
图 9-11（g）	3	重心由右脚移动到左脚
图 9-11（h）	4	右脚经左脚向一侧迈出，结束后重心在右脚、膝绷直

2. 原地左转步

原地左转步的动作如图 9-12 所示。动作要领如表 9-10 和表 9-11 所示。

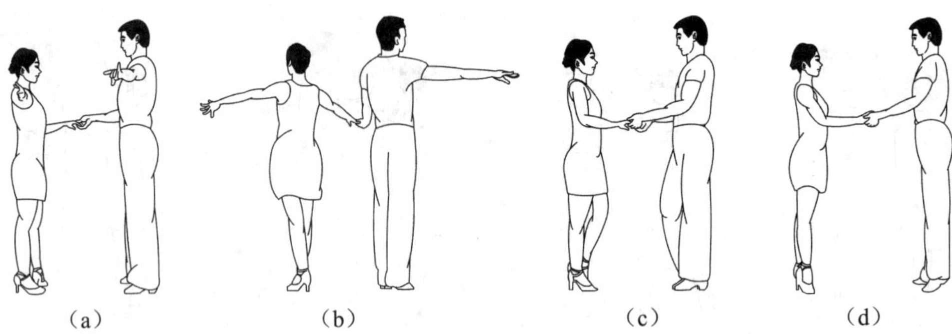

图 9-12　原地左转步

表 9-10　男士动作步骤

图例	节奏	脚位	转度
图 9-12（a）	1	重心在右脚，左脚向一侧打开，脚尖外侧点地，膝绷直	
图 9-12（b）	2	左脚沿地面经右脚内侧向右侧迈步，重心落于左脚，膝绷直	右转 1/4 成并肩位
图 9-12（c）	3	重心由左脚换到右脚，膝绷直	
图 9-12（d）	4	左脚沿地面向左侧迈步，重心落于左脚，膝绷直	左转 1/4 成面对站位

表 9-11　女士动作步骤

图例	节奏	脚位	转度
图 9-12（a）	1	重心在左脚，右脚向一侧打开，脚尖外侧点地，膝绷直	
图 9-12（b）	2	右脚沿地面经左脚内侧向左侧迈步，重心落于右脚，膝绷直	左转 1/4 成并肩位
图 9-12（c）	3	重心由右脚换到左脚，膝绷直	
图 9-12（d）	4	右脚沿地面向右侧迈步，重心落于右脚，膝绷直	右转 1/4 成面对站位

9.3　比赛规则

9.3.1　基本规则

1. 分组

一般的体育舞蹈比赛分为职业组和业余组两大组别。在中国，因为有很多体育舞蹈专业院校的学生参加比赛，所以在两大组别之外还分出专业院校组。职业组分为职业 A 组、职业 B 组和职业新星组；专业院校组按年龄分组；业余组包括少年组、青年组、壮年组和

常青组等，其中少年组也是以年龄来划分组别的。

2. 场地

国际体育舞蹈的比赛场地为 15 m×23 m 的长方形，长线为 A 线，短线为 B 线，场地要求不反光、防滑、平整，四周有界线，如图 9-13 所示。

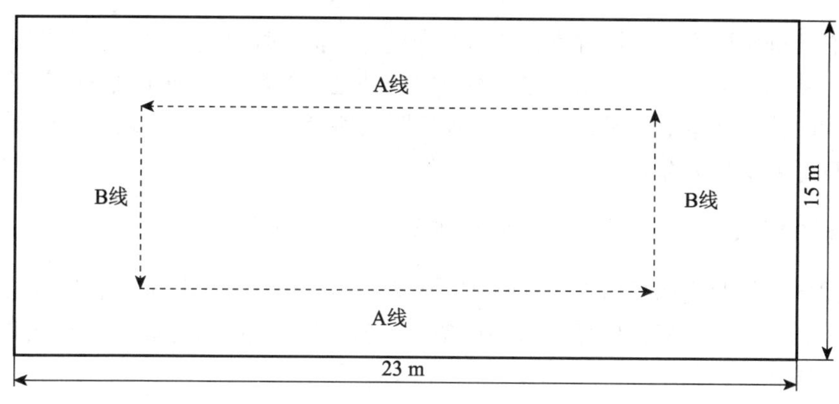

图 9-13　场地

3. 着装

摩登舞中男士需穿燕尾服、白色衬衫、长裤和摩登鞋；女士需穿大摆舞裙和摩登鞋，还需化妆和盘发。

拉丁舞中男士需穿拉丁上衣、拉丁长裤和拉丁鞋；女士一般穿带流苏的拉丁裙，脸部要化浓妆。

4. 音乐时间

比赛中每支舞的时间通常是 75 s 至 120 s，每一支舞的比赛都会准备 5 首舞曲，比赛时随机进行选择，每一个组别用的都是相同的舞曲。

5. 对选手的要求

（1）选手双脚不能离地两秒，即不允许做托举动作。

（2）如果音乐尚未结束而选手停止表演，则其该项舞蹈的分数列最后一位。

（3）选手不得向裁判询问评分结果。

6. 赛制与评分制度

比赛分为预赛、初赛、复赛、半决赛和决赛。从预赛到半决赛采取的是淘汰法，而决赛采取的是顺位法。

淘汰法是根据竞赛编排，从参赛人数中按规定录取定量选手进入下一轮比赛，淘汰其余选手。顺位法是指评委依据评比标准对进入决赛的选手排名，用名次作为得分，也就是说得分越少的，成绩越好。例如，在大型的比赛中一般有 9 个裁判，每个裁判都要在 6 对

选手中评出 1～6 名，9 个裁判的名次打出来后，获得累积分数越少的选手名次越靠前。

9.3.2 评判标准

1. 时值和基本节奏

裁判必须确定选手是否按时值和基本节奏进行表演。时值是指每一舞步的时间正好与音乐合拍。基本节奏是指舞步在规定时间内完成并且保持舞步之间正确的时间关系。

选手的时值和基本节奏错误时，其该项舞蹈的所得分数最低的。这种错误不能以其步法技巧的良好表现来弥补。

2. 身体线条

身体线条是指两位选手作为一个整体，在运动中身体各部位构成的整体效果。这包括手臂线条、背部线条、肩部线条、胯部线条（骨盆姿势）、腿部线条、颈部和头部线条、左侧和右侧线条。

3. 整体动作

裁判必须确定选手是否正确掌握该舞蹈的风格特点，并且评估选手动作起伏、倾斜和平衡是否标准。只有在控制和平衡掌握良好的情况下，动作幅度越大，则评分越高。在拉丁舞中，还需评估每种舞蹈典型的胯部动作。

4. 节奏表现力

裁判必须评估选手的舞蹈节奏表现力。这揭示出选手对舞蹈节奏的感受与适应能力和在舞蹈中对音乐的理解与肢体表现。但若表演与节奏不合，该项舞蹈的所得分数最低。

5. 步法技巧

裁判必须评估选手正确表现舞步的脚法，如每一步脚的着地点是脚掌、脚跟还是脚趾等，以及脚步移动的控制和表达力。

第 10 章　形体与健美

学习目标

- 了解形体美的主要表现。
- 熟悉基本姿态训练和基本步伐练习。
- 熟悉健美运动的基本技术。

10.1　形体训练

10.1.1　形体美的主要表现

1. 体形美

人的体形美主要取决于身高与体重的比例是否协调。一般来说，身高较多地依赖于遗传，而体重和受体重制约的胸围、腰围、臀围等受后天的影响较大。因此，塑造体形美必须遵循人体生长发育的规律，在遗传因素所允许的范围内根据自身的条件，通过控制肌肉和脂肪这两个可变的因素使身体各部分的多余脂肪消除，从而使身体协调、匀称。

2. 姿态美

姿态是指一个人在坐、立、行等各种基本活动中所表现出来的身材姿势和举止神情，能突出反映一个人的气质和风度。在日常生活中形体美需要通过优美的姿态来展现。形成姿态美必须通过严格的形体训练，形成和掌握正确的姿势并矫正错误的姿势。

3. 动作美

动作美是指身体各部分在空间活动变化而呈现出来的外部形态的美，是一种具有造型性质的动态美。轻松、协调、准确、敏捷和高效地完成动作，能赋予人美感。动作的敏捷与灵活是人体端正和协调的标志。

4. 气质美

气质通常指人的典型而稳定的个性特点，反映在一个人的个性、自我调整能力、言行特征和对待现实生活的态度等方面。气质的形成与人的体质、神经类型、遗传等生理特征有关，也受后天环境、家庭条件、文化教育、自身修养的影响。所以，在加强形体训练，

提高体形美、姿态美、动作美的同时，要全面提高自己的文化素养、道德修养、美学素养，这样才能培养气质美。

10.1.2 形体训练的基本要求

（1）训练前必须进行身体检查，并做好准备活动。

（2）训练时要穿有弹性的紧身服装或宽松的休闲服，穿体操鞋、舞蹈鞋或健身鞋。

（3）训练时不能佩戴饰物，以免发生伤害事故。

（4）训练要有计划有步骤，循序渐进，切忌忽冷忽热、断断续续；要持之以恒，力求系统地掌握形体训练的有关知识和方法。

（5）要保持训练场的整洁和安静。

（6）在做器械练习时，要有专人指导和帮助，特别是联合器械的运用，要注意训练的安全。

（7）在训练中和训练后要注意补充适当的水，同时要注意饮食营养的合理搭配。

（8）要注意动作与呼吸的协调配合。

10.1.3 基本姿态训练

基本姿态是人最基本的姿态，包括立、坐、走等。通过站立、就座、行走等最基本形体姿态的训练，可以使青少年在举止中呈现出良好的气质和美好的仪表，形成富有个性、韵味的美感。

1. 站姿

优美的姿态是以正确的站姿为基础的，采用正确的站姿可以使男子挺拔刚健，女子亭亭玉立。站姿作为仪态美的起点和基础，应该得到真正的重视和有效的训练。正确的站姿要求头、颈、躯干和脚在一条纵轴垂直线上，两脚并拢，双肩平而放松，两肩自然下沉，挺胸，收腹，收臀，立腰，立背，下颌微收，双目平视前方。

1）立姿控制练习

动作要求：① 站立时，要向上提气，肩要下沉，臀部肌肉收紧。② 收下颌时，颈部稍用力，眼睛平视。如图 10-1 所示。

2）提踵站立控制练习

动作要求：① 双脚提踵要尽量提高。② 重心要稳，身体不能晃动。如图 10-2 所示。

3）点地练习

动作要求：① 保持站立的基本姿势，重心要稳。② 点地时，脚尖要绷直。前后点地时，脚面要外翻；侧点地时，脚面朝向一侧。如图 10-3 所示。

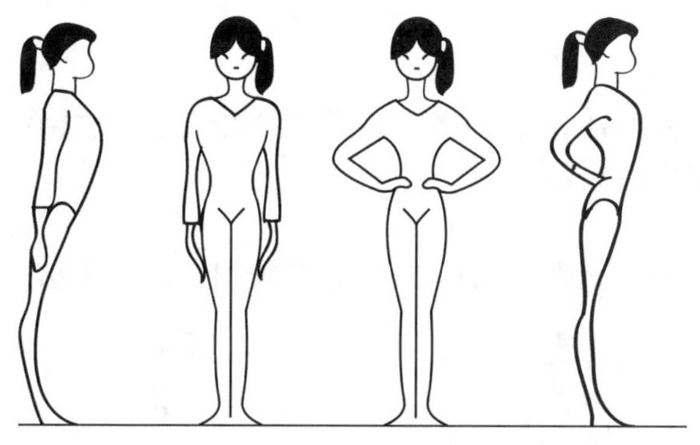

图 10-1　立姿控制练习

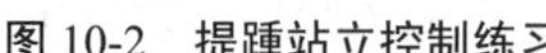

图 10-2　提踵站立控制练习　　图 10-3　点地练习

4）移重心转体站立姿态控制练习

动作要求：① 保持上体端正。前后点地时脚面外翻，侧点地时脚面朝向一侧，脚尖绷直。② 要注意控制重心，使身体稳定。如图 10-4 所示。

图 10-4　移重心转体站立姿态控制练习

2. 坐姿

坐姿的要点是腰背挺直，肩放松，挺胸，收腹，脊柱与臀部成一条直线，略收下颌，目视前方。女子坐姿的腿部动作为两膝并拢，男子坐姿的腿部动作为两膝稍分开，略窄于

肩宽。

1）端坐式坐姿

动作要求：① 上身挺直，双肩正平，双手自然放在两腿或扶手上。② 双膝并拢，小腿垂直落于地面。如图 10-5 所示。

2）双腿斜放式坐姿

动作要求：① 两小腿斜放，侧向 45°为宜。② 脚尖不可翘起。如图 10-6 所示。

图 10-5　端坐式坐姿

图 10-6　双腿斜放式坐姿

3）双脚交叉式坐姿

动作要求：① 两脚于脚踝处交叉，两脚前端外侧着地。② 两膝间可有一些距离，但距离不要过大。如图 10-7 所示。

4）伸屈式坐姿

动作要求：① 左腿伸出，脚尖绷直，右脚前掌着地。② 左右大腿要紧紧靠在一起。如图 10-8 所示。

图 10-7　双脚交叉式坐姿

图 10-8　伸屈式坐姿

3. 走姿

走姿能产生很强的感染力，正确的走姿使男子看起来自然稳健、风度翩翩，使女子看起来轻盈自如、优美大方。正确的走姿要求如下：以标准站姿为基础，行走时头与躯干成直线，目视前方；步位正确、重心平稳，步幅基本一致，双臂自然摆动。

1）走姿分解动作练习

预备姿势：收腹挺胸，开肩梗颈，沉肩紧臀；女生双脚呈“V”字形，男生双脚平行呈开立式，两脚间距离不超过肩宽；双手自然叉腰，保持站立的基本形态，目视前方，面

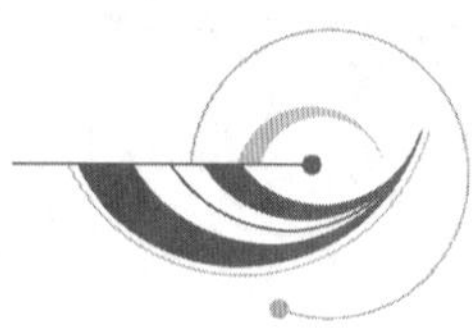

带微笑。如图 10-9 所示。

动作要求：① 要根据速度控制形态。② 要注意练习中重心的左右前移，蹬地要有力。

2）行走连续动作练习

预备姿势：同上。

动作过程：迈左脚，右脚蹬地，同时重心前移至左脚；迈右脚，左脚蹬地，同时重心前移至右脚。反复此动作。如图 10-10 所示。

动作要求：① 始终保持上体端正、收腹挺胸和开肩梗颈的姿势。② 注意重心不断前移和身体姿态的不断变化，形成和谐的美感。

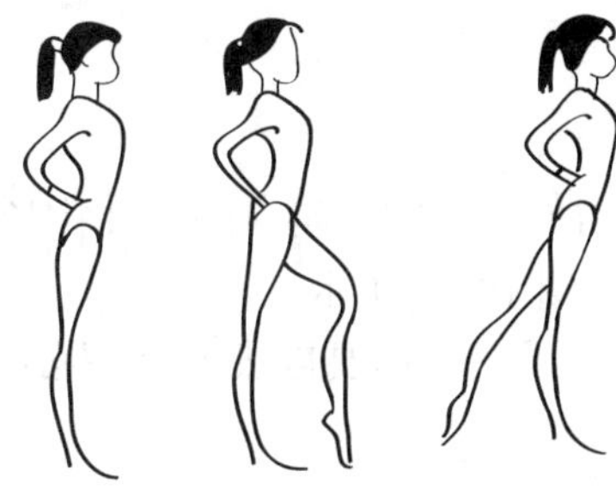

图 10-9　走姿分解动作练习

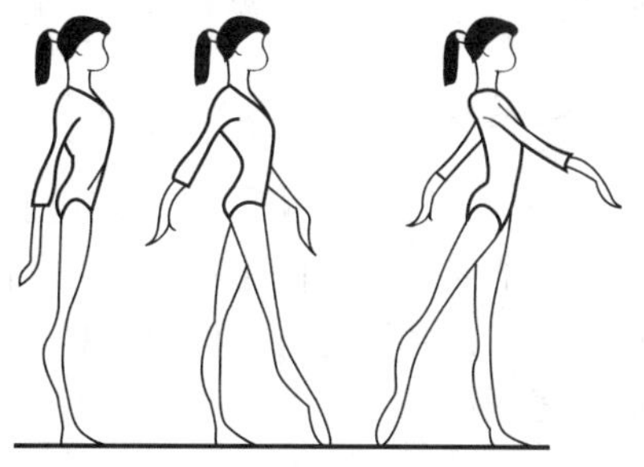

图 10-10　行走连续动作练习

3）步幅控制练习

预备姿势：同上。

动作过程：与行走连续动作相同。只是行走时，对步幅进行控制，男生每步 40 cm 左右，女生每步 30 cm 左右。一拍一步，反复练习。

动作要求：① 严格控制步幅，形成标准的走姿。② 始终保持上体端正，收腹挺胸，目光平视，面带微笑。

4）步位控制练习

预备姿势：同上。

动作过程：与步行连续动作相同，但要求行走时对步位进行控制，男生走“两点”，女生走“一条线”。一拍一走，反复练习。如图 10-11 所示。

动作要求：① 男生行走时，左右脚步位置可以不在一条线上，但左右脚位置不能分得太开，以自然步位为准；女生左右脚步位置必须在一条直线上。② 注意手臂摆动、双脚移动与步位控制之间的协调。

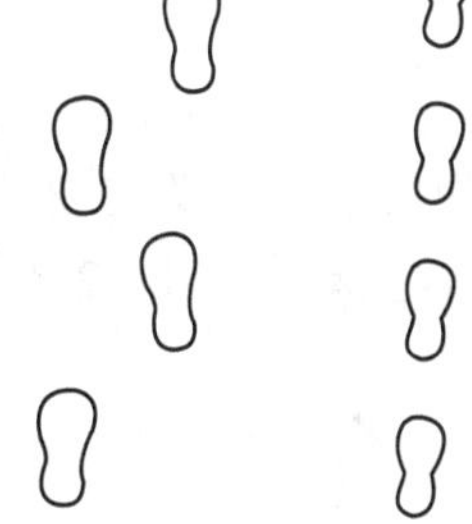

图 10-11　步位控制练习

5）步速控制练习

预备姿势：同上。

动作过程：与步行连续动作相同，但要求对步速进行控制。男生每分钟约 110 步，女生每分钟约 120 步，配合口令或音乐反复练习。

动作要求：① 男生每分钟约 110 步、女生每分钟约 120 步，可根据自身条件适当调整。② 男生要走得潇洒，女生要透出柔美。

10.1.4　基本步伐练习

1. 柔软步

自然站立，左腿膝和脚面绷直向前伸出，脚面向外，由脚尖过渡到全脚掌落地，身体重心随之前移，接着换右腿向前伸出落地；两腿依次交替进行，两臂自然前后摆动。如图 10-12 所示。

动作要求：摆动腿向前伸出，由脚尖过渡到全脚掌落地，同时重心前移，收腹立腰，眼睛平视。动作要自然、柔和。

2. 足尖步

两脚并立提踵，两手叉腰；左腿膝和脚面绷直向前伸出（脚尖稍向外），由脚尖过渡到前脚掌落地支撑，同时重心前移；两腿交替进行。如图 10-13 所示。

动作要求：身体挺直，收腹立腰，步幅均匀、不宜过大，动作要自然协调，提踵要高，同时重心要平稳。

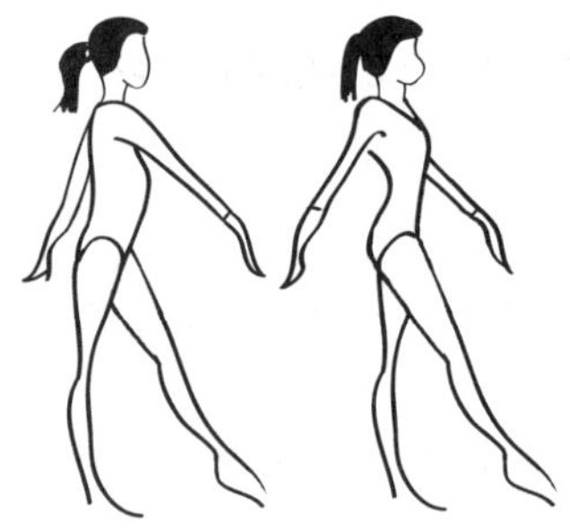

图 10-12　柔软步

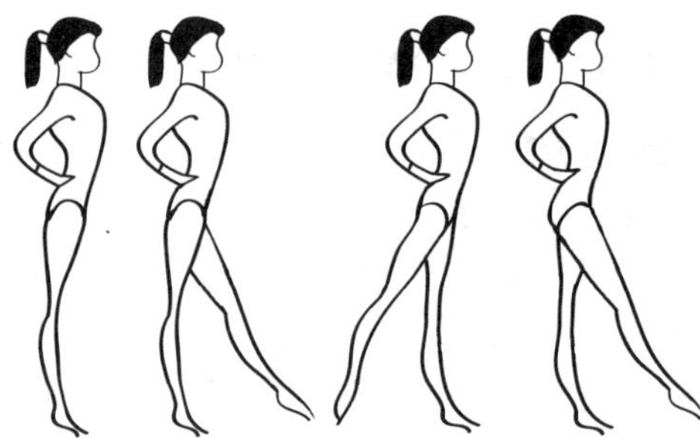

图 10-13　足尖步

3. 弹簧步

（以左脚为例）两脚并立提踵，两手叉腰。1 拍左脚向前一步，同时稍曲膝半蹲，将重心移至左腿。2 拍左腿伸直提踵，同时右腿向前下伸，膝与脚面绷直。如图 10-14 所示。3～4 拍动作同 1～2 拍，但是换右脚做。

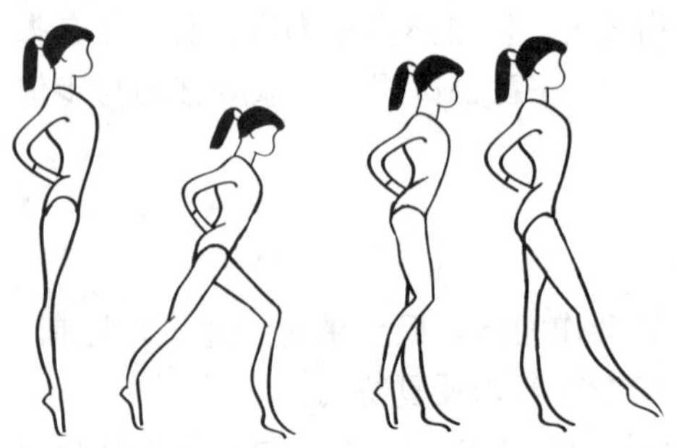

图 10-14　弹簧步

动作要求：出脚时由脚尖过渡到全脚掌柔和落地，有控制地依次弯曲踝、膝关节，接着依次充分伸直膝、踝，同时重心向上，形成提踵立，保持上体端正，收腹立腰，步幅不宜过大。动作要柔和、连贯、有弹性，步幅要适中。

4. 滚动步

两脚并立提踵，两臂自然下垂。1 拍左脚柔和地由脚尖过渡到全脚掌落地，同时重心移至左腿，右腿向前曲膝脚面绷直出一小步，脚尖点地，同时两臂自然前后摆动（左前右后）。2 拍双脚提踵立，同时重心右移，右脚全脚掌落地，左脚曲膝向前出步，脚尖点地，同时两臂动作同 1（右前左后）拍。如图 10-15 所示。

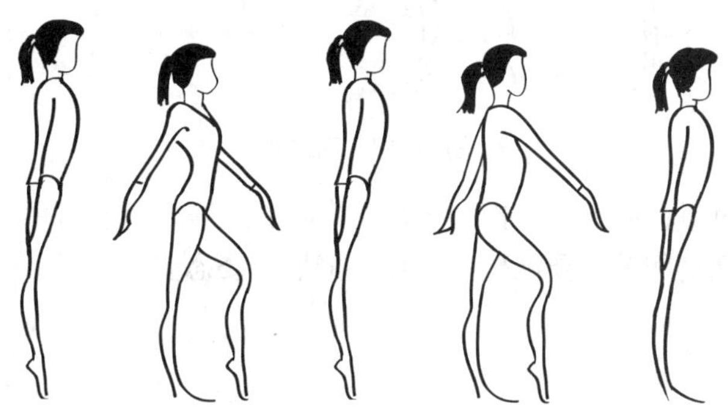

图 10-15　滚动步

动作要求：在两脚提踵立过程中交替移重心，同时保持上体端正，收腹立腰，髋部上提。注意膝向前，小腿和脚背与地面垂直，动作要连贯、柔和、有弹性。

5. 加洛波步（并步跳）

（以左脚向前并步跳为例）自然站立。1 拍左脚向前一步，同时重心随之前移，左腿稍曲膝，形成小弓步，接着左脚蹬地跳起，同时右脚向左脚靠拢，两脚脚跟前后重叠放置，最后恢复自然站立。2 拍左脚继续做。如图 10-16 所示。

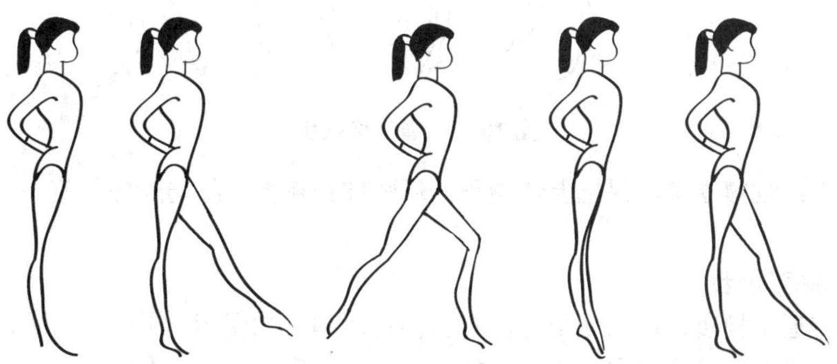

图 10-16　加洛波步

动作要求：前进的腿曲膝蹬地跳起，后腿向前腿并拢，空中两腿夹紧，膝和脚面绷直，收腹立腰。动作要连贯，保持身体端正。

6. 踏跳步

（以左脚为例）自然站立。1 拍左脚向前一步。2 拍左脚蹬地跳起，同时右腿直膝后举，脚面绷直稍向外。如图 10-17 所示。3～4 拍动作同 1～2 拍，但是换右脚做，方向相反。

图 10-17　踏跳步

动作要求：跳时重心向上，保持上体端正，收腹立腰，腿的后举动作与蹬地腿起跳动作要同时进行。注意动作节奏要准确，身体要舒展，姿态要优美。

7. 变换步

1）普通变换步

（以左脚为例）自然站立，两手叉腰。1 拍上半拍，左脚向前柔软步。1 拍下半拍，右脚与左脚并立。2 拍左脚向前柔软步，同时重心前移，右脚伸直后点地。如图 10-18 所示。3～4 拍动作同 1～2 拍，但是换右脚做。

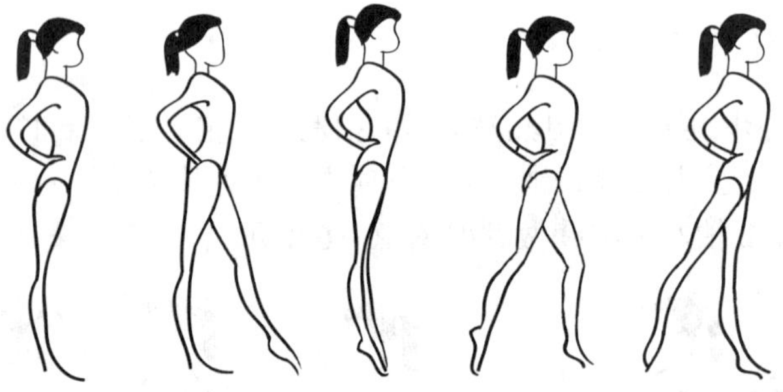

图 10-18　普通变换步

动作要求：收腹立腰，保持上体端正，后腿伸直点地，膝与脚面外旋。动作要连贯、协调、舒展。

2）后举腿变换步

动作同普通变换步，但第 4 拍时，右腿伸直后举，如图 10-19 所示。髋正，膝和脚面绷直稍向外，掌握后可练习支撑腿提踵立。

动作要求：做动作时收腹立腰，保持上体端正，后腿伸直举起。动作要舒展、连贯、协调。

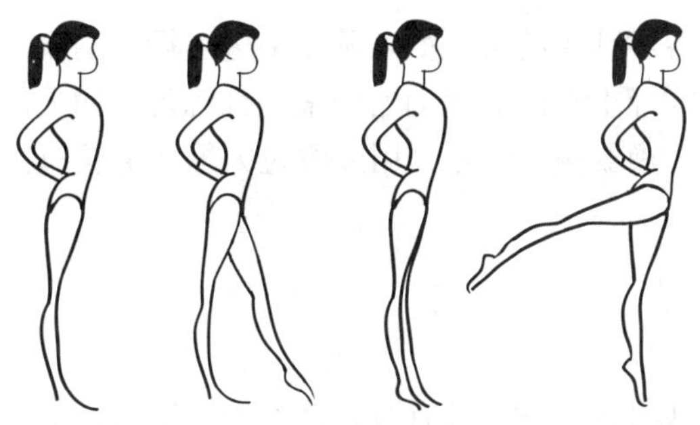

图 10-19　后举腿变换步

3）变换步跳

（以左脚为例）自然站立，两手叉腰。动作基本同后举腿变换步，但第 1 拍左脚向前并步跳，第 2 拍时左脚上步蹬地跳起，右腿在空中后举，成后举腿舞姿。如图 10-20 所示。3～4 拍动作同 1～2 拍，但是换右脚做。

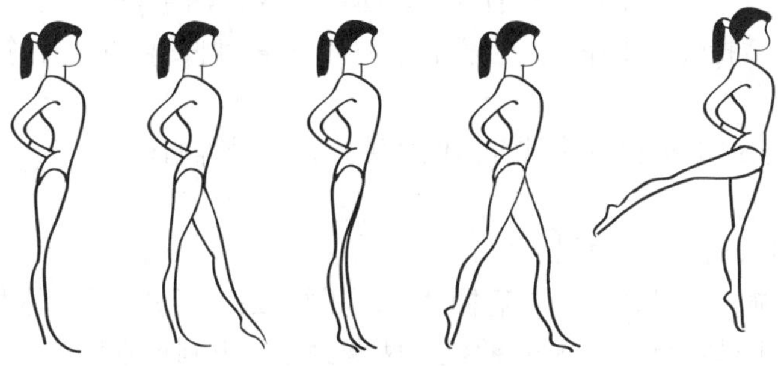

图 10-20　变换步跳

动作要求：支撑腿稍曲膝蹬地向上跳起，同时身体重心上升，收腹立腰，抬头挺胸；后举腿伸直。注意空中姿态要准确，动作要协调、伸展、连贯。

8. 跑跳步

（以左脚为例）自然站立，两手叉腰。节前（——）拍右脚原地轻跳，同时左腿曲膝抬起，脚面绷直，脚尖向下。1 拍左脚落地，随即原地轻跳，同时右腿曲膝抬起。2 拍动作同 1 拍，但是换右脚做。

动作要求：前屈腿向下落地要快，小跳短促，其节奏为“——”拍，同时曲膝腿不宜抬得过高，用前脚掌自然落地和跳起。注意跳与落的节奏要准确。

10.2　健美运动

健美运动是一项通过徒手和各种器械，运用专门的动作方式和方法进行锻炼，以发达肌肉、增长体力，改善形体和陶冶情操为目的的运动项目。它是举重运动的一个分支，也是一个独立的竞赛项目。

健美运动可以采用各种徒手练习，如各种徒手健美操、韵律操、形体操和各种自抗力动作；也可采用各色各样轻重不同的运动器械来进行练习，如采用杠铃、哑铃、壶铃等举重器械，单杠、双杠等体操器械，或者采用弹簧拉力器、滑轮拉力器、橡筋带和各种特制的综合力量练习器等。

10.2.1　基本技术

健美运动的动作方式多种多样，既有成套动作组合练习，又有发展身体各个部位肌肉的单个动作练习。下面主要介绍发展身体各个部位肌肉的最常用的动作练习方法。

1．肩部肌群练习

1）前平举

（1）重点锻炼部位：三角肌前束。

（2）动作要领：两脚开立，与肩同宽，挺胸收腹，两手正握哑铃或杠铃，两臂下垂于腿前。吸气，直臂持铃向上举起，至稍高于肩，稍停；呼气，直臂徐徐放下还原至腿前。如图 10-21 所示。

（3）动作要求：上举和下落时身体保持端正，两臂伸直。

2）侧平举

（1）重点锻炼部位：三角肌中束。

（2）动作要领：两脚开立，与肩同宽，两手握哑铃，下垂于身体两侧。吸气，直臂向侧上方举起，至略高于肩，稍停；呼气，两臂徐徐放下到下垂位置。如图 10-22 所示。

（3）动作要求：上举和下落时身体保持端正，不要摇摆弯曲，两臂伸直。

3）俯立侧平举

（1）重点锻炼部位：三角肌后束和上背肌群。

（2）动作要领：两脚开立，比肩稍宽，向前屈体 90°，两手握哑铃，两臂直垂肩下。吸气，直臂从两侧平举起哑铃，直到与地面平行，稍停；呼气，两臂徐徐放下还原。如图 10-23 所示。

（3）动作要求：练习过程中上体不能上下摆，并保持腰背平直。

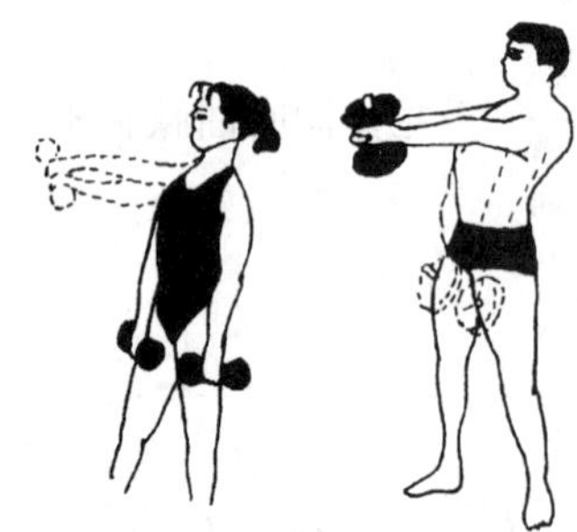

图 10-21　前平举

图 10-22　侧平举

图 10-23　俯立侧平举

2. 胸部肌群练习

1）仰卧推举

（1）重点锻炼部位：胸大肌、三角肌前束和肱三头肌。

（2）动作要领：仰卧在卧推凳上，两手曲臂握杠铃置于胸部上方。吸气，将杠铃垂直上举至两臂完全伸直，稍停；呼气，慢慢下落还原。如图 10-24 所示。

（3）动作要求：上举时背部、臀部要紧贴凳面，两脚用劲下踏。

2）仰卧飞鸟

（1）重点锻炼部位：胸大肌外侧翼的中、下部肌肉群。

（2）动作要领：仰卧在卧推凳上，两手拳心相对持哑铃，两臂向上伸直与地面垂直，两脚平踏地面。吸气，两手向两侧分开下落，两肘微屈，直到不能更低时止，稍停；然后呼气，两臂从两侧向上回合到开始位置。如图 10-25 所示。

（3）动作要求：两手不要紧握哑铃，分臂时背部肌肉要收紧。

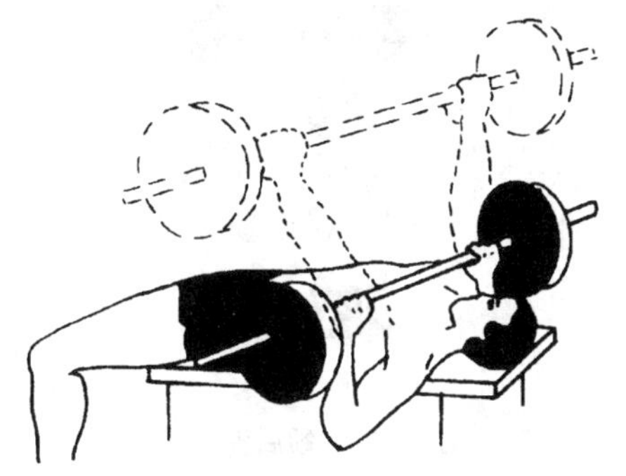

图 10-24　仰卧推举

图 10-25　仰卧飞鸟

3. 背部肌群练习

1）俯卧侧起

（1）重点锻炼部位：背部两侧肌群。

（2）动作要领：俯卧在垫子（或凳子）上，固定双腿，两手可抱头后，也可在头后负重。上体尽量向上抬起，同时向两侧转体，还原。左、右交替练习。

2）俯身划船

（1）重点锻炼部位：背阔肌。

（2）动作要领：曲膝站立，上体前倾，两臂直垂握杠，使杠铃稍离地面，头不要低垂。吸气，将上臂上拉，把杠铃尽量拉高，稍停；呼气，让杠铃徐徐下降到两臂完全伸直下垂。

（3）动作要求：上拉时腰要收紧，上体尽量不摇动。如做单臂划船，另一手可撑扶在膝上或凳子上。

4. 臂部肌群练习

1）站立反握弯举

（1）重点锻炼部位：肱二头肌和曲肘肌群。

（2）动作要领：两脚开立，与肩同宽，两手仰握杠铃，两臂下垂。吸气，曲肘，弯起前臂到可能的最高点，同时收缩肱二头肌，稍停；呼气，松展肘关节，让前臂徐徐下落到两臂完全伸直。如图 10-26 所示。

（3）动作要求：练习时上臂要紧贴体侧，不能前后移动，身体也不能前后晃动。

2）颈后臂屈伸

（1）重点锻炼部位：肱三头肌和伸肘肌群。

（2）动作要领：身体挺直，两手正握或反握杠铃，手臂上举伸直。上臂固定动作，慢慢曲肘，使器械下降至头后，稍停；然后上臂不动，伸肘，臂上举还原。如图 10-27 所示。

（3）动作要求：练习时肘要抬高，两肘夹紧，不要向前后移动。

图 10-26 站立反握弯举

图 10-27 颈后臂屈伸

5. 腰腹部肌群练习

1）仰卧起坐

（1）重点锻炼部位：腹直肌和髂腰肌。

（2）动作要领：仰卧在垫上（或凳子和斜板上），固定两足，两手在头后交叉抱头。吸气，上体收腹坐起并尽量向前屈；呼气，再慢慢倒体还原。如图 10-28 所示。

2）仰卧转体起坐

（1）重点锻炼部位：腹直肌和腹内外斜肌。

（2）动作要领：仰卧，两手抱头，两足固定。上体屈起，同时身体左转或右转至肘部触及异侧腿；然后再还原。如图 10-29 所示。

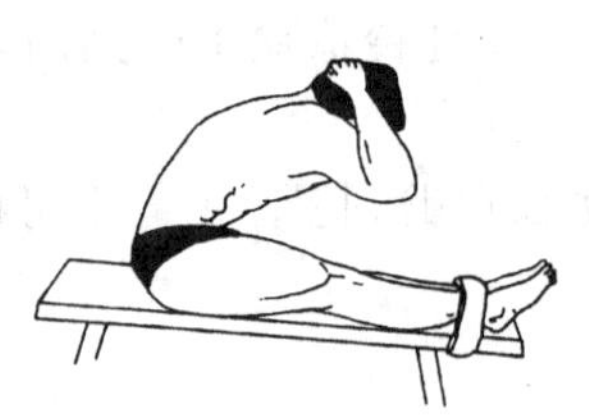

图 10-28 仰卧起坐

图 10-29 仰卧转体起坐

6. 腿部肌群练习

1）负重深蹲

（1）重点锻炼部位：股四头肌和臀大肌。

（2）动作要领：两脚开立，与肩同宽，两手宽握杠铃放于颈后肩上。呼气，慢慢下蹲至两膝完全弯曲，或至大腿与地面平行，稍停；吸气，用大腿股四头肌和臀大肌收缩的力量，使身体起立还原。如图 10-30 所示。

（3）动作要求：下蹲时要挺胸收腹，收紧腰。

2）负重提踵

（1）重点锻炼部位：腓肠肌和比目鱼肌。

（2）动作要领：两手宽握杠铃放于颈后肩上，前脚掌站在垫木（或砖头）上，脚跟露在垫木外。吸气，小腿腓肠肌用力上收，提踵稍停；呼气，放下脚跟还原。如图 10-31 所示。

（3）动作要求：脚跟上提和下降时要注意保持重心稳定。下降时，要让脚跟低于垫木表面。

图 10-30　负重深蹲

图 10-31　负重提踵

10.2.2　健美运动的比赛规则

1. 竞赛项目

竞赛项目主要有男子个人、女子个人、男女混合双人、女子双人（国际比赛不设）和集体造型表演（男女比例不限，每队 5～8 人）等项目。

2. 比赛场地

比赛舞台长为 9 m，宽为 1.5 m，高为 6 m，台上铺有地毯。

3. 比赛时间

（1）“自选动作”（即自由选型）比赛时间：男子个人和集体造型时间为 60 s；女子个人造型时间为 90 s；男女混合双人和女子双人造型时间为 120 s。

（2）其他各项比赛时间：参赛者需根据裁判长的讯号开始、转换或结束规定动作。一般各项比赛时间均为 90 s 左右，最多不超过 120 s。

4. 竞赛动作

（1）男子个人项目的 7 个规定动作包括：① 前展双肱二头肌；② 前展双背阔肌；③ 侧展胸部；④ 后展双肱二头肌；⑤ 后展双背阔肌；⑥ 侧展肱三头肌；⑦ 前展腹部和腿部。

（2）女子个人项目的 5 个规定动作包括：① 前展双肱二头肌；② 侧展胸部；③ 后展双肱二头肌；④ 侧展肱三头肌；⑤ 前展腹部和腿部。

（3）男女混合双人项目的 5 个规定动作与女子个人规定动作相同。

（4）自由造型：运动员应从前、后、左、右四个面来显示体形和肌肉。男子的动作数量不得少于 15 个；女子的动作数量不得少于 20 个。每个造型应有短暂的停留。

5. 评分标准

1）男子个人评分标准

男子个人评分标准包括几种。

（1）肌肉标准：包括评价全身肌群的围度、力度和密度等方面。（约占 60%）

（2）匀称标准：包括具有平衡的骨架、端正又比例协调的人体外观及布局美观对称的肌肉形态等。（约占 10%）

（3）造型标准：造型指通过控制肌肉以展示身体各部肌群的动作。具体标准包括规定动作要规范，造型要连贯、流畅，具有艺术感，气质要与音乐、动作融为一体，整套动作要表现鲜明个性。（约占 10%）

（4）仪表与气势标准：包括评价运动员的形象、姿态、发型和赛场表现等方面。（约占 10%）

（5）皮肤标准：评价全身皮肤健康情况，如无文身、斑痕及着色不当。（约占 10%）

2）女子个人评分标准

女子个人评分标准包括几种。

（1）体格健康、强壮。（约占 20%）

（2）骨架匀称、举止优雅。（约占 20%）

（3）肌肉发达、线条清晰，四肢比例协调、肌肉分布匀称。（约占 40%）

（4）气质高雅，仪态端庄。（约占 20%）

3）男女混合双人评分标准

男女混合双人评分标准包括：体形和肌肉发展水平协调；动作的姿势、节奏、幅度、体位和舞台气势等方面协调；准确完成规定动作，配合默契；自由造型整齐一致。

4）集体造型评分标准

集体造型评分标准包括：队形变化连贯，队员精神振作，肌肉发达程度与体格匀称，表演富有创造性，造型具有艺术性和整体性。

第 11 章　武术运动

学习目标

- 了解武术运动的起源、发展、种类和特点。
- 掌握武术运动的基本功。
- 掌握简化少林拳的动作。
- 掌握 24 式太极拳的动作。
- 掌握自卫防身术的动作。

11.1　概　述

武术起源于我国古代的生产劳动。在古代的狩猎和战争中，人类为了生活和自卫掌握了一些简单的攻防格斗技能，如拳打、脚踢、躲闪和摔跤等，为武术的发展奠定了基础。明清时期，武术得到了大发展，形成了太极拳、形意拳和八卦拳等主要的拳种体系。

中华人民共和国成立后，武术运动得到了蓬勃发展。1958 年中国武术协会成立，武术成为表演项目，并于次年正式成为国家体育竞赛项目。1994 年，国际武联被世界单项体育联合会正式接纳入会，从而进一步确立了武术比赛的国际体育地位。

武术运动通常可以分为拳术、器械、对练和集体操练四大类。武术具有广泛的适应性、攻防技击性和内外合一、形神兼备的特点。经常参与武术运动，可以使人们增强体质，培养意志，并掌握一些格斗技能，为其终身健身打下基础。

11.2　武术基本功

武术基本功是指以武术运动中具有共性的基础训练为内容，以获得和运用武术技法必备的各种能力为锻炼目的的一类运动。它包括肩臂、腰、腿、手和步等的练习。

11.2.1　肩臂练习

肩臂练习的目的是增进肩关节柔韧性和发展臂部力量。肩臂练习包括压肩、单臂绕环和双臂绕环等。

1. 压肩

预备姿势：面对肋木站立，距离肋木一大步，两脚左右开立与肩同宽。

动作要领：两手抓握肋木，上体前俯并做下振压肩动作，如图 11-1（a）所示；做压肩动作时也可以两人面对面站立，互相扶按肩部，做上体前屈的向下振压肩动作，如图 11-1（b）所示；也可由助手协助做振压肩部的练习。

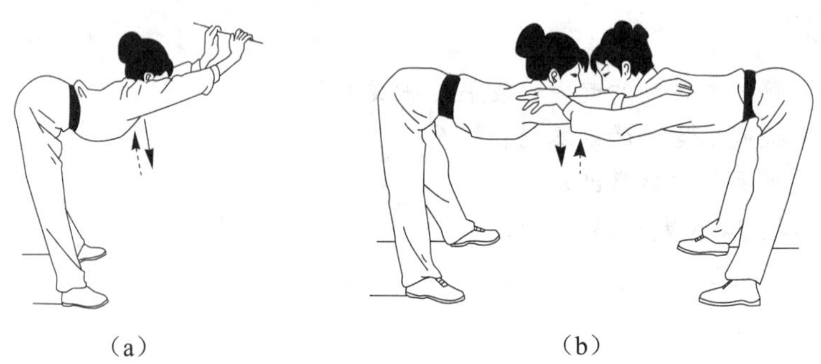

图 11-1　压肩

2. 单臂绕环

预备姿势：（以右臂绕环为例）左弓步站立，左手扶按左腿，右臂垂于体侧。

动作要领：向后绕环时右臂由下向前、向上、向后绕环一周，如图 11-2 所示；向前绕环时右臂由下向后、向上、向前绕环一周。练习时左右臂交替进行。做左臂绕环时换右弓步站立。

图 11-2　单臂绕环

3. 双臂绕环

预备姿势：开步站立，两臂垂于体侧。

动作要领：以肩关节为轴，两臂分别向前和向后做直臂绕环。顺、逆时针绕环交替进行。如图 11-3 所示。

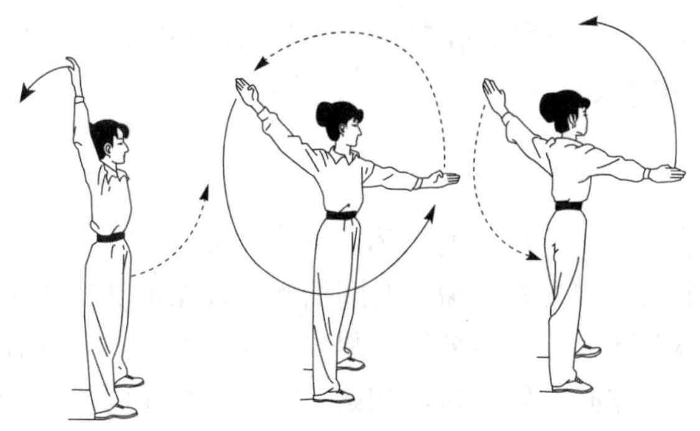

图 11-3　双臂绕环

11.2.2　腰部练习

腰部练习的目的是增进腰部灵活性和协调控制上下肢运动的能力。腰部练习包括下腰、甩腰和涮腰等。

1. 下腰

预备姿势：开步站立，两臂伸直上举。

动作要领：腰向后弯，抬头、挺腰，双手撑地，身体呈桥形。

2. 甩腰

预备姿势：开步站立，两臂伸直上举。

动作要领：以腰、髋关节为轴，上体做前后屈伸和甩动动作，两臂也跟着甩动，两腿伸直。

3. 涮腰

预备姿势：两脚开立，略宽于肩，两臂自然垂于体侧。

动作要领：上体前俯，两臂向左前下方伸出，以髋关节为轴，两臂经前、向右、向后、向左翻转绕环。左右涮腰交替进行。

11.2.3　腿部练习

腿部练习的目的是发展腿部的柔韧性、灵活性和力量等素质。腿部练习包括正压腿、侧压腿、竖叉、正踢腿、外摆腿、里合腿和后扫腿等。

1. 正压腿

预备姿势：面对肋木或一定高度的物体，并步站立。

动作要领：左腿抬起，脚跟放在肋木上，脚尖勾起，踝关节屈紧，两手扶按在左膝上

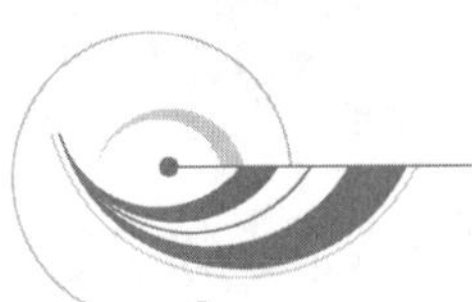

或两手抓握左脚。两腿伸直，立腰、收髋，上体前屈，并向前下方做压振动作。如图 11-4 所示。练习时两腿交替进行。

2. 侧压腿

预备姿势：侧对肋木或一定高度的物体，并步站立。

动作要领：右腿支撑，脚尖稍外撇。左腿抬起，脚跟放在肋木上，脚尖勾起，踝关节屈紧。右手立掌（掌心向上）向头后伸展，尽量摸到左脚尖。左掌附右胸前。两腿伸直，立腰、开髋，右臂带动上体向左侧压振。如图 11-5 所示。练习时两腿交替进行。

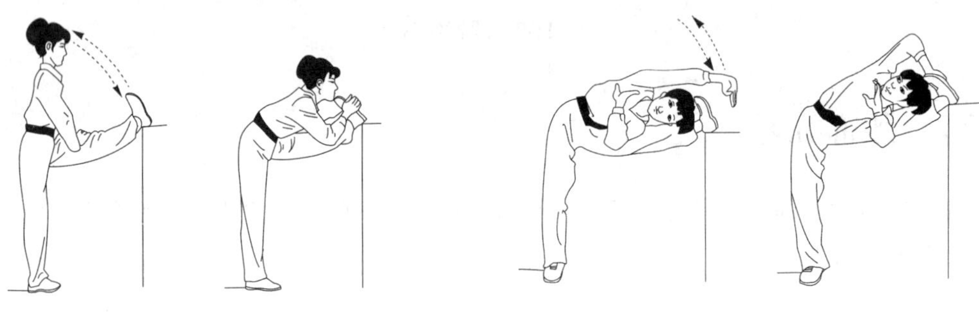

图 11-4 正压腿　　图 11-5 侧压腿

3. 竖叉

预备姿势：并步站立。

动作要领：两手左右扶地或两臂侧平举，两腿前后分开呈直线（左腿在前）。左腿后侧着地，脚尖勾起。右腿前侧或内侧着地，脚面绷直扣于地面，两臂立掌侧平举，掌指向上。如图 11-6 所示。练习时两腿交替进行。

图 11-6 竖叉

4. 正踢腿

预备姿势：并步站立，两臂侧平举，立掌，掌指向上。

动作要领：左脚上前半步，左腿支撑，右腿挺膝，脚尖勾起向前额处猛踢。目平视。练习时两腿交替进行。

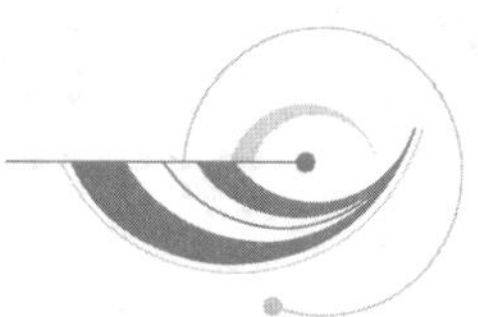

5. 外摆腿

预备姿势：同正踢腿。

动作要领：右脚向右前方上半步，右腿支撑。左脚脚尖勾紧，向右侧踢起，经面前向左侧上方外摆，直腿落于右腿内侧。目平视。如图 11-7 所示。可用左手掌在左侧上方迎击左脚面，也可不做。练习时两腿交替进行。

6. 里合腿

预备姿势：同正踢腿。

动作要领：右脚向右前方上半步，右腿支撑。左脚脚尖勾起里扣并向左侧踢起，经面前向右侧上方直腿里合，落于右腿外侧。如图 11-8 所示。可用右手掌在右侧上方迎击左脚面，也可不做。练习时两腿交替进行。

图 11-7 外摆腿

图 11-8 里合腿

7. 后扫腿

预备姿势：两脚并立，两臂自然垂于体侧。

动作要领：两脚开立，形成左弓步，两掌伏地于右腿内侧，手指向前。左脚尖里扣，左腿曲膝全蹲，右腿伸直，形成右仆步姿势，同时上体右转并前俯。两掌随体右转在右腿内侧扶地。以左脚前脚掌为轴，右脚贴地向后扫转一周。

11.2.4 手形手法练习

手法练习是运用拳、掌和勾三种手形，结合上肢冲、架、推和亮等运动方法，操练上肢手法的基本方法。下面将对手形和手法进行简要介绍。

1. 手形

拳：四指并拢卷握，拇指紧扣食指和中指第二指节，如图 11-9 所示。

掌：四指并拢伸直，拇指弯曲紧扣于虎口处，如图 11-10 所示。

勾：五指的第一指节捏拢在一起曲腕，如图 11-11 所示。

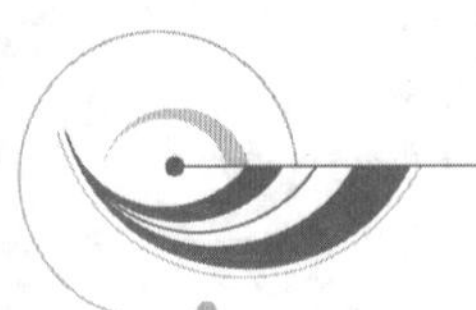

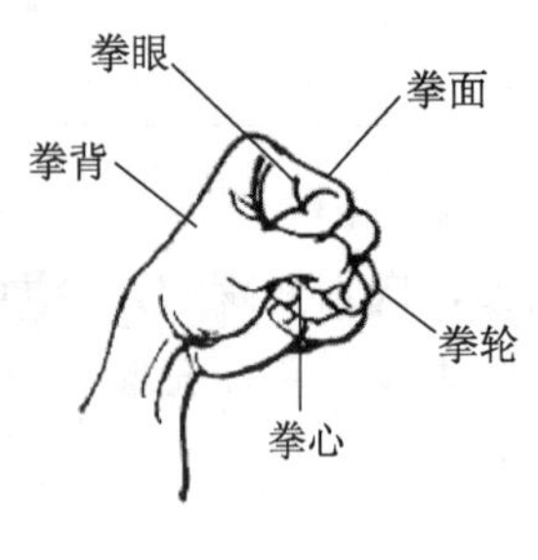

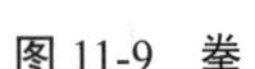
图 11-9　拳

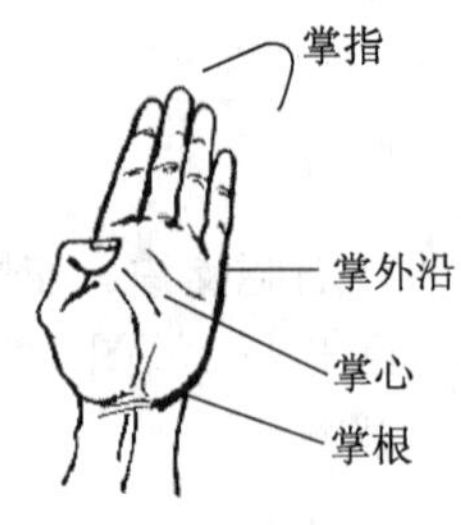

图 11-10　掌

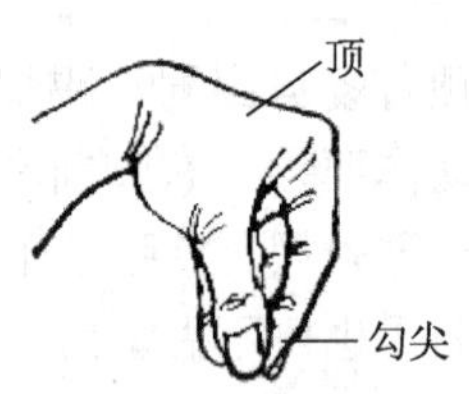

图 11-11　勾手

2. 手法

常用的手法有冲拳、推掌和亮掌。

1）**冲拳**

冲拳分平拳和立拳两种。平拳拳心向上，立拳拳眼向上。

预备姿势：两脚左右开立，与肩同宽，两拳抱于腰间，拳心向上，肘尖向后。

动作要领：挺胸、收腹、直腰，右拳从腰间猛力冲出，左肘向后牵拉。同时左转腰顺肩内旋臂，力达拳面，臂要伸直，与肩平。目平视。练习时两手交替进行。

2）**推掌**

预备姿势：与冲拳相同。

动作要领：右拳变掌，前臂内旋，以掌跟为力点向前猛力推出，左肘向后牵拉，同时左转腰顺肩，臂伸直与肩平。目平视。练习时两手交替进行。

3）**亮掌**

预备姿势：与冲拳相同。

动作要领：右拳变掌经体侧向前、向右、向上画弧，至头部右前方时抖腕亮掌，掌心向前，虎口向下，臂呈弧形，头随右手动作左转。亮掌时双眼注视左方。练习时两手交替进行。

11.2.5　步型练习

步型练习的目的是增进腿部力量，以提高两腿的稳固性。基本步型包括弓步、马步、虚步、仆步和歇步等。

1. 弓步

动作要领：两脚前后开立一大步（为本人脚长的 4～5 倍），前脚脚尖稍内扣，前腿曲膝半蹲（大腿接近水平），膝与脚尖垂直。后腿挺膝伸直，脚尖内扣斜向前方，两脚全脚掌着地。上体正对前方，目平视，两手抱拳于腰间，拳心向上。

2. 马步

动作要领：两脚左右开立（约为本人脚长的 3 倍），两脚尖正对前方，曲膝半蹲，膝盖不超过脚尖，大腿接近水平，全脚掌着地，身体重心落于两脚之间，双手抱拳于腰间，

拳心向上。

3. 虚步

动作要领：两脚前后开立，后脚外展45°，后腿曲膝半蹲。前脚脚尖虚点地，稍内扣，脚面绷平。前腿膝微屈，重心落于后腿。双手叉腰，目平视。左脚在前为左虚步，右脚在前为右虚步。

4. 仆步

动作要领：（以左仆步为例）两脚左右开立，右腿曲膝半蹲，大腿与小腿靠紧，臀部接近小腿，右脚全脚掌着地，脚尖和膝关节外展。左腿挺直平仆，脚尖里扣，全脚掌着地。两手抱拳于腰间，拳心向上，眼向左方平视；右仆步为仆右腿，动作要领与左仆步相仿。

5. 歇步

动作要领：（以左歇步为例）两腿交叉靠拢全蹲，左脚在前，全脚掌着地，脚尖外展。右脚前脚掌着地，膝部贴于左腿外侧，臀部坐于右腿接近脚跟处。两手抱拳于腰间，拳心向上。眼向左前方平视；右歇步为右脚在前，动作要领与左歇步相仿。

11.3　简化少林拳

11.3.1　预备势

预备势：两脚并立，两手自然下垂，五指并拢贴于体侧，目视前方，如图11-12所示。

要求：挺胸塌腰，头正颈直。

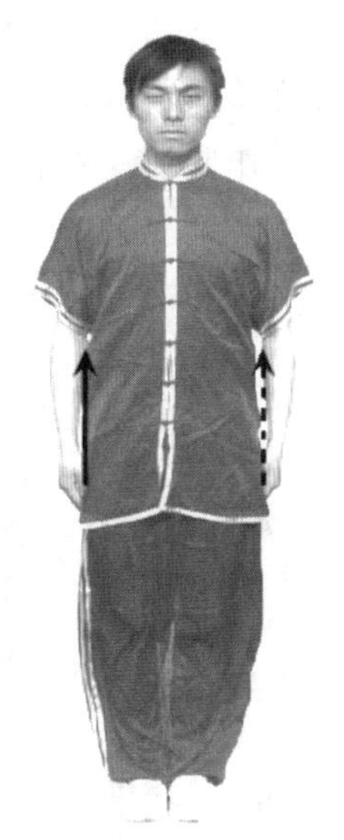

图11-12　预备势

11.3.2　简化少林拳动作

1. 并步抱拳

简化少林拳

并步抱拳又称天王抱琴。接预备势，两掌变拳同时上提抱于腰间。同时，头向左摆，目视左方。如图11-13所示。

动作要求：抱拳和摆头动作迅速、协调，挺胸收腹。

2. 高虚步双劈掌

高虚步双劈掌又称二郎担山。接并步抱拳姿势，两掌向前在腹前交叉，向上划弧至头

上方之后下劈，两臂高与肩平，两手推掌。同时，左脚向前上半步，足尖虚点地面成高虚步。目视前方。如图 11-14 所示。

动作要求：臂要立圆、自然。动作要协调，定势要干脆。

图 11-13　并步抱拳

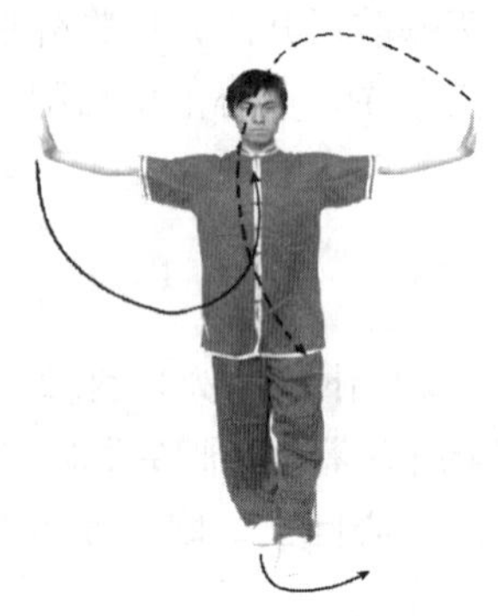

图 11-14　高虚步双劈掌

3. 马步左冲拳

马步左冲拳又称马步单鞭。接高虚步双劈掌姿势，右掌直臂向下经裆前向左、向上撩手至身体左侧，屈肘变拳，向上抱于右胸前，拳心向里，拳面向上置于下颌，上臂紧贴于右胸。左掌直臂呈立圆向上至头上方，向下变拳，经面前屈臂内旋向下成下栽拳，上臂紧贴身体。同时，右脚向前落步，左脚跟离地，成高歇步。目视左方。如图 11-15（a）所示。

接上个动作，左脚向左横跨一步，形成马步。同时，右拳向下抱于腰间；左拳屈臂向上经胸前向左，立拳冲出。目视左方。如图 11-15（b）所示。

动作要求：两个动作之间有小停顿，定势要干脆。步法要协调，冲拳和摆头要协调、有力。

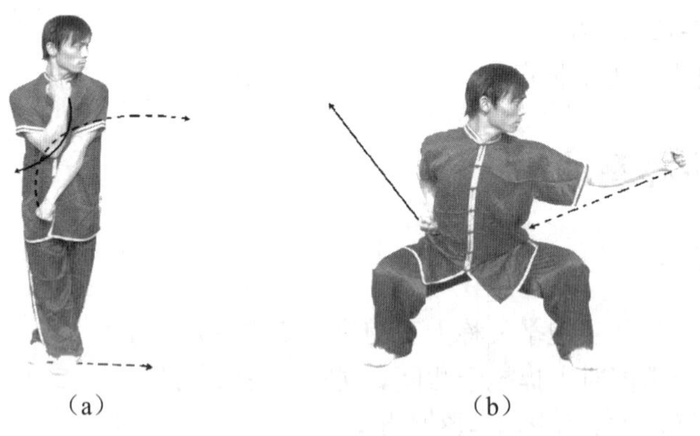

（a）　　（b）

图 11-15　马步左冲拳

4. 弓步插掌

弓步插掌又称双枪手。接马步左冲拳姿势，身体右转 90°成右弓步。同时，右拳变掌从腰间向前上方插击，高与肩平；左拳抱于腰间。目视右手。如图 11-16（a）所示。

接上个动作，身体右转 45°，左脚向前上步，形成弓步。同时，左拳变掌从腰间向前上方插击，高与肩平；右掌置于腰间。目视左手。如图 11-16（b）所示。

动作要求：上步和插掌要配合一致，上步要迅速。插掌要借助抖肩发力，插出后自然弹回。

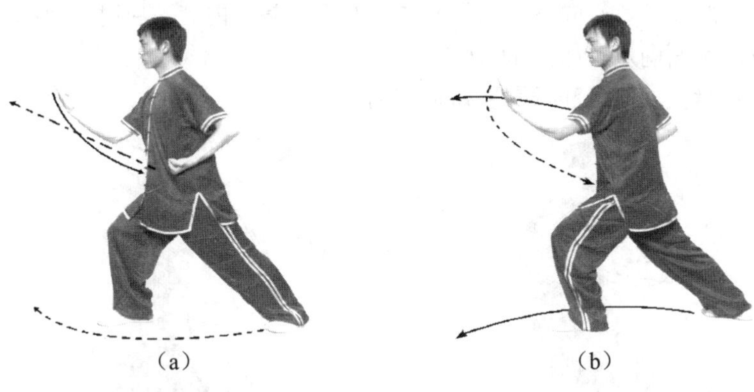

（a）　　　　（b）

图 11-16　弓步插掌

5. 砍掌弓步顶肘

砍掌弓步顶肘又称碎心肘。接弓步插掌姿势，右脚向前上步，形成右弓步。同时，右掌从腰间顺势向前平砍，手掌与喉部齐平；左掌同时收回腰间。目视右掌。如图 11-17（a）所示。

接上个动作，右臂屈肘回收顺势向前顶肘，同时左掌迎顶右拳面。目视前方。如图 11-17（b）所示。

动作要求：上步、砍掌、顶肘，要一气呵成，砍掌和顶肘发力要准确、分明。

（a）　　　　（b）

图 11-17　砍掌弓步顶肘

6. 弹腿

弹腿又称哪吒闹海。接砍掌弓步顶肘姿势，重心上移，左腿顺势曲膝向前弹踢，力达脚尖。目视前方。如图 11-18 所示。

动作要求：弹腿要敏捷快速，自然弹回。

7. 弓步盘截拳

弓步盘截拳又称织女盘线。接弹腿姿势，左脚落步，形成左弓步。同时，左手变拳，屈肘内旋回拉至胸前，拳心向下，拳面向右；右手变拳，内旋，屈肘，前撑，力达前臂外沿，拳心向下，拳面向左。如图 11-19 所示。

动作要求：盘截、抖肩和振臂要短促有力。

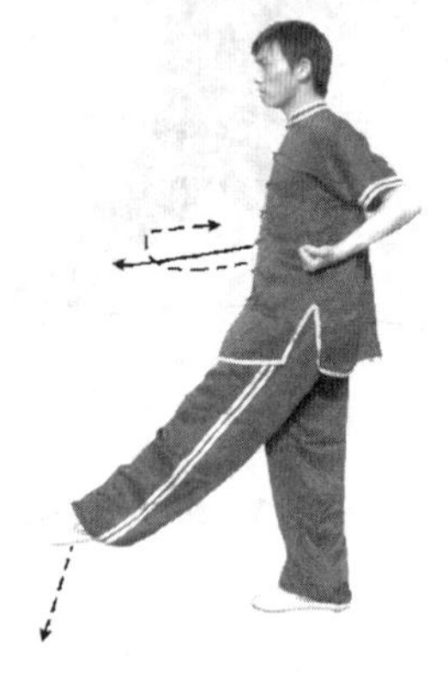

图 11-18　弹腿

图 11-19　弓步盘截拳

8. 弓步架抱掌

弓步架抱掌又称虎抱头。接弓步盘截拳姿势，重心上移，身体右转 180°站起。同时，左拳顺势向下、向左立圆抡臂；右拳顺势向上立圆抡臂。如图 11-20（a）所示。

接上个动作，身体继续右转 90°，同时两臂顺势顺时针立圆抡臂。如图 11-20（b）所示。

身体继续右转 180°，右脚后退一步，形成右弓步。同时，拳向上立圆抡臂至头顶上方架拳；拳向下立圆下抡后平抄至腋下成抱拳，拳心向里，拳面向后。目视左方。如图 11-20（c）所示。

动作要求：抡臂要立圆、快速，动作要协调。

（a）

（b）

（c）

图 11-20　弓步架抱掌

9. 抄拳

抄拳又称满肚疼。接弓步架抱掌姿势，身体左转约 180°。左拳变掌向左搂手；右拳外旋，手臂向下、向前成抄拳，拳心向上，拳面向前。目视前方。如图 11-21（a）所示。

接着身体右转成马步。同时，右拳抄击后自然弹回，收于腰间；左拳向下压附于右腕上方。目视左前方。如图 11-21（b）所示。

动作要求：抄拳时借助拧腿和拦肩发力，力达拳面。

（a）　（b）

图 11-21　抄拳

10. 左右格拳弓步砸拳

左右格拳弓步砸拳又称力劈华山。接抄拳姿势，右腿向左后插步。同时，左掌变拳抱于腰间；右拳内旋向下、向右格击，力达前臂外沿。目视右拳。如图 11-22（a）所示。

左脚向左落步。同时，左拳从腰间内旋向体侧格击，力达前臂外沿。目视左拳。如图 11-22（b）所示。

身体左转 90°，重心上移，右腿提膝。同时，左右臂顺时针立圆抡起。目视前方。如图 11-22（c）所示。

身体再转 45°，右腿下落，形成右弓步。同时，右拳外旋向下砸击，拳心向上，高与胸平；左拳收抱于腰间。目视前方。如图 11-22（d）所示。

动作要求：抡臂要立圆，砸拳要有力，动作要协调。

（a）　（b）　（c）　（d）

图 11-22　抄拳

11. 并步格拳

并步格拳又称敬德把门。接左右格拳弓步砸拳姿势，右脚向左脚并步站立。同时，左拳向左侧甩臂格击，力达前臂外沿；右拳回抱于腰间。目视左拳。如图 11-23 所示。

动作要求：并步要快，格拳要抖臂发力，动作要有弹性。

12. 弓步反击掌

弓步反击掌又称扳手。接并步格拳姿势，身体右转 90°，右脚向右上步，形成弓步。同时，左拳抱于腰间；右拳外旋经面前顺势向前变分指掌，反手抖腕击掌，手指与下颌齐平。目视前方。如图 11-24 所示。

动作要求：上步和反击掌要一气呵成；反击掌要借助抖腕发力，力达手背。

图 11-23 并步格拳

图 11-24 弓步反击掌

13. 弓步侧架冲拳

弓步侧架冲拳又称猛虎出洞。接弓步反击掌姿势，左手从斜下 45°位置向左搂手，同时左腿提膝。目视前下方。如图 11-25（a）所示。

左脚向前落步，形成左弓步。同时，右拳从腰间向前冲拳；左手沿左膝搂手，之后变拳、屈肘，上提至左太阳穴，拳心向下，拳距太阳穴 10 cm 左右。目视前方。如图 11-25（b）所示。

动作要求：整个动作要协调、连续、干脆、有力。

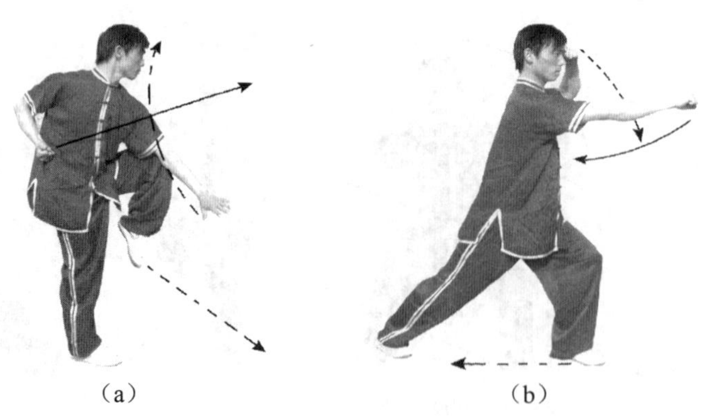

（a）　　（b）

图 11-25 弓步侧架冲拳

14. 虚步合肘

虚步合肘又称双关铁门。接弓步侧架冲拳姿势，重心后移，右腿曲膝半蹲，左脚前脚掌虚点地面，形成左虚步。两拳同时外旋臂，分别向左前和右后平行合压，拳心斜向后上方，左拳与肩齐平，右拳在左肘内侧 5 cm 处。目视前方。如图 11-26 所示。

动作要求：步形和拳法要协调，动作要迅速、有力。

图 11-26　虚步合肘

15. 单拍脚弓步架冲拳

单拍脚弓步架冲拳又称盯心膘拳。接虚步合肘姿势，左脚向前上半步，右腿由屈到直，脚面绷平向前、向上弹踢。同时，右拳变掌，前插迎击右脚面，成单拍脚，右掌与肩齐平；左拳回抱腰间。如图 11-27（a）所示。

身体左转 90°，右脚向右落步，形成马步。同时，右掌变拳，手臂外旋，屈肘向左、向前出击，拳心向里，拳面向上、与鼻子齐平，力达前臂内侧，屈肘内侧角度为 90°左右。如图 11-27（b）所示。

两脚碾地，身体右转 90°成右弓步。同时，右臂内旋、提肘，将右拳向上格架至额头前上方；左拳从腰间顺势前冲。目视前方。如图 11-27（c）所示。

动作要求：做单拍脚要弹踢，应借助拧腰发力，高不过肩。

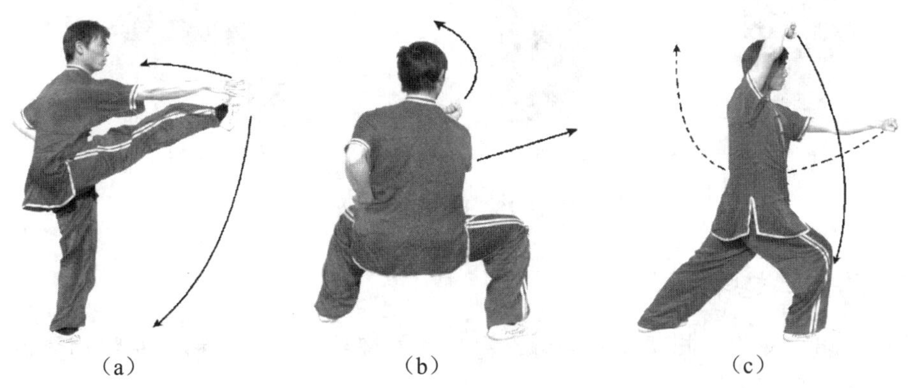

（a）　　（b）　　（c）

图 11-27　单拍脚弓步架冲拳

16. 砸拳弓步冲拳

砸拳弓步冲拳又称卧地炮锤。接单拍脚弓步架冲拳姿势，身体左转 90°成马步。同时左拳变掌向下，经体前向左、向上摆至头部斜上方；右拳变掌，直臂向右、向下搂捞至右小腿前。目视右手。如图 11-28（a）所示。

左腿挺膝直立，右腿提膝。同时，左手迅速下按至胯侧；右掌继续向左、向上经左腹和胸前之后变拳，迅速内旋臂将拳回拉至右太阳穴前，掌心向下，拳面距太阳穴约 5 cm。如图 11-28（b）所示。

右脚向左脚并齐下振，两腿曲膝下蹲。同时，右拳用力下砸；左掌迎抱右拳，置于两膝前方。如图 11-28（c）所示。

身体右转 90°，右脚向前落步，形成右弓步。同时，左掌变拳，立拳前冲，高不过肩；右拳回抱于腰间。目视前方。如图 11-28（d）所示。

动作要求：砸拳有力，砸击的声音响亮，冲拳迅速。

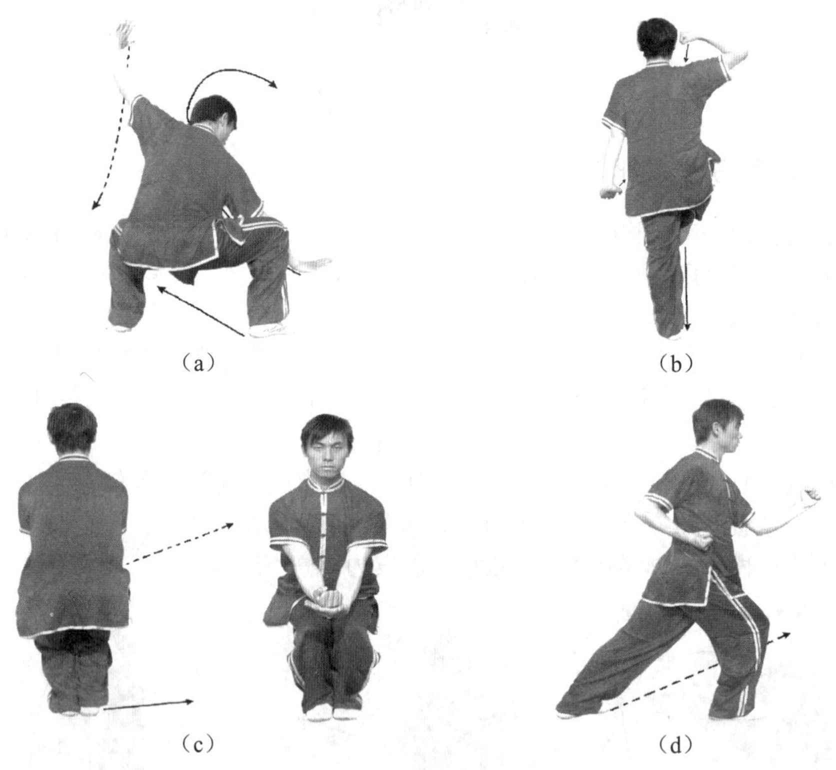

（a）　（b）　（c）　（d）

图 11-28　砸拳弓步冲拳

17. 腾空二起脚

腾空二起脚又称二起踩脚。接砸拳弓步冲拳姿势，重心上移，左腿顺势提膝，如图 11-29（a）所示。

右腿蹬地，身体腾空，右腿由屈到直，脚面绷平向前、向上弹踢。同时，右拳变掌，

内旋手臂向前插，用右掌迎击右脚面，成腾空二起脚；左拳回抱于腰间。如图 11-29（b）所示。

动作要求：二起脚高不过肩；要旋臂将右掌前插，击打声音要响亮。

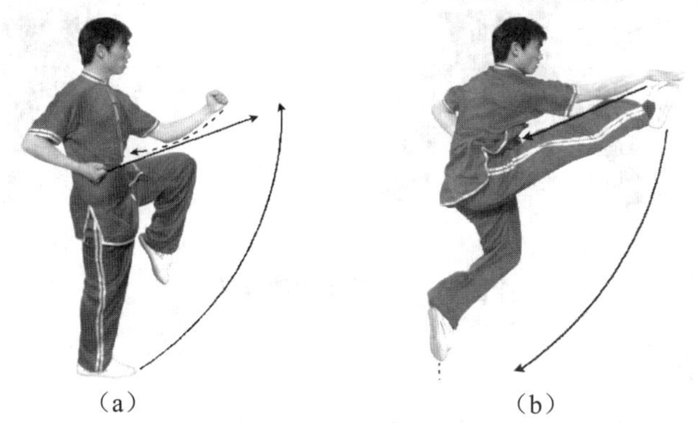

（a）　　（b）

图 11-29　腾空二起脚

18. 歇步十字下冲拳

歇步十字下冲拳又称凤凰夺窝。接腾空二起脚姿势，两脚先左后右依次落地，左脚在后，脚跟抬起，右掌变拳、迅速抱拳于腰间。如图 11-30（a）所示。

左脚向右腿后插落，两腿曲膝下蹲，形成左歇步。同时，内旋手臂使两拳从腰间左下、右上位置十字交叉并下冲，两拳背向上，力达拳面。目视两拳。如图 11-30（b）所示。

动作要求：落地要轻，动作节奏要明显；冲拳要借助抖肩发力，动作要有弹性。

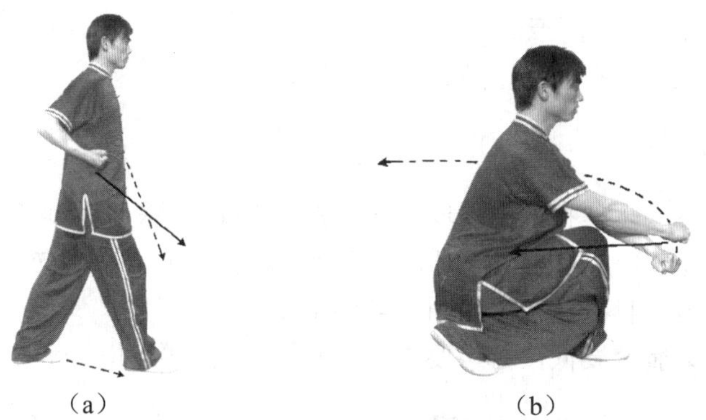

（a）　　（b）

图 11-30　歇步十字下冲拳

19. 搂手提膝推掌

搂手提膝推掌又称金鸡独立。接歇步十字下冲拳姿势，身体左转 90°，形成马步。同时，右拳抱于腰间；左拳变掌向前、向左搂手。目视左掌。如图 11-31（a）所示。

身体左转 90°，左腿提膝。同时，左掌变拳收抱于腰间；右掌从腰间向前立掌推出，指尖与鼻子齐平。目视右掌。如图 11-31（b）所示。

动作要求：要求动作连贯，节奏分明，推掌有力。

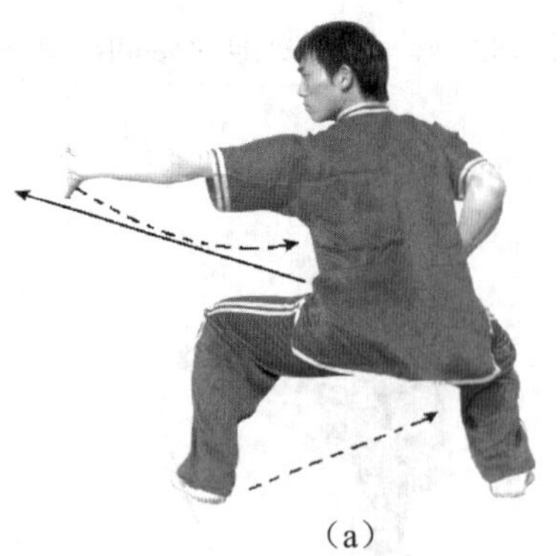

（a）

（b）

图 11-31　搂手提膝推掌

20. 马步冲拳

马步冲拳又称马步单鞭。接搂手提膝推掌姿势，身体右转约 180°，左脚落地形成马步。同时，右掌变拳抱于腰间；左拳左冲与肩齐平，拳面向左，拳心向下。目视左拳。如图 11-32 所示。

动作要求：要求动作协调，冲拳要借助拧腰发力。

图 11-32　马步冲拳

21. 蹲步砸拳

蹲步砸拳又称挤手炮。接马步冲拳姿势，右脚向左脚处并拢，下蹲成蹲步。同时，左拳与右掌相对迎击至膝前。目视前方。如图 11-33 所示。

动作要求：要求振脚有力，上肢和下肢动作同时完成。

22. 马步架冲拳

马步架冲拳又称马步架打。接蹲步砸拳姿势，两脚蹬地短促跳起后身体迅速原地右转 180°，两脚同时落地，形成马步。同时，左手变拳顺势左冲，拳心向下，高与肩平；右拳顺势上架至头前上方。目视左拳。如图 11-34 所示。

动作要求：身体腾空要低，落步要快，与冲架拳动作协调。

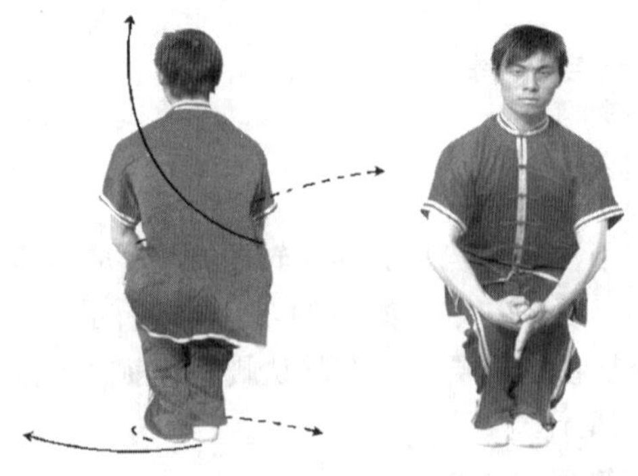

图 11-33　蹲步砸拳

图 11-34　马步架冲拳

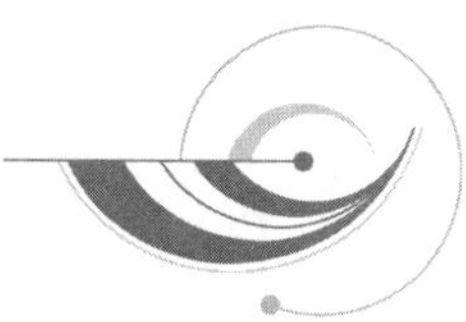

23. 盖跳步仆步切掌

盖跳步仆步切掌又称猛虎跳涧。接马步架冲拳姿势，重心上移，身体左转 180°，以右脚为轴左脚随转身向后落步。如图 11-35（a）所示。

左脚蹬地，身体腾空向左跳，左腿曲膝小腿自然后撩。同时，两掌顺势从左上、右下至腹前呈弧线击掌。如图 11-35（b）所示。

两脚先右后左依次落地，右腿曲膝全蹲，左腿向左平仆成左仆步。同时，左掌顺势向左斜下方切击，掌心向下，掌指向前；右掌抱于腰间。目视左前上方。如图 11-35（c）所示。

动作要求：盖跳步要轻盈；仆步要稳固有力，动作连贯。

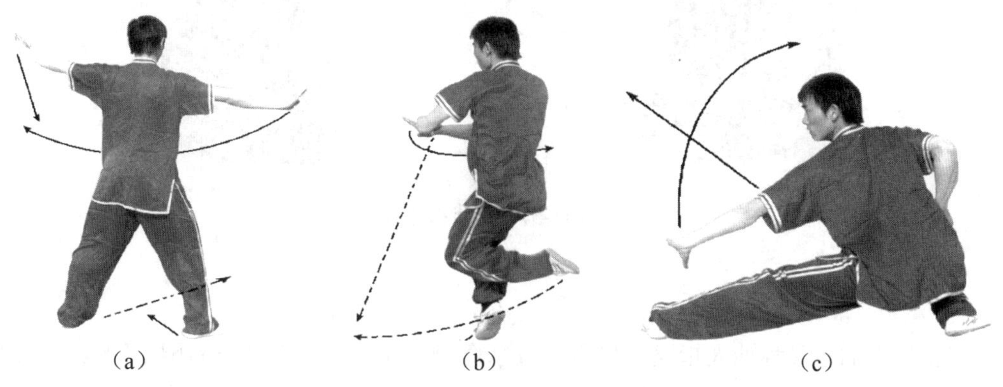

（a）　（b）　（c）

图 11-35　盖跳步仆步切掌

24. 弓步架掌插指

弓步架掌插指又称二龙戏珠。接盖跳步仆步切掌姿势，重心上移成左弓步。同时，右拳在腰间变指、迅速前插，高与肩平；左掌呈弧形向上架于头部前方。目视前方。如图 11-36 所示。

动作要求：起身要快，动作要一气呵成，插指有力。

图 11-36　弓步架掌插指

25. 跪步按掌

跪步按掌又称小提鞋。接弓步架掌插指姿势，右脚向前跟半步，曲膝下蹲成右跪步。同时，右指变掌，虎口处按压在右脚跟腱上；左掌向下置于右肩前下方，手指向上。目视右后方。如图 11-37 所示。

动作要求：动作要同时完成。注意右膝跪步不触地，右膝与前脚尖平行向前。

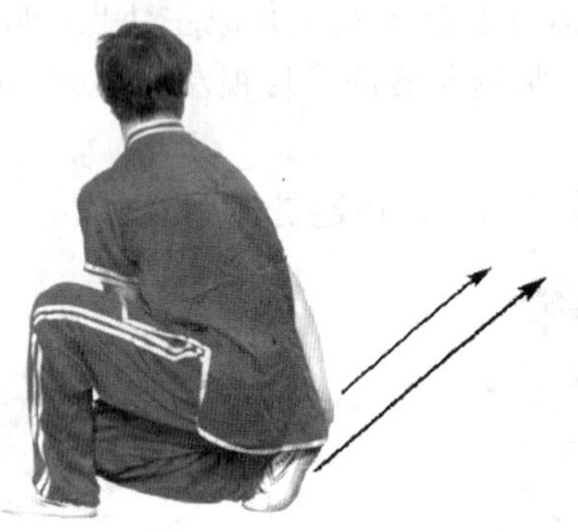

图 11-37　跪步按掌

26. 踹腿马步插指

踹腿马步插指又称仙人指路。接跪步按掌姿势，左腿挺膝直立，右腿随即向左后踹，同时左掌后推。如图 11-38（a）所示。

身体左转 180°。同时，右掌变指顺势向右插击，手心向前，虎口向上，高与肩平；左掌变拳，屈肘上抬、右拉，高与肩平，拳心向后，拳眼向上。目视右指。如图 11-38（b）所示。

动作要求：动作连贯有力，踹腿不能定势，插指有力，力达指尖。

（a）

（b）

图 11-38　踹腿马步插指

27. 马步架栽拳

马步架栽拳又称五花坐山。接踹腿马步插指姿势，身体左转 90°成左弓步。同时，右

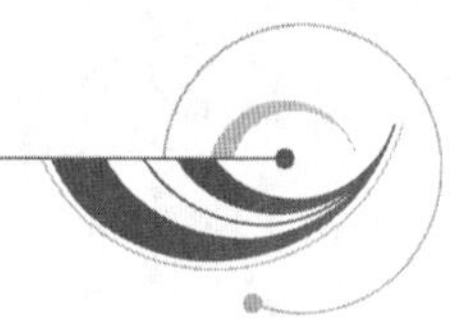

拳随转体向前抄击，拳心向里，拳眼向右；左拳变掌，掌心向下，按于右肘上方。目视右拳。如图 11-39（a）所示。

身体右转 90°成马步。同时，右拳内旋向上架于头前上方约 15 cm 处，拳心向前，拳眼向下；左掌内旋变拳下栽，拳面压于左膝上，拳心向后。目视左方。如图 11-39（b）所示。

动作要求：抄架拳动作要连贯、协调，应借助抖肩发力。

（a）

（b）

图 11-39　马步架栽拳

28. 并步抱拳

并步抱拳又称天王抱琴。接马步架栽拳姿势，左脚向右并步，两腿直立。同时，两拳抱于腰间。目视前方。如图 11-40 所示。

动作要求：并步与抱拳要协调一致，注意挺胸收腹。

29. 收势

接上势，两拳变掌，同时自然下垂至身体两侧。目视前方。如图 11-41 所示。

动作要求：平心静气，体态自然，精神内敛。

图 11-40　并步抱拳

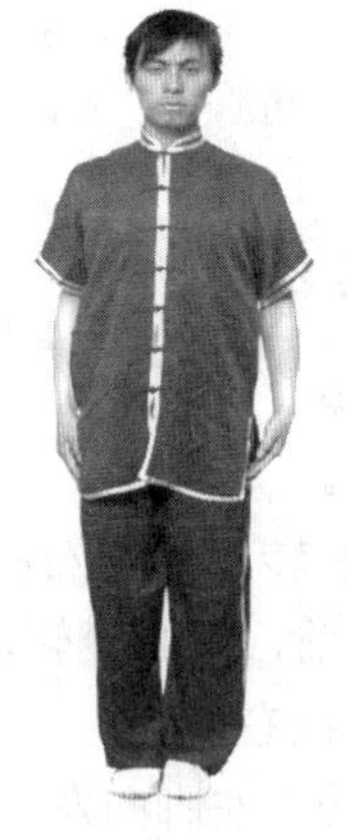

图 11-41　收势

11.4 24 式太极拳

太极拳是我国民族文化中的一颗璀璨明珠，是一种较好的增强体质和预防疾病的体育项目，其特点是动作柔和、缓慢和连贯等。

24 式太极拳又称为简化太极拳，是国家体委（现为国家体育总局）于 1956 年组织太极拳专家汲取杨氏太极拳之精华改编而成。

11.4.1 预备势

动作要领：身体自然挺直，两脚并拢，两腿自然伸直。胸腹放松，两臂垂于两腿外侧，手指微屈。头颈端正，下颌微收，口闭齿扣，舌抵上腭。精神集中，表情自然，目平视前方。

11.4.2 24 式太极拳动作

1. 起势

动作要领：左脚向左迈一步，两脚平行开立，与肩同宽。两臂由身体两侧慢慢向前、向上平举至与肩同高、同宽，手心向下；两腿慢慢曲膝半蹲，重心落于两脚间，形成马步。同时，两掌轻轻下按至腹前，上体舒展、端正。目平视前方。如图 11-42 所示。

24 式太极拳

图 11-42 起势

2. 左右野马分鬃

1）左野马分鬃

动作要领如下。

（1）上体稍右转，重心右移。同时，右臂弯曲置于胸前，掌心翻转向下；左手画弧下落，曲肘置于腹前，掌心翻转向上，与右掌相对呈抱球状，两臂曲肘。左脚收至右脚内侧，脚尖点地。目视右手。

（2）上体左转，左脚向左前方迈出一步，脚跟轻轻着地，重心仍在右腿上。

（3）上体继续左转，重心前移，左脚全脚掌着地，左腿曲膝，形成左弓步。同时，

两掌前后分开，左手至体前与眼同高，手心斜向上；右手按至右胯旁，手心向下，指尖向前，两臂微屈。目视左掌。如图 11-43 所示。

图 11-43　左野马分鬃

2）**右野马分鬃**

动作要领如下。

（1）重心稍后移，曲右膝，左腿伸直，左脚尖翘起外撇 45°～60°。

（2）上体左转，重心移至左腿，左脚全脚掌着地，左腿前弓，右脚收至左脚内侧，脚尖着地。同时，左臂弯曲置于左胸前，掌心翻转向下；右手画弧下落，曲肘置于腹前，掌心翻转向上，与左掌相对呈抱球状。目视左手。

（3）上体稍右转，重心仍在左腿上，右脚向右前方迈出一步，脚跟轻轻着地。同时两掌开始前后分开。

（4）上体继续右转，重心前移，右脚全脚掌着地，右腿曲膝，形成右弓步。右手分至体前与眼同高，手心斜向上；左手按至左胯旁，手心向下，指尖向前，两臂微屈。目视右手。如图 11-44 所示。

图 11-44　右野马分鬃

3）**左野马分鬃**

与 2）右野马分鬃动作要领相仿，但是方向相反。如图 11-45 所示。

图 11-45　左野马分鬃

3. 白鹤亮翅

动作要领如下。

（1）上体稍左转，右脚向前收拢半步，前脚掌轻轻落地，与左脚相距约一脚长。同时，左臂弯曲置于胸前，掌心翻转向下；右手画弧下落，曲肘置于腹前，掌心翻转向上，与左掌相对呈抱球状。目视左手。

（2）重心后移，右脚全脚掌着地，并向右转体。两手随转体交错分开，右手上举，左手下落。目视右手。

（3）上体转正，左脚稍向前移动，形成左虚步；右手上举，手心向左后方，左手按于左髋旁，指尖向前。目平视前方。如图 11-46 所示。

4. 左右搂膝拗步

1）左搂膝拗步

动作要领如下。

（1）上体稍左转。右手向下摆至体前，手心向上。目视右手。

（2）上体右转，左脚收落于右脚内侧，脚尖点地。同时，两臂交叉摆动，右手由体前经右胯侧向右后方上举至与头同高，手心向上；左手由左胸前经头前向右画弧至右肩前，手心向下。目视右手。

（3）上体稍左转，左脚向左前方迈一步，脚跟轻轻着地。同时，右臂曲肘，右手摆至右肩上，虎口对耳，掌心斜向前；左手落于腹前，掌心向下。目视前方。

（4）上体继续左转，重心前移，左脚全脚掌着地，左腿曲膝，形成左弓步。同时，左手经左膝前向左搂过，按于左腿外侧，指尖向前；右手向前推出，指尖与鼻尖相对，掌心向前，指尖向上，右臂自然伸直。目视右手。如图 11-47 所示。

图 11-46　白鹤亮翅

图 11-47　左搂膝拗步

2）右搂膝拗步

动作要领如下。

（1）上体左转，重心稍后移，左脚尖翘起外撇。同时两臂外旋，开始向左摆动。目视右手。

（2）上体继续左转。重心前移，左脚全脚掌着地，右腿收至左脚内侧，脚尖点地。同时，右手经面前画弧，摆至左肩前，掌心向下；左手向左上方画弧上举，与头同高，掌心向上，左臂自然伸直，肘微屈。目视左手。

（3）上体稍右转，右脚向右前方迈一步，脚跟轻轻落地。同时，左臂曲肘，左手收至左肩上，虎口对耳，掌心斜向前；右手下落至腹前，掌心向下，肘微屈。目视前方。

（4）上体继续右转，重心前移，右脚全脚掌着地，右腿曲膝，形成右弓步。同时，右手经右膝前上方向右搂过，按于右腿外侧，指尖向前；左手向前推出，指尖与鼻尖同高，掌心向前，指尖向上，左臂自然伸直，肘微屈。目视左手。如图 11-48 所示。

3）左搂膝拗步

与 2）右搂膝拗步动作要领相仿，但是方向相反。如图 11-49 所示。

图 11-48　右搂膝拗步

图 11-49　左搂膝拗步

5. 手挥琵琶

动作要领如下。

（1）右脚向前收拢半步，落于左脚后，与左脚相距约一脚长，脚尖点地。同时，右臂稍向前伸，腕关节放松。

（2）上体右转，重心后移，右脚全脚掌着地。同时，左手向左、向上画弧，摆至体前，手臂自然伸直，掌心斜向下；右臂曲肘向左下方画弧，收至胸前，掌心斜向上。目视左手。

（3）上体稍向左回转，左脚稍向前移，脚跟着地。同时，两臂外旋，曲肘合抱，前后交错；左手与鼻相对，掌心向右；右手与左肘相对，掌心向左。目视左手。如图 11-50 所示。

6. 左右倒卷肱

1）右倒卷肱

动作要领如下。

（1）上体稍右转。右手随转体向下经腰侧向后上方画弧，至掌指与头同高，掌心翻转向上，右臂微屈。左手翻转，掌心向上停于体前。视线先随转体向右看，再转向前方看左手。

（2）上体稍左转，左脚提收经右腿内侧向后退一步，前脚掌轻轻着地。同时，右臂曲肘，右手收至肩上耳侧，掌心斜向下方；左手翻转掌心向上。目视左手。

（3）上体继续左转，重心后移，左脚全脚掌着地。右脚以前脚掌为轴扭直，右腿微屈，形成右虚步。同时，右掌推至体前，腕与肩同高，掌心向前；左手向后、向下收至左腰侧，掌心向上。目视右手。如图 11-51 所示。

图 11-50 手挥琵琶

图 11-51 右倒卷肱

2）左倒卷肱

动作要领如下。

（1）上体稍左转。左手随转体向左后上方画弧，掌指与头同高，掌心向上，左臂微屈。右手外翻，掌心向上停于体前。视线先随转体向左看，再转向前方看右手。

（2）上体稍右转。右脚提收向后退一步，前脚掌轻轻着地。同时，左臂曲肘，左手收至肩上耳侧，掌心斜向前下方；右手翻转掌心向上。目视右手。

（3）上体继续右转，重心后移，右脚全脚掌着地。左膝微屈，形成左虚步。同时，左掌推至体前，腕与肩同高，掌心向前；右手向后、向下画弧收至右腰侧，掌心向上。目视左手。如图 11-52 所示。

图 11-52 左倒卷肱

3）右倒卷肱

与 1）右倒卷肱动作要领相同。

4）左倒卷肱

与 2）左倒卷肱动作要领相同。

7. 左揽雀尾

动作要领如下。

（1）上体微右转，右手由腰侧向右上方画弧至手与肩同高，掌心斜向上，右臂微屈；左臂自然置于体前，腕与肩同高，手心向下。目视左手。

（2）左脚收至右脚内侧，脚尖点地。同时，右手曲臂置于右胸前，掌心翻转向下；左手画弧下落，曲肘置于腹前，掌心翻转向上，与右掌相对呈抱球状。目视右手。

（3）上体微左转，左脚向左前方迈出一步，脚跟着地。同时两手开始前后分开。目视前方。

（4）上体继续左转，重心前移，左脚全脚掌着地，左腿曲膝，形成左弓步。左臂半

屈于体前掤架，腕与肩同高，掌心向内。右手向下画弧按于右胯旁，指尖向前。目视左手。

（5）上体稍左转，左手向左前方伸出，掌心转向下；右臂外旋，右手经腹前向上、向前画弧至左前臂内侧，掌心向上。目视左手。

（6）上体右转，重心后移，右腿曲膝，左腿自然伸直。同时，两手经腹前向下、向右后方画弧后捋；右手举至身体侧后方，与头同高，掌心向外；左臂平屈于胸前，掌心向内。头随体转，目视右手。

（7）上体左转，正对前方。同时，右臂曲肘，右手收至胸前，搭于左腕内侧，掌心向前；左前臂仍屈收于胸前，掌心向内，指尖向右。目视前方。

（8）重心前移，左腿曲膝，形成左弓步。同时，右手推送左前臂向体前挤出，与肩同高，两臂撑圆。目视前方。

（9）左手翻转向下，右手经左腕上方向前伸出，掌心向下。随后重心后移，右腿曲膝，左腿自然伸直，左脚尖翘起。同时，两手左右分开与肩同宽，两臂屈收，两手后引，经胸前收至腹前，手心斜向下。目向前平视。

（10）重心前移，左脚全脚掌着地，左腿曲膝，形成左弓步。两手由腹前沿弧线推至体前，两腕与肩同高，两掌心向前，指尖向上。目视前方。如图 11-53 所示。

图 11-53 左揽雀尾

8. 右揽雀尾

动作要领如下。

（1）重心后移，上体右转，左脚尖内扣。同时，右手经头前画弧右摆，掌心向外，两手平举于身体两侧。目视右手。

（2）～（10）分别与左揽雀尾动作要领（2）～（10）相仿，但是方向相反。如图 11-54 所示。

图 11-54　右揽雀尾

9. 单鞭

动作要领如下。

（1）上体左转，重心左移，右脚尖内扣，左脚尖外展。同时，左手经头前向左画弧，摆至身体左侧，掌心向外；右手经腹前向左画弧，摆至左肋前，掌心朝向腹部。视线随左手移动。

（2）上体右转，重心右移，右腿曲膝，左腿伸直。同时，右手经头前向上、向右画弧，摆至右肩前，掌心向内；左手向下、向右画弧，摆至腹前，掌心转向内。视线随右手移动。

（3）左脚收至右脚内侧，脚尖点地。同时，右手伸向身体右前方，五指捏拢呈勾手，钩尖向下，肘微屈，腕与肩平；左手向上画弧至右肩前，掌心向内。目视勾手。

（4）上体左转，左脚向左前方迈出一步，脚跟着地。同时，左手经面前向左画弧，掌心向内。目视左手。

（5）上体继续左转，重心前移，左脚全脚掌着地，左腿曲膝，形成左弓步。同时，左手经头前翻转向前推出，腕与肩平，左肘与左膝上下相对；右勾手举于右后方，腕与肩平。目视左手。如图 11-55 所示。

图 11-55　单鞭

10. 云手

动作要领如下。

（1）上体右转，重心后移。左脚尖内扣，右腿屈蹲。同时，左手经腹前向下、向右画弧，摆至右肩前，掌心向内；右勾手松开变掌，掌心向外，指尖向上。目视右手。

（2）上体左转，重心左移。右脚向左并拢半步，与左脚平行相距 10～20 cm，脚尖向前；右脚落地时前脚掌先着地，随后过渡到全脚掌着地，两腿曲膝半蹲。同时，左手经头前向上、向左画弧云转，掌心渐渐翻转向外，至身体左侧，与肩同高；右手经腹前向下、向左画弧云转，掌心渐渐翻转向内，至左肩前。视线随左手移动。

（3）上体右转，重心右移。左脚向左横跨一步，脚掌先着地，随后过渡到全脚掌，脚尖向前。同时，右手经头前向右画弧云转，掌心逐渐翻转向外至身体右侧，与肩同高；左手经腹前向下、向右画弧云转，掌心逐渐翻转向内，至右肩前。视线随右手移动。

（4）与本动作要领（2）同。

（5）与本动作要领（3）同。

（6）与本动作要领（2）同。如图 11-56 所示。

图 11-56　云手

11. 单鞭

动作要领如下。

（1）上体右转，重心移至右腿，左脚跟提起。同时，右手经头前向右画弧，至右前方时掌心翻转呈勾手；左手经腹前向下、向右画弧至右肩前，掌心转向内。目视勾手。

（2）与第九个单鞭动作要领中的（4）完全相同。

（3）与第九个单鞭动作要领中的（5）完全相同。如图 11-57 所示。

图 11-57　单鞭

12. 高探马

动作要领如下。

（1）右脚向前收拢半步，距左脚约一脚长，前脚掌着地。目视左手。

（2）上体稍右转。重心后移，右脚全脚掌着地，右膝弯曲，左脚脚尖点地。同时，右勾手松开，两手翻转手心向上，两臂前后平举，肘关节微屈。目视左前方。

（3）上体左转，左脚向前移动，形成左虚步。同时，右臂屈收经头右侧向前推出，腕与肩平，掌心向前；左臂屈收，左手收至腹前，掌心向上。目视右手。如图 11-58 所示。

13. 右蹬脚

动作要领如下。

（1）左脚提收至右踝内侧。同时，右手稍向后收，左手经右手背向右前方穿出，两手交叉，腕关节相交，左掌心斜向上，右掌心斜向下。目视左手。

（2）上体左转。左脚向左前方迈一步，脚跟着地，脚尖略外撇。同时，左手内旋，两手虎口相合举于头前，两掌心向外。目视前方。

（3）重心前移，左脚全脚掌着地，屈左膝，右腿自然蹬直。同时，两手左右分开，掌心向外，两臂外撑。目视前方。

（4）右脚收至左脚内侧，脚尖点地。两手向腹前画弧相交合抱，右手在外，举至胸前。两掌心向内。目视右前方。

（5）左腿支撑，右腿曲膝上提，右脚脚尖上勾，脚跟用力慢慢向右前上方蹬出。左腿微屈，右腿伸直。两臂展于身体两侧，肘微屈，腕与肩平，两手心向外。右腿与右臂上下相对。目视右手。如图 11-59 所示。

图 11-58　高探马

图 11-59　右蹬脚

14. 双峰贯耳

动作要领如下。

（1）右腿曲膝收回，脚尖自然下垂。同时，左手经头侧向体前画弧，与右手平行落于右膝上方，两掌心向上，指尖向前。目视前方。

（2）右脚向右前方上步，脚跟着地，脚尖斜向右前方。同时，两手收至两腰侧，两掌心向上。

（3）重心前移，右脚全脚掌着地，右腿曲膝，形成右弓步。同时，两手握拳经两侧向上、向前画弧，摆至头前，两臂半屈呈弧形，两拳平行相对呈钳形，与头同宽，两前臂

内旋，两拳眼斜向下。目视前方。如图 11-60 所示。

15. 转身左蹬脚

动作要领如下。

（1）上体左转，重心后移。左腿曲膝，右腿伸直，脚尖内扣。同时，两拳变掌，左手经头前向左画弧，两臂微屈举于身体两侧，两掌心向外。目视左手。

（2）重心右移，右腿曲膝，左脚收至右脚内侧，脚尖着地。同时，两手向下画弧，于腹前交叉合抱，举至胸前，左手在外，两掌心向内。目视左前方。

（3）右腿支撑，提左膝，左脚脚尖上勾，脚跟用力向左前上方慢慢蹬出。同时，两臂内旋，两掌心向外，左手向左前方，右手向右后方画弧分开，两臂微屈举于身体两侧。左腿蹬直，与左臂上下相对。目视左手。如图 11-61 所示。

图 11-60 双峰贯耳

图 11-61 转身左蹬脚

16. 左下势独立

动作要领如下。

（1）左腿曲膝收回至右踝内侧，脚尖向下。上体右转，右臂稍内合，右手捏成勾手，勾尖向下。同时，左手经头前画弧，摆至右肩前，掌心向右，指尖向上。目视右勾手。

（2）右腿曲膝半蹲，左脚前脚掌落地，沿地面向左伸出，随即全脚掌着地，左腿伸直。左手落于右肋前。目视勾手。

（3）右腿曲膝全蹲，上体左转，形成左仆步。同时，左手经腹前沿左腿内侧向左穿出，掌心向前，指尖向左。目视左手。

（4）重心移至左腿，以左脚跟为轴，脚尖尽量外撇，左腿曲膝前弓。右脚尖内扣，右腿自然蹬直，上体微向左转并向前起身。同时，左手继续前穿并向上举至体前，指尖向上；右勾手内旋，背于身后，勾尖向上。目视左手。

（5）上体左转，重心前移，右腿曲膝上提，左腿微屈支撑站立，形成左独立步。同时，左手下落按于左胯旁，掌心向下；右勾手变掌，经体侧由后下方向前画弧，立掌前挑，掌心向左，与眼同高；右臂半屈呈弧形，肘关节与右膝上下相对。目视右手。如图 11-62 所示。

图 11-62　左下势独立

17. 右下势独立

动作要领如下。

（1）右脚落于左脚右前方，前脚掌着地。上体以左脚前脚掌为轴向左转。同时，左手变勾手提举于身体左前方，与肩同高；右手经头前向左画弧，摆至左肩前，掌心向左。目视左勾手。

（2）左腿曲膝半蹲，右脚提起至左踝内侧，前脚掌落地，沿地面向右伸出，随即全脚掌着地，右腿伸直。右手落至左肋前，目视左勾手。

（3）（4）（5）分别与左下势独立动作要领（3）（4）（5）相仿，但是方向相反。如图 11-63 所示。

图 11-63　右下势独立

18. 左右穿梭

1）右穿梭

动作要领如下。

（1）左脚向左前方落步，脚跟着地，脚尖外撇，上体左转，重心随转体落步前移。同时左手内旋，手心翻转向下。目视左手。

（2）上体继续左转，左脚全脚掌着地，右脚提收于左踝内侧。同时，两手手心相对于左胸前呈抱球状（左手上右手下）。目视左手。

（3）上体右转，右脚向右前方上步，脚跟着地。同时，右手向右斜前方弧形摆起，左手下落至左腰间。目视右手。

（4）上体继续右转，重心前移，右脚全脚掌着地，右腿曲膝，形成右弓步。同时，右手翻转上举，驾于右额角前上方，掌心斜向上；左手推至体前，腕与肩平。目视左手。如图 11-64 所示。

2）左穿梭

动作要领如下。

（1）重心稍后移，右脚脚跟着地，脚尖外撇，上体右转。同时，右手下落至头前，左手向左画弧，落至腹前。目视左手。

（2）（3）（4）分别与右穿梭动作要领中（2）（3）（4）相仿，但是方向相反。如图 11-65 所示。

图 11-64　右穿梭　　　图 11-65　左穿梭

19. 海底针

动作要领如下。

（1）上体稍右转。右脚向前收拢半步，前脚掌落地，与左脚前后相距约一脚长。目视前方。

（2）上体右转，重心移至右腿，右脚全脚掌着地。右腿曲膝，左脚脚跟提起。同时，右手下落经体侧曲臂向后、向上抽提至耳旁，掌心向左，指尖向前；左手向右画弧下落至腹前，掌心向下，指尖斜向右。目视前方。

（3）上体左转，稍向前倾。左脚稍前移，落地，形成左虚步。同时，右手经耳侧斜向前下方插掌，掌心向左，指尖斜向下；左手经左膝前画弧搂过，按至右胯旁。目视右掌。如图 11-66 所示。

20. 闪通臂

动作要领如下。

（1）上体右转，挺直。右腿曲膝支撑站立，左脚回收到右脚内侧。同时，右手上提至身前，指尖向前，掌心向左；左手曲臂收举，指尖贴于右腕内侧。目视前方。

（2）左脚向前上步，脚跟着地。两手内旋分开，两手心向前。目视前方。

（3）重心前移，左脚全脚掌着地，左腿曲膝，形成左弓步。同时，左手推至体前，指尖与鼻尖对齐；右手撑于头部右上方，掌心斜向上，两手前后分展。目视左手。如图 11-67 所示。

图 11-66　海底针　　　图 11-67　闪通臂

21. 转身搬拦锤

动作要领如下。

（1）重心后移，右腿曲膝，左脚尖内扣，身体右转。同时，两手向右摆动，右手摆至身体右侧，左手摆至头前，两掌心向外。目视右手。

（2）重心左移，左腿曲膝，右脚以前脚掌为轴扭直。同时，右手握拳向下、向左画弧收于腹前，拳心向下；左掌举于左额前上方。目向右平视。

（3）右脚提收至左脚踝内侧，随后向右前迈出，脚跟着地，脚尖外撇。同时，右拳经胸前向前搬压，拳心向上，与胸同高；左手经右前臂外侧下落，按于左胯旁。目视右拳。

（4）上体右转，重心前移，左脚收于右脚内侧。同时，右臂内旋，右拳向右画弧至体侧，拳心向下，右臂半屈；左臂外旋，左手经左侧向体前画弧。目视右拳。

（5）右腿曲膝，左脚向前上步，脚跟着地。同时，左掌拦至体前，与肩同高，掌心向右，指尖斜向上；右拳翻转收至腰间，拳心向上。目视左掌。

（6）上体左转，重心前移，左脚全脚掌着地，左腿曲膝，形成左弓步。同时，右拳自腰间向胸前打出，肘微屈，拳心向左，拳眼向上；左手微收，掌指附于右前臂内侧，掌心向右。目视右拳。如图 11-68 所示。

图 11-68　转身搬拦锤

22. 如封似闭

动作要领如下。

（1）左手翻转，掌心向上，从右前臂下向前穿出。同时，右拳变掌，也翻转向上，两手交叉伸举于体前。目视前方。

（2）右腿曲膝，重心后移，左脚尖翘起。同时，两臂屈收，边分边内旋后引，两臂分开与肩同宽，两手收至胸前，掌心斜向下。目视前方。

（3）重心前移，左脚全脚掌着地，左腿曲膝，形成左弓步。同时，两掌向下经腹前再向上、向前推出，腕与肩平，掌心向前，掌指向上。目视前方。如图 11-69 所示。

23. 十字手

动作要领如下。

（1）上体右转，重心右移，右腿曲膝，左腿蹬伸，脚跟着地，脚尖内扣。同时右手向右摆至头前。目视右手。

（2）上体继续右转，右腿屈弓，脚尖外撇，左脚全脚掌着地，左腿自然伸直，形成

右横档步。同时，右手继续向右画弧，摆至身体右侧，两臂平举于身体两侧，两掌心向外，指尖斜向上。目视右手。

（3）上体左转，重心左移，左腿屈弓，右腿自然伸直，脚尖内扣。同时，两手下落画弧交搭于腹前，向上画弧抱于胸前，两掌心向上（右手在下，左手在上）。目平视前方。

（4）上体转正。右脚向左收回，与左脚相距一肩宽，两脚平行向前。右脚前脚掌先着地，随后过渡到全脚掌，两腿慢慢直立，重心落于两脚间。同时，两手交叉合抱呈斜十字，与肩同高，掌心向内。目向前平视。如图 11-70 所示。

图 11-69　如封似闭

图 11-70　十字手

24. 收势

动作要领：两臂内旋，两手翻转手心向下，左右分开与肩同宽。随后两臂慢慢下落，垂于体侧。左脚轻轻提起，并拢于右脚内侧，前脚掌先着地，随后过渡到全脚掌，形成预备姿势，目视前方。

11.5　自卫防身术

自卫防身术是指在自己身体受到攻击时所能采取的保卫自己的手段。练习自卫防身术的目的是制止歹徒的侵害，保护自己的人身与财物安全。

11.5.1　防身自卫练习

1. 基本姿势

侧身站立，两腿一前一后，曲膝、脚掌着地，两手握拳一前一后，尽量少暴露易遭攻击的部位，如图 11-71 所示。

图 11-71　侧身

2. 拳法

直拳：直线出拳，主要用于攻击歹徒面部和胸部，如图 11-72 所示。

勾拳：弧线或直线出拳，从下往上，用拳面击打歹徒腹部、下颌等，如图 11-73 所示。

劈拳：由上往下，用拳外背棱或指棱攻击歹徒面部，如图 11-74 所示。

鞭拳：由左往右，用拳背攻击歹徒头部，如图 11-75 所示。

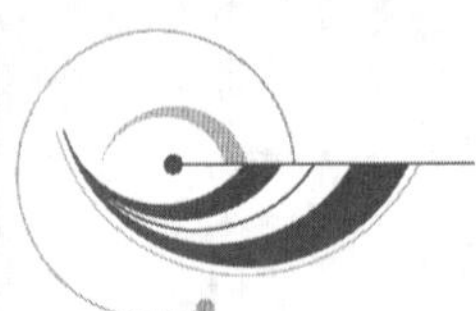

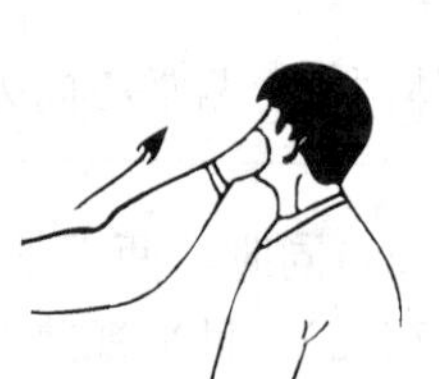

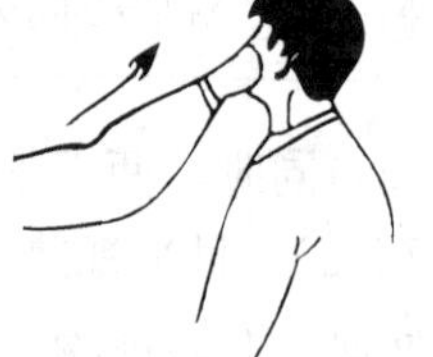

图 11-72　直拳

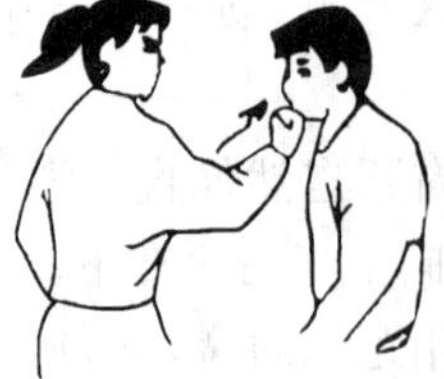

图 11-73　勾拳

图 11-74　劈拳

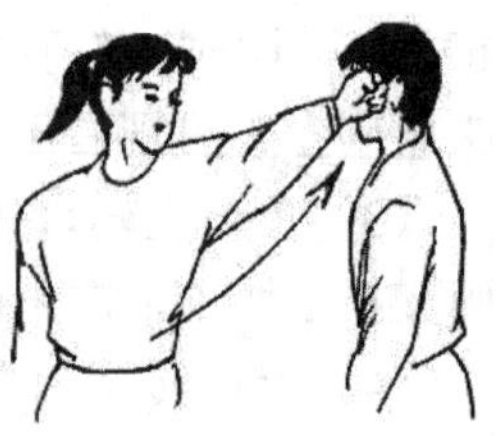

图 11-75　鞭拳

3. 掌法

迎面掌：用掌根攻击歹徒面部和鼻梁，如图 11-76 所示。迎面掌到位后，可张开的五指以指甲贴其面抓下，如图 11-77 所示。

图 11-76　迎面掌

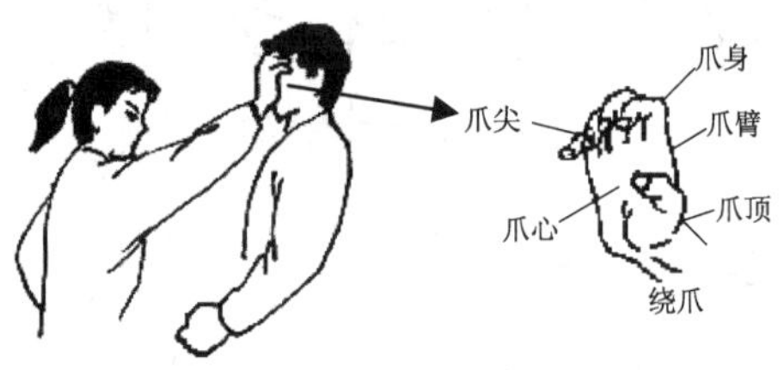

图 11-77　迎面贴金

以双指或单指叉眼：距离歹徒极近、对方又不防范时，可用双指或单指叉眼，如图 11-78 和图 11-79 所示。

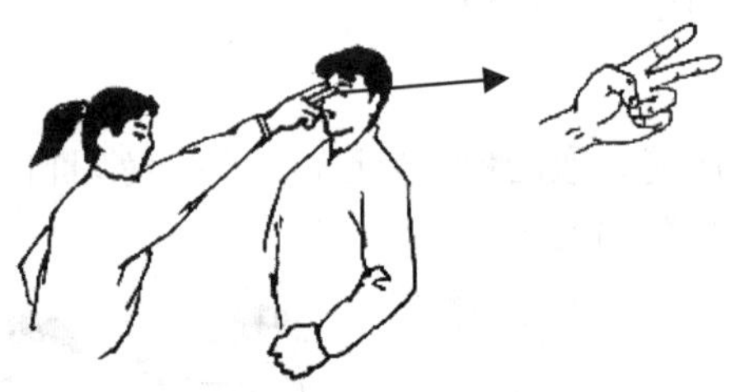

图 11-78　双指叉眼

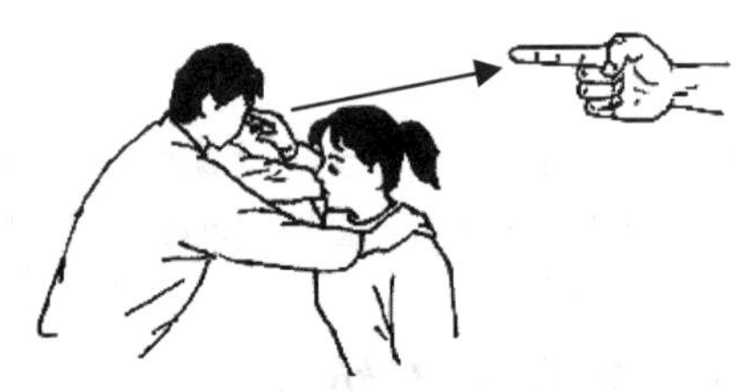

图 11-79　单指叉眼

4. 肘法

顶肘：屈臂，肘部平抬，肘尖向前顶出，发力时蹬腿、送髋、转身，大臂用力，如图 11-80 所示。

挑肘：前臂回收，肘尖向前，再由下向斜上挑击，如图 11-81 所示。挑肘常用于攻击歹徒下颌部位。

横肘：屈臂，肘部平抬，大臂向前横移，以肘尖击打对方，如图 11-82 所示。横肘常用于攻击歹徒太阳穴、后脑、耳门、颈部及胸肋等部位。

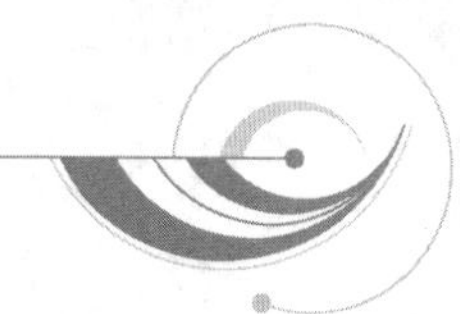

图 11-80 顶肘

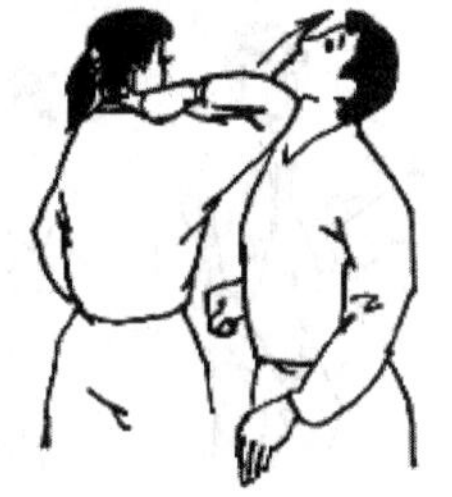

图 11-81 挑肘

图 11-82 横肘

砸肘：手臂上抬，肘尖朝斜上方，再由上往下砸击，砸击的同时身体迅速下沉，如图 11-83 所示。砸肘适用于被歹徒抱住腰或腿的情况，可砸击其后脑、腰部等部位。

反手顶肘：手臂略上抬，身体迅速下沉（幅度没有砸肘大），同时两肘向后顶击，力达肘尖，如图 11-84 所示。反手顶肘适用于被歹徒抱住头或脖子的情况，可顶击其胸部、腹部等。

反手横肘：手臂平抬，蹬腿，身体旋转发力，同时手臂随旋转方向向后横向猛击，力达肘尖，如图 11-85 所示。反手横肘适用于被歹徒从背后抱住身体的情况，可横击其面部、太阳穴等部位。

图 11-83 砸肘

图 11-84 反手顶肘

图 11-85 反手横肘

5. 膝击

膝击法中最常用的是提膝，又称顶膝，指膝腿上抬攻击，并以双手拉住歹徒帮助发力，如图 11-86 所示。

6. 腿法

蹬腿：一腿支撑，一腿上抬向前蹬出，如图 11-87 所示。要点是蹬腿要轻快有力，力达脚跟，蹬出后迅速收回，身体不可前俯后仰。

弹腿：一腿支撑，一腿提膝向正前方弹踢出腿，如图 11-88 所示。要点是膝关节由屈到伸，带动小腿发力，脚背绷直，力达脚背。

踹腿：分为正踹和侧踹。正踹时，一腿提膝稍上抬，脚尖外摆，向前下方猛力踹击，力达脚跟，如图 11-89 所示。正踹多用于攻击歹徒胫骨（小腿骨）部位。侧踹时，先转体，一腿上抬，曲膝，勾脚尖，膝关节由屈到伸向前踹击，力达脚跟。低侧踹腿可用于攻击歹徒膝关节，如图 11-90 所示。中侧踹腿可用于攻击歹徒裆部、腹部，如图 11-91 所示。

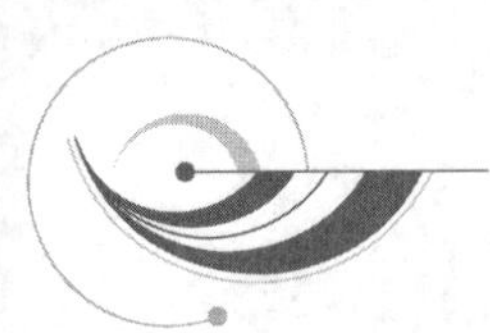

图 11-86　提膝

图 11-87　蹬腿

图 11-88　弹腿

图 11-89　正踹

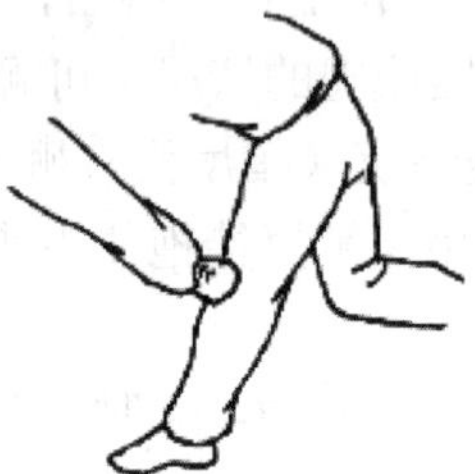
图 11-90　低侧踹腿

图 11-91　中侧踹腿

7. 头击

头击主要指用头撞击歹徒面部和胸部，如图 11-92 所示。撞击对方面部时注意瞄准对方鼻梁处三角区域，千万不要撞击对方前额，否则容易造成互伤。

图 11-92　头击

11.5.2　女子防身术

1. 被歹徒从正面搂抱时的防卫

被歹徒从正面搂抱时，可先上身后仰，制造攻击距离，接着猛然收腹、旋身、挥臂，用肘部连续攻击其太阳穴，如图 11-93（a）～图 11-93（c）所示；也可叉眼、戳喉、折其手指，如图 11-93（d）和图 11-93（e）所示。

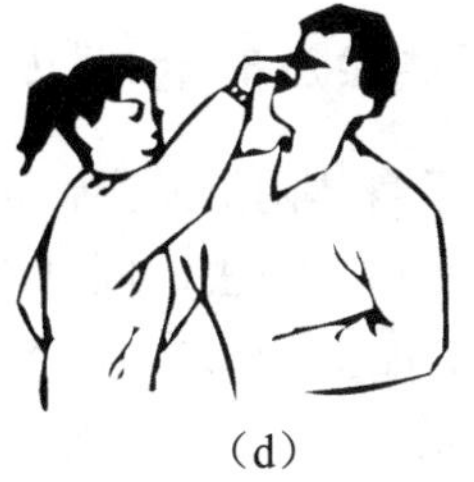

（a）（b）（c）（d）（e）

图 11-93　被歹徒从正面搂抱时的防卫

（a）后仰；（b）肘击太阳穴；（c）连续攻击；（d）叉眼；（e）折手指

2. 被歹徒从后面搂抱时的防卫

被歹徒从后面搂抱时，可抬手蹬腿，身体旋转发力，以反手横肘向后猛击歹徒太阳穴，如图 11-94（a）所示；也可反方向折其拇指或小指，或以脚跟猛跺其脚面，或伸手抓、握、提歹徒生殖器，或猛仰头以后脑击其面部，如图 11-94（b）～图 11-94（e）所示。

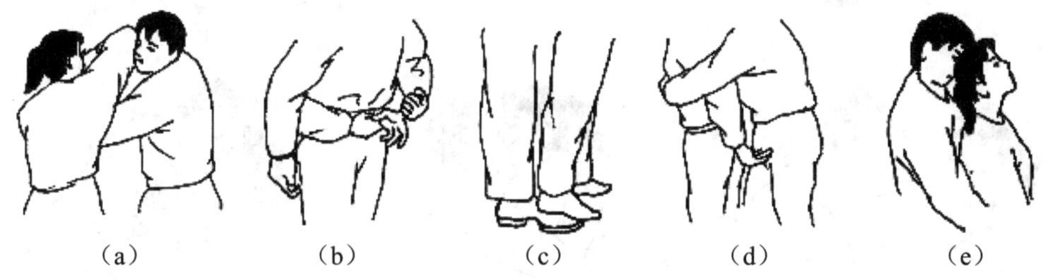

（a）（b）（c）（d）（e）

图 11-94　被歹徒从后面搂抱时的防卫

（a）反手横肘击太阳穴；（b）反折手指；（c）跺脚面；（d）抓生殖器；（e）后脑击面部

3. 被歹徒抓扯头发时的防卫

被歹徒抓住头发往前拖拽时，切勿与拖拽者的拖拽力相抗，以免头皮受伤。此时要借着抓拉之力将膝头高提，提膝猛撞歹徒裆部，如图 11-95（a）所示。或是侧身弯腰靠近歹徒，顺势以手抓握其生殖器，如图 11-95（b）所示。也可抱住歹徒，用一只手的四指直插对方软肋（肋骨下），扣住肋骨往上扯，歹徒痛极自然会松手。或双手叠压于歹徒手背上面，上体前倾弯腰下压，逼迫歹徒松手，如图 11-95（c）所示。

（a）（b）（c）

图 11-95　被歹徒抓扯头发时的防卫

（a）提膝猛撞裆部；（b）弯腰手抓生殖器；（c）双手叠压，弯腰下压

4. 仰卧被歹徒按压时的防卫

如果歹徒分跨于身体两侧站立，可抬腿蹬击其裆部，如图 11-96（a）所示。要领是抬起腰、臀，用力将身体送出去，同时用脚猛蹬对方裆部。如果歹徒手肘抬起，露出腋下，可用掌猛击其腋窝，如图 11-96（b）所示。如果与歹徒距离很近，可戳击歹徒眼睛或咽喉，如图 11-96（c）所示。

如果受害人手臂未被压住，可用肘尖横击其太阳穴，如图 11-96（d）所示；如歹徒强行亲吻，可抓住机会咬其鼻尖或舌尖，然后趁其负痛一时失智的机会，抬头猛撞其鼻梁，并连续进攻歹徒其他要害部位，如图 11-96（e）和图 11-96（f）所示。

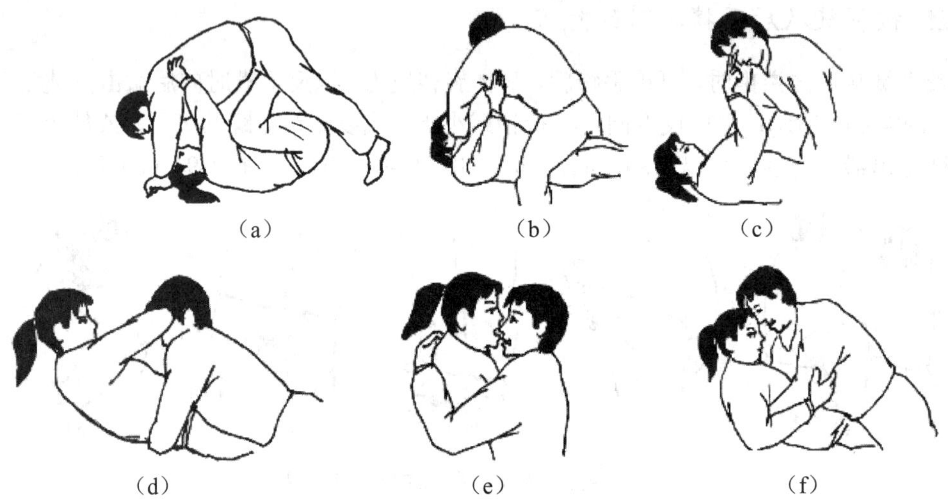

图 11-96　仰卧被歹徒按压时的防卫

（a）抬腿蹬击裆部；（b）掌击腋窝；（c）叉眼；（d）横肘击太阳穴；（e）咬鼻尖 ；（f）头撞鼻梁

第 12 章　娱乐健身

学习目标

- ○ 了解街舞的起源、特点、分类和服饰。
- ○ 熟悉中国风健身舞的艺术特点、基本动作与技术。
- ○ 掌握持杖健步走的姿势、方法和训练原则。
- ○ 了解轮滑的分类和基本技术。
- ○ 掌握跳绳的基本步法和动作。

12.1　健身街舞

12.1.1　街舞的起源

街舞起源于美国纽约的黑人街头舞蹈，是由一种发泄情绪的运动演绎成的街边文化。20 世纪 80 年代的街舞风格以霹雳动作为主，音乐节拍非常快，又称为旧式街舞。1992 年初出现了一种节奏变慢的原地型 HIP－HOP，又称为新式街舞，它没有大幅度的动作和脚步移动，更没有霹雳舞中那些在地上类似体操的动作。它注重身体的协调性，重视上半身的律动，并增加了许多头部、手部的动作。

现在国内街舞在动作选择方面与西方街头流行的舞蹈有所不同。西方街舞形式随意，有些动作技巧性很强，若练习不当，可能会对身体某些部位造成伤害。为了达到科学、安全健身的目的，现在国内的街舞课程大多不会选择高难度技巧动作，且过滤掉了原有街头舞蹈的痞味和夸张动作，突出健身性、娱乐性和欣赏性，便于大众接受。

健身街舞

12.1.2　街舞的特点

街舞动作由各种走、跑、跳及其变化动作，以及头、颈、肩、上肢、躯干等部位的屈伸、转动、绕环、摆振和波浪形扭动等动作连贯组合而成。其特点是轻松随意、自由个性、爆发力强，以全身的活力给人以热情澎湃的感觉。

街舞属于中低强度的有氧运动，其动作以绕环和小关节的动作为主，动作爆发力强。跳街舞不仅能增强心肺功能，减少多余脂肪，增强肌肉弹性和韧带柔韧性的作用，还能增强练习者的协调能力，使身体不常运动到的小关节和小肌肉群得到充分锻炼。

12.1.3　街舞的分类

街舞按动作类别可分为技巧型街舞和舞蹈型街舞两大类。技巧型街舞主要指霹雳舞，要求练习者具有较强的力量、柔韧性和协调性。舞蹈型街舞包括 Hip - Hop、机械舞、自由式等多种风格，要求练习者的动作具有较强的协调性、灵活性和艺术感。

1. Hip - Hop

Hip - Hop 是人们最常接触的一种街舞，它有着幅度大而简单的舞步，能够表现出复杂的舞感，如图 12-1 所示。因为 Hip - Hop 容易学习，而且跳起来也相当好看，所以很受大众喜爱。

图 12-1　Hip - Hop 基本动作

2. 机械舞

机械舞来源于模仿机器人的动作形态，然后又加上一些喜剧和卡通影片里的滑稽动作，具有较强的幽默效果，如图 12-2 所示。机械舞的特点是利用肌肉的紧绷与放松来产生身体的振动与定格。其动作要求包括：肌肉的振动幅度大，振动方法正确；肢体各部分均可以有动作，有时需要突然停顿但不能太重，找到将力量释放出来的“划过骤停”的感觉；动作要配合音乐的节拍点“卡住”，卡拍时肌肉瞬间收紧，在不卡拍时肌肉相对放松，注

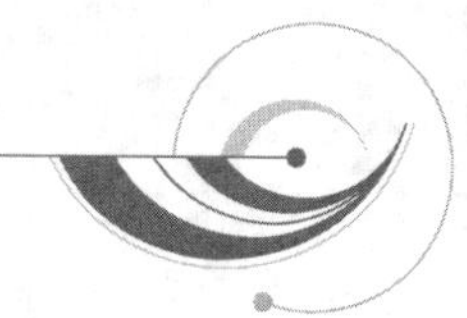

意在肌肉紧张和放松之间把握好“度”。由于动作要求细腻，同时要求练习者具有较好的乐感和韵律性，因此机械舞对练习者基本功要求较高。

图 12-2　机械舞基本动作

3. 霹雳舞

霹雳舞是一种以肢体在空中旋转、翻腾为特色的技巧性街舞，动作以旋转为主，以翻身为辅，旋转或翻腾时以手部为主要支撑点，如图 12-3 所示。其动作大体上可以分为两种类型：一是用手、头、身体在地上旋转，称为大地板；二是用肢体在地上踩出复杂、快速变化的脚步动作，加上刁钻的倒立，称为小地板。

图 12-3　霹雳舞基本动作

4. 自由式

自由式是将各种类型的舞蹈混合在一起，随心所欲地进行融合和展现，没有舞蹈风格的限定，脱离一般舞蹈的规范，可以说是一种个性化的街舞。

12.1.4　街舞的服饰

跳街舞时可以穿宽松的T恤、拖地的多兜裤、紧身背心、运动鞋等。在街舞比赛中，参赛者着装不得过分暴露，不得有文身，不得有反映暴力和色情的动作，不得使用不健康内容的图案、文字、饰物和道具等，否则视具体情况扣分或取消参赛资格。

12.2　中国风健身舞

中国风健身舞是伴随着优美的民族音乐，在健身舞基础上融入中国民族舞蹈的特点，以传承中国民族文化为目的的一种健身项目。中国风健身舞最大的创新之处就是将体操、舞蹈、音乐相结合，融入民族音乐和民族舞蹈的特色动作。其中，傣族、蒙古族、维吾尔族、藏族、彝族等少数民族舞蹈动作是中国风健身舞基本动作的源泉。中国风健身舞的规定套路有傣族舞蹈《彩云之南》、维吾尔族舞蹈《花儿》等，下面就结合这两支舞蹈来学习中国风健身舞。

12.2.1　傣族舞蹈《彩云之南》

1. 傣族舞蹈的艺术特点

傣族舞蹈风格浓郁，特点突出，感情内在而含蓄，舞姿富于雕塑感。傣族舞蹈的动作特点是手形多样，步伐丰富，一般前脚掌着地，落地时轻而稳，代表动作是腿部半蹲，以手臂、腰部和膝部塑造的身体三道弯造型。傣族舞蹈的手部动作和脚部动作极富有表现力，常以上升动作中的挺胸收腹与头部、眼神的巧妙配合表现傣族舞蹈柔中带刚的舞蹈韵律。整体来说，傣族舞蹈既有动态的韵律美，又有静态的造型美。

傣族舞蹈的音乐特点是多以鼓点伴奏，曲风委婉动听，情意深长。《彩云之南》乐曲除保留傣族音乐风格外，还融入了现代化的音乐旋律和乐器效果，使得整个乐曲更具有现代感和时尚感，同时又不失傣族民族音乐的独特风格和民族韵味。

傣族舞蹈《彩云之南》

2. 基本动作与技术

1）基本手形

傣族舞常用的三种基本手形如下。

（1）掌形：四指并拢，大拇指向旁自然张开、手指自然展开，如图12-4所示。

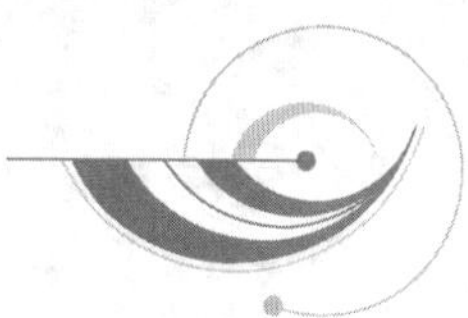

（2）嘴形：拇指与食指捏合，中指、无名指及小指自然张开，呈扇面状，如图 12-5 所示。

（3）曲掌形：四指向里弯曲，内扣，半握拳，拇指向外展开，如图 12-6 所示。

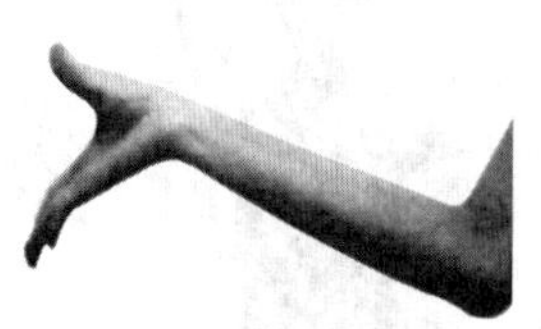

图 12-4　掌形

图 12-5　嘴形

图 12-6　曲掌形

2）基本手位

舞蹈基本手位是指以身体中心为基准点，双手围绕身体的不同高度（上、中、下）在不同点面（前、侧、旁、后）上舞动起落的位置。傣族舞蹈中的基本手位有以下几种。

（1）准备手位：又称一位手，两臂弯曲内夹，放至胯的两侧，曲掌形，手心向上，如图 12-7 所示。

（2）二位手：在准备手位的基础上保持手形，至于胃前，两手手背相对，保持手肘与手腕的弯曲，指尖上翘，注意肩膀不能耸起，气息下放，如图 12-8 所示。

图 12-7　准备手位

图 12-8　二位手

（3）三位手：在二位手的基础上，双手置于头顶，注意肩膀放松，手腕相对靠拢，如图 12-9 所示。

（4）五位手：一只手为三位手，另一只手向旁伸直，手背对前方，手肘和手腕的弯曲角度不变，如图 12-10 所示。

（5）七位手：双手向两边打开，手背对前方，手肘和手腕的弯曲度不变，如图 12-11 所示。

3）基本脚位

双脚并拢，膝盖放松，提胯立腰，如图 12-12 所示。

图 12-9　三位手

图 12-10　五位手

图 12-11　七位手

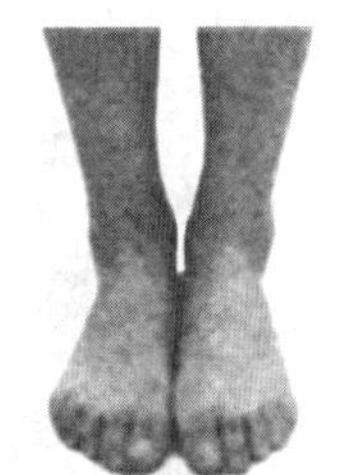
图 12-12　基本脚位

4）基本体态与舞姿

基本体态：挺直站立，重心微前倾，双手叉腰，同时收腹立腰，略收下巴，目视前方，如图 12-13 所示。

图 12-13　基本体态

基本舞姿：傣族舞的基本舞姿主要突出“三道弯”，其中身体的第一道弯是从立起的脚掌至弯曲的膝部，第二道是从膝部到胯部，第三道是从胯部到倾斜的上身。手臂动作也是三道弯，分别是从指尖至手腕，从手腕至手肘，从手肘至手臂。腿部的动作还是呈现三道弯，是指从立起的脚掌到脚跟，从脚跟到弯曲的膝，从膝到胯。

12.2.2　维吾尔族舞蹈《花儿》

1. 维吾尔族舞蹈的艺术特点

维吾尔族舞蹈的主要特点是将身体各部位的动作与眼神相配合来传情达意。基本的体态特征是昂首、挺胸、直腰，跳舞时通常从头、肩、腰、臂到脚趾都有动作，通过动、静的结合和大、小动作的对比，以及移颈、翻腕等装饰性动作（如“动脖”“弹指”“翻腕子”等）的点缀，反映热情、豪放、稳重、细腻的风格韵味。其特点还表现在以膝部连续性的微颤或变换动作前瞬间的微颤，以此来表现动作的柔美，也使衔接更自然，还有在做完快速、多姿的旋转动作后戛然而止，给人意犹未尽的艺术感受。

维吾尔族舞蹈《花儿》

2. 基本动作与技术

1）基本手形

（1）掌形：四指并拢，虎口自然张开，拇指向旁自然平伸，如图 12-14 所示。

（2）花形手：拇指和中指相对（捏葡萄状），另外三只自然翘起，如图 12-15 所示。

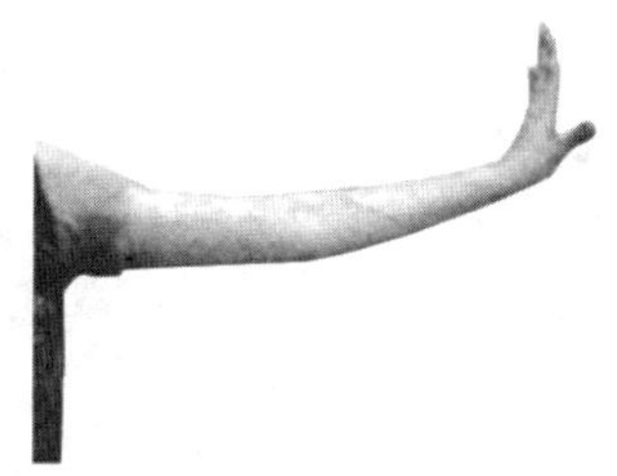

图 12-14　掌形

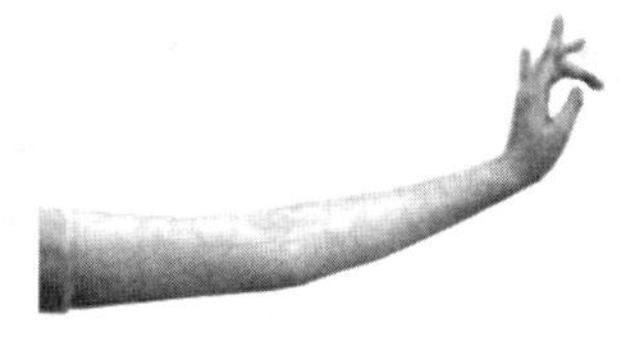

图 12-15　花形手

2）基本手位

（1）叉腰手位：虎口自然张开，按于胯骨处，手腕下压，肘部向旁打开，如图 12-16 所示。

（2）围腰手：将左手放在胯前，手心朝上，将右手放在背后，手心朝上，如图 12-17 所示，也可做相反的动作。

（3）托帽手：一只手在斜三位，另一手在帽旁做托帽的舞姿，托帽手的肘部成 45° 打开，如图 12-18 所示。

（4）平开手：双手做掌形，掌心朝上向旁打开，双臂与肩成 90°，如图 12-19 所示。

（5）立掌手：五指自然平伸，压腕立掌，向旁打开，如图 12-20 所示。

（6）移颈：做准备动作时，头部保持端正，上身不动。然后 1 拍向左移颈，2 拍向右移颈，重复此动作，如图 12-21 所示。

图 12-16　叉腰手位

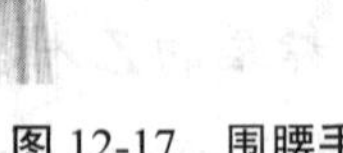

图 12-17　围腰手

图 12-18　托帽手

图 12-19　平开手

图 12-20　立掌手

图 12-21　移颈

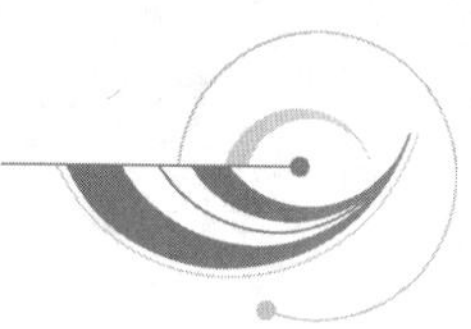

3）基本脚位

（1）小八字步：脚跟并拢，脚尖自然向外打开，呈八字形，如图 12-22 所示。

（2）旁点步：在小八字步的基础上，左脚不动，右脚向正旁擦地出去，旁点步、半脚掌点地，脚背自然打开，如图 12-23 所示。

图 12-22　小八字步

图 12-23　旁点步

（3）后点步：在小八字步的基础上，左腿不动，右腿向斜后擦地出去，后点步半、脚掌点地，脚背自然打开，如图 12-24 所示。

（4）踏步位：在小八字步的基础上，左腿不动，右腿向正后方撤步，前脚掌撑地膝盖弯曲，双腿内侧夹紧，如图 12-25 所示。

图 12-24　后点步

图 12-25　踏步位

4）基本体态与舞姿

（1）体态舞姿一：上身托帽手，脚下踏步，后背挺直，看向斜上方，如图 12-26 所示。

（2）体态舞姿二：双手压腕，手臂端平，用手托脸，脚下踏步，如图 12-27 所示。

图 12-26　体态舞姿一

图 12-27　体态舞姿二

（3）体态舞姿三：五位立掌手，脚下后点地，如图 12-28 所示。

（4）体态舞姿四：六位响指手，膝关节稍屈，脚下踏步，身体后靠，眼睛看向后背方向，如图 12-29 所示。

图 12-28　体态舞姿三

图 12-29　体态舞姿四

12.3　持杖健步走

持杖健步走起源于北欧国家滑雪运动员的一种训练方法，指用两根手杖作为辅助器械进行健步走训练。持杖健走时，人体从有两个支撑点变为有四个支撑点，有效减轻了体重对腰椎和膝关节的压力；此外，持杖健走时上肢也要配合做动作，因此持杖走两步相当于徒手走三步，快速持杖健步走甚至可以达到或接近慢跑的锻炼效果。可以说，持杖行走是升级版的健步走，其比散步的锻炼效果更好，比慢跑更安全。

12.3.1　持杖健步走的姿势

持杖健步走

持杖健步走不仅有助于改善体型和行走姿势，还有助于增强肌肉力量。持杖健步走的姿势包括平路行走姿势和登山姿势两种。平路行走姿势是指行走时将后腿蹬直，前腿的后脚跟先着地，双臂摆开使手杖的支撑点位于身体两侧稍靠后的地方，手杖斜着，利用手杖推动身体，同时迈大步前行。登山姿势是指上山时手杖先放在前面，利用手杖上的腕带拉动身体向上，登上去后手臂弯曲，利用腕带推着身后的手杖使身体继续上行。下山时，手杖在前面支撑，手臂同手杖成一条直线，起到支撑的作用。

那么，持杖健步走时身体各个部位及视线和呼吸的状态是怎样的呢？

（1）头部的状态。行走期间头部端正，保持一种被绳子从头顶上方牵引的感觉。

（2）视线。眼睛不要过分俯视，可以看向安全距离范围内稍远的地方，一般是看向前方 3～6 米处。

（3）呼吸。调整呼吸，长出气，深吸气，保持沉稳自然、舒畅自如的呼吸节奏。注

意呼吸节奏要与走的韵律和节奏相协调，这样行走的时候会产生愉悦的韵律。

（4）手臂的状态。双手持杖，屈臂 90°时最省力。

（5）腰腹的状态。行走时始终保持收紧腰腹，不要挺腰或弓腰。

（6）骨盆与臀部的状态。要保持骨盆与臀部一起左、右、左螺旋转动，但是转动幅度不要太大；要有意识地把臀部当作腿部的一部分，向前迈动时臀部收紧，出脚时要用力向后下方蹬地。

（7）腿和脚的状态。向前迈步出脚时，脚尖上翘，脚跟先着地，要快速敏捷地将身体重心从脚后跟过渡到整个脚底。迈步抬脚时有意识地用脚趾跟部用力蹬地面。着地时腿部伸展，脚部放松，出脚动作要柔和、自然。

12.3.2　学习持杖健步走的步骤

学习持杖健步走前首先要挑选手杖，手杖的长度应为使用者身高的 66%左右，手杖是分左右的，注意不要用错。学习持杖健步走包括以下步骤。

（1）拖手杖行走。用双手虎口各捏住一支手杖，将手杖底端小脚的尖朝后，手臂自然下垂，然后手臂摆开，拖着手杖行走。

（2）轻推手杖行走。手指稍用力，轻推手杖行走，行走期间手杖斜着向后，起支撑身体的作用。

（3）双手分别戴好腕带行走。手掌通过腕带推动手杖向后支撑，手臂伸直，将手杖推至身后，顺势前行，同时手掌上翻。注意不要用手掌紧握手杖手柄，要用虎口捏住手柄，这样能保证两支手杖前后摆动时不乱晃。

（4）甩开手臂大步行走。手臂前后甩开，轻快有力、节奏鲜明地大步向前走。

12.3.3　持杖健步走的训练原则

1. 加大每一步的幅度

练习持杖健步走时要把背和腰挺直，尽量挺胸，两脚脚趾朝向行走的方向，走每一步时都要用脚趾发力，让全身的肌肉尽可能地参与进来。练习大步走时，要尽力加大摆臂幅度，带动全身肌肉参与到健步走动作中。加大步幅的简单方法是在鞋底沾些水，先以平常步子走，衡量两个脚印间的距离，然后在此基础上不断增加步幅，多练习几次，适应新的步幅。

2. 用力走出每一步

用力走比放松走耗费的热量要多，锻炼效果要好，用力走出每一步有利于减少脂肪，增加肌肉量，降低血糖，强化骨骼。

3. 行走时间和距离宜固定

没有规律的不定时锻炼不利于身体形成肌肉记忆，所以行走时间和距离宜固定。大学

生可以根据自己的体质和作息时间确定行走时间和距离。例如，可以在每天上课之前走上 25 min 至 30 min，也可以在晚上空闲的时候行走一定的距离。

12.4　轮　滑

12.4.1　概述

轮滑运动又称为滑旱冰和滚轴运动等，是人们穿着带滚轮的特制鞋在坚实平整而光滑的场地上滑行的一种运动项目。

轮滑运动起源于欧洲。18 世纪，一名荷兰人为了能够在夏天进行滑冰发明了滑轮溜冰。后来经过欧美人多次对轮滑鞋改造，使得这项运动在欧洲各国得到发展和普及，并逐渐发展成为竞赛项目。1952 年国际轮滑联合会正式成立，此后每年举办一次世界锦标赛，最终使轮滑在全世界范围内发展起来。

轮滑运动于 19 世纪传入中国，当时仅在沿海个别城市作为一种娱乐项目开展。1980 年 9 月，中国加入国际轮滑联合会，之后轮滑运动在我国得到了迅速的发展。

轮滑运动的比赛项目包括速度轮滑、花样轮滑、自由式轮滑、轮滑球和极限轮滑等，具体如表 12-1 所示。

表 12-1　轮滑的项目分类表

<table>
<tr><th colspan="3">项目类别</th><th>男子项目</th><th>女子项目</th></tr>
<tr><td rowspan="6">轮滑</td><td rowspan="2">速度轮滑</td><td>公路比赛</td><td>200 m、300 m、500 m、1 000 m、1 500 m、2 000 m、3 000 m、5 000 m、10 000 m、20 000 m、30 000 m、50 000 m、42 km 马拉松</td><td>200 m、300 m、500 m、1 000 m、1 500 m、2 000 m、3 000 m、5 000 m、10 000 m、20 000 m、30 000 m、50 000 m、42 km 马拉松</td></tr>
<tr><td>场地跑道比赛</td><td>200 m、300 m、500 m、1 000 m、1 500 m、2 000 m、3 000 m、5 000 m、10 000 m、20 000 m、30 000 m、50 000 m</td><td>200 m、300 m、500 m、1 000 m、1 500 m、2 000 m、3 000 m、5 000 m、10 000 m、20 000 m、30 000 m、50 000 m</td></tr>
<tr><td colspan="2">花样轮滑</td><td colspan="2">规定图形滑、自由滑、双人滑、双人舞</td></tr>
<tr><td colspan="2">自由式轮滑</td><td colspan="2">花式过桩、花式刹停、Free skating</td></tr>
<tr><td colspan="2">轮滑球</td><td colspan="2">单排轮滑球、双排轮滑球</td></tr>
<tr><td colspan="2">极限轮滑</td><td colspan="2">街区轮滑、U 池轮滑</td></tr>
</table>

轮滑运动具有竞技性、娱乐性和锻炼性，可用于艺术表演和交通代步。花样轮滑还融入了体操、杂技、舞蹈和造型艺术等元素。轮滑运动不受场地大小的限制，器械简单，只需要轮滑鞋和一块平坦场地就可以开展。

12.4.2　基本技术

轮滑的基本技术包括站立、平衡、移动、滑行、滑行停止和弯道滑行等。

1. 站立、平衡和移动

1）站立姿势练习

站立的姿势主要包括丁字步、八字步和平行站立等。

（1）丁字步站立。动作要领：左脚跟紧靠右脚内侧（或右脚跟紧靠左脚的内侧），使双脚呈丁字步。双膝微屈，重心稍稍偏向右脚，上体略前倾，抬头目视前方，两臂自然垂于体侧。

（2）八字步站立。动作要领：双脚脚跟靠近，脚尖自然分开呈八字步。双膝弯曲，重心落于两脚间，目视前方，两臂自然垂于体侧。

（3）平行站立。动作要领：双脚左右开立，与肩同宽。两脚稍内扣，上体微前倾，双膝微屈，重心落于两脚间，两臂自然垂于体侧。

2）平衡练习

平衡练习主要包括原地移动身体重心、原地踏步和原地蹲起等。

（1）原地移动身体重心。动作要领：在双脚平行站立的基础上上体左移，并逐渐将身体重心完全移至左脚支撑站立。待平稳后上体右移，将身体重心移向右脚。练习时左右交替移动。

（2）原地踏步。动作要领：在八字步站立的基础上将身体重心移到一只脚上，另一只腿曲膝上提，使脚离地面 5～10 cm 再落下。然后将身体重心移至另一只脚上，两脚交替踏步练习。

（3）原地蹲起。动作要领：在双脚平行站立或八字步站立的基础上做下蹲、起立动作，身体重心落在两脚间。两臂自然打开，协助身体保持平衡。

3）移动练习

移动练习包括双脚原地前后滑动、向前八字走和横向迈步移动等。

（1）两脚原地前后滑动。动作要领：在平行站立的基础上两腿伸直，大腿发力做一脚向前，同时另一脚向后的前后滑动，两臂前后摆动，协助身体保持平衡。

（2）向前八字步走。动作要领：在丁字步或八字步站立的基础上，一脚向前迈出一小步，脚尖外展，同时迅速将身体重心移至前脚。当身体重心落至前脚时，后脚再抬起向前迈步。两脚交替进行，移动身体重心。

（3）横向迈步移动。动作要领：在平行站立的基础上，向右横向迈步，移动时左脚用力蹬地，将身体重心左移，右脚向右迈出一步，随之迅速将重心移至右脚，左脚靠拢右脚内侧着地。将重心移至左脚，右脚继续横向迈步移动。向左横向迈步的动作要领与向右横向迈步的动作要领相仿。

2. 滑行

初学者在掌握了走步移动身体重心后，就可以开始学习向前滑行动作。常用的滑行方

法包括走步双滑行、高姿势交替蹬地交替滑行、低姿势交替蹬地交替滑行和交替蹬地接双脚滑行等。

1）走步双滑行

动作要领：在向前八字步走的基础上，每次连续走几步就可产生一定的惯性，然后两脚迅速并拢，由八字步变为两脚平行站立，借助惯性向前滑行，保持重心在两脚间，体会身体向前滑的感觉。两臂自然前后摆动，协助身体保持平衡。然后再走几步再并拢双脚滑行，连续练习。

2）高姿势交替蹬地交替滑行

动作要领：两脚八字步站立，膝、踝微屈，上体挺直。两脚同时向两侧蹬地，使双脚同时开始前滑。先将身体重心移至左（右）腿，右（左）脚侧蹬地，左（右）腿支撑滑行，再用右（左）脚蹬地，之后迅速收回右（左）脚并向左（右）腿靠拢，落地时两脚呈八字步，同时将身体重心移至右（左）腿，左（右）腿侧蹬地，如此两脚交替进行。两臂自然前后摆动，协助身体保持平衡。

3）低姿势交替蹬地交替滑行

低姿势交替
蹬地交替滑行

低姿势交替蹬地交替滑行比高姿势交替蹬地交替滑行动作幅度大，用力时间长，所以滑行起来较快，可应用于速滑。

动作要领：在高姿势交替蹬地交替滑行的基础上，形成深蹲姿势，上体前倾，将身体重心移至左（右）脚，右（左）脚侧蹬地，左（右）腿支撑滑行，右（左）脚蹬地后迅速收回，向左（右）脚并拢，落地时两脚呈八字步。将身体重心移至右（左）脚，左（右）脚侧蹬地，如此两脚交替进行滑行。两臂自然前后摆动，协助身体保持平衡。

4）交替蹬地接双脚滑行

动作要领：两脚交替蹬地、滑行 3～4 步或 5～6 步后，双脚并拢，借助惯性向前滑行，两臂自然前后摆动，协助身体保持平衡，然后再交替蹬地几步，再借助惯性滑行。

3. 滑行停止

常用的滑行急停方法包括八字停止法和丁字停止法等。

1）八字停止法

动作要领：在两脚交替蹬地交替向前滑行的过程中，两脚平行分开站立，随后两脚尖内转成内八字步，两腿弯曲，上体稍前倾，臀部下蹲，两臂前伸维持身体平衡，两脚以鞋轮内侧摩擦地面，直至滑行停止。

2）丁字停止法

动作要领：在前滑的过程中将身体重心移至前脚，前腿曲膝，后脚横放在前脚内侧，形成丁字步，后脚鞋轮内侧摩擦地面，加大阻力，直至滑行停止。

4. 弯道滑行

初学者在进行简单的直线滑行时，也可进行一些简单的转弯练习。常用的弯道滑行方法有走步转弯、惯性转弯和短步转弯等。

1）走步转弯

动作要领：向前做八字步左转弯时，在每一次落脚时脚尖都向左转动一点，身体也随之向左转动一点，逐渐行成弧形的走滑路线。右转弯时动作相仿。

2）惯性转弯

动作要领：当向前滑行有一定的速度后，两脚平行稍靠近。向左转时左脚略靠前，右脚靠后，重心落于两脚之间前 1/3 处，最好是前腿略弓，后腿直。身体重量压在左脚和右脚的内侧，利用惯性向左滑一个角度较大的弧线。右转弯时动作相仿。

3）短步转弯

动作要领：左转弯时，在学会慢转弯动作的基础上曲膝下蹲，将重心完全落在左腿上，甚至超过左腿的支点。右脚向右侧蹬地后迅速收回，同时靠近左脚落地，做短暂支撑。同时左脚迅速向左稍转脚尖，右脚再迅速向一侧蹬地，连续做此动作可以加速转弯。向右转时动作相仿。

12.5　跳　绳

常见的跳绳绳具有竹节绳和一体绳。其中，竹节绳容易摇动且不易打结，主要适用于各种基础训练。选择竹节绳时可以用单脚前脚掌踩绳体中部，双手向上提拉，绳头到胸部下沿为宜（见图 12-30）。一体绳摇动起来速度更快，所以在跳绳训练中后期，尤其是练习各种抛绳、多摇、限制位交叉动作时，为了更好地完成动作，跳绳者会选用一体绳，还会适当地缩短绳体的长度。

12.5.1　基本步法

1. 直摇并腿跳

1）动作要领

从基本准备动作开始，两脚掌蹬地发力，跳起一定高度，提膝、收腹、稍含胸，大臂下垂，尽量贴近身体，双手手腕均匀发力，迅速向前摇绳绕身体一周，稍曲膝跳过绳体，前脚掌着地，即为完成一次，如图 12-31 所示。

2）动作要求

（1）手臂保持摇绳姿势，注意控制手臂摇绳的节奏。

（2）双脚并拢向上跳，落地时只需前脚掌着地。

（3）把握并脚跳过绳的时机和节奏。

3）错误动作及纠正方法

错误动作：摇绳节奏无法与跳动的节奏相匹配。

纠正方法：① 徒手摇绳练习，在摇动过程中膝盖随着节奏弹动。② 原地直腿跳动练习。

图 12-30　跳绳长度

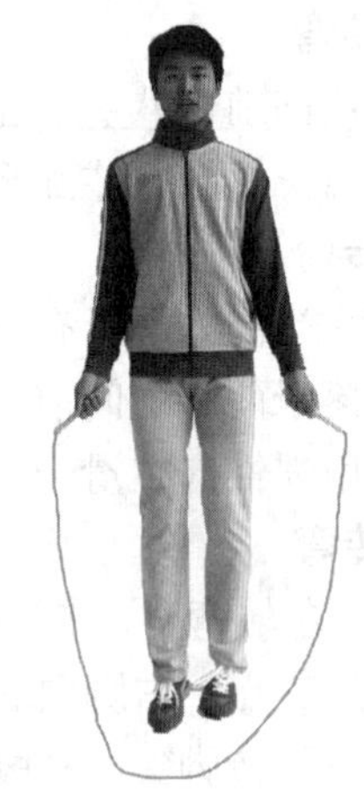

图 12-31　直摇并腿跳

4）练习方法

（1）固定手形：空手摇或两手各握一根短绳摇。

（2）徒手跳：原地徒手模仿整个动作过程。

（3）单个动作练习：每次只跳一下就停下来，然后重新开始。

（4）连续动作练习：以 1 至 2 个八拍为一组进行连续跳练习，跳完一组后可休息 3 min，再继续跳。

2. 单脚交换跳

1）动作要领

以直摇并腿跳姿势为基础，在绳子过脚的同时，先抬起一只脚跳过，再抬起另一只脚跳过绳子，两脚交替落地的动作为单脚交换跳，如图 12-32 所示。

图 12-32　单脚交换跳

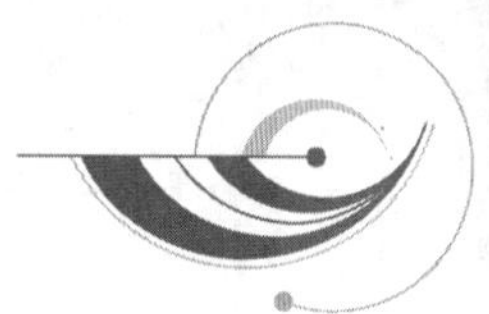

2）动作要求

（1）手臂保持摇绳姿势，注意控制手臂摇绳的节奏。

（2）为了加快跳绳速度，抬脚时脚尖下压，使脚尖与地面的距离不超过 10 cm，接着用前脚掌着地。

（3）单脚跳时，绳子过脚再抬另一只脚，两脚交替跳，以右脚落地算为 1 个，50 个为一组，间歇练习。

（4）把握单脚跳交替过绳的时机和节奏。

3）错误动作及纠正方法

错误动作：把握不准单脚交换跳与过绳的时机，控制不住绳子节奏，左右脚交替不协调。

纠正方法：单脚跳时绳子先过脚再抬另一只脚。

3. 开合跳

1）动作要领

在基本摇绳姿势的基础上，两手持绳向前摇，当绳子过脚置于空中时，两脚分开与肩同宽，当绳子打地将要过脚时，两脚并拢跳过绳，一拍一动，完成开合跳，如图 12-33 所示。

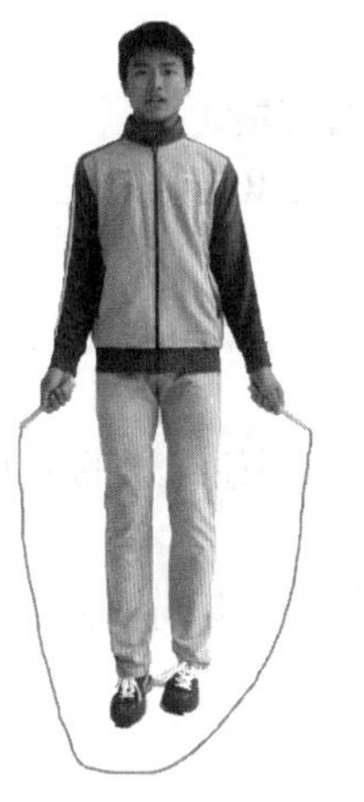

图 12-33　开合跳

2）动作要求

（1）手臂保持摇绳姿势，注意控制手臂摇绳的节奏。

（2）脚步打开时双脚分开，与肩同宽。

（3）把握开与合及过绳的时机和节奏。

3）错误动作及纠正方法

错误动作：把握不准脚步开与合交换跳及过绳的时机，控制不住绳子的节奏，把握不住开与合的时间差。

纠正方法：由合到开时，绳子过脚再打开两脚；由开到合时，先合两脚再过绳。

4. 弓步跳

1）动作要领

在基本摇绳姿势的基础上，两手持绳向前摇，当绳子过脚置于空中时，两脚分开成前后弓步，当绳子打地快过脚时，两脚并拢跳过绳，一拍一动，完成弓步跳，如图 12-34 所示。

图 12-34 弓步跳

2）动作要求

（1）手臂保持摇绳姿势，注意控制手臂摇绳的节奏。

（2）脚步打开时前一只脚落地，膝盖弯曲角度在 30°到 60°之间，后面的腿必须伸直，并且脚跟不能着地；两脚的间距约为 20 cm。

（3）把握弓步跳过绳的时机和节奏。

3）错误动作及纠正方法

错误动作：把握不准弓步跳与过绳的时机，控制不住绳子的节奏，把握不住弓与合的时间差。

纠正方法：由合到弓时，绳子先过脚再打开双脚成弓步；由弓到合时，先合两脚再过绳。

5. 并脚左右跳

1）动作要领

在基本摇绳姿势的基础上，绳子过脚置于空中时，双脚并拢分别向左、向右跳，一拍一动，称为并脚左右跳，如图 12-35 所示。

2）动作要求

（1）手臂保持摇绳姿势，注意控制步伐节奏。

（2）左右跳时一直保持并脚，左右跳的时间间隔不宜过长，左右落地点的间距保持与肩同宽。

（3）左右跳时，两手腕注意放松，自然柔和地摇绳，手与脚的节奏是一摇一跳、一左一右。

（4）左右跳时，踝关节和膝关节注意放松，控制好节奏与时机，前脚掌着地时动作

要有弹性。

（5）注意身体挺直，目视前方，面带微笑。

（6）把握并脚左右跳过绳的时机和节奏。

3）错误动作及纠正方法

错误动作：把握不准并脚左右跳与过绳的时机，控制不住绳子的节奏，把握不住并脚左右跳的时间差。

纠正方法：① 徒手摇绳练习，在摇动过程中膝盖随着节奏弹动。② 原地并脚左右跳练习。

4）练习方法

先做徒手动作练习；再做分步骤练习，手部摇绳，脚部左右跳；最后手脚一起配合。

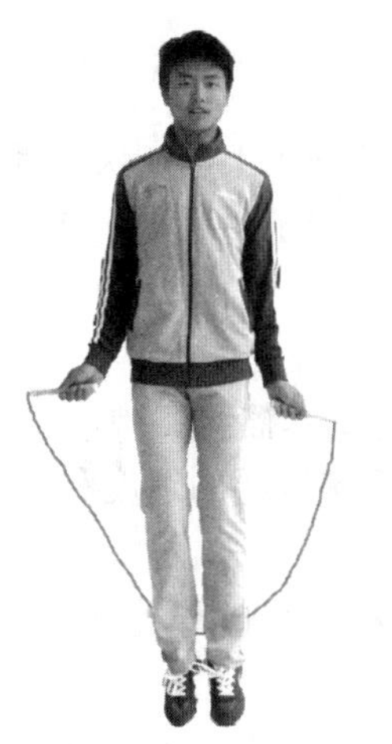

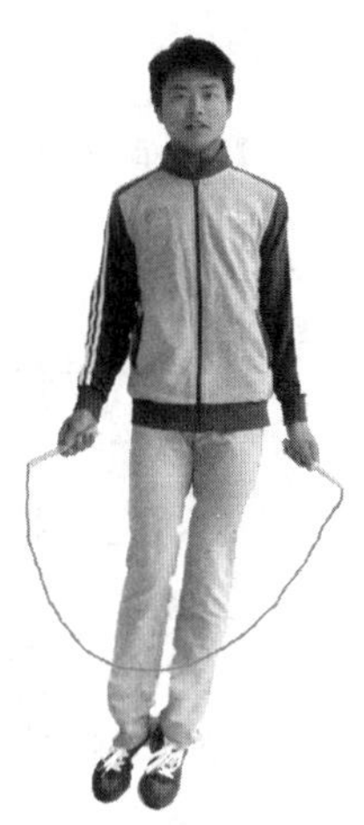

图 12-35　并脚左右跳

12.5.2　交叉与双摇动作

1. 交叉

1）动作要领

由基本准备动作开始，两脚蹬地发力，跳起一定的高度，同时两手迅速向前摇绳，当绳子越过头顶后，两手顺势在腰部位置做交叉动作，让绳子顺利通过脚下，绕身体一周，即为完成一次，如图 12-36 所示。

图 12-36　交叉

2）动作要求

（1）两小臂上下交叉贴于腹部，交叉的位置大约在小臂的中间。

（2）做交叉时拳心向后，拳眼向上，摇绳时由后向上摇起。

（3）当绳子快落地时并脚跳起过绳。

（4）两手交叉的位置要正确，在做交叉时也要摇绳。

3）错误动作及纠正方法

错误动作：两手交叉的位置不对或交叉时没有摇绳。

纠正方法：练习时，刻意控制两手交叉的位置，徒手交叉时，尝试摇绳。

4）练习方法

（1）徒手跳：原地徒手练习交叉的动作和节奏。

（2）跳空绳：两手各握一根短绳，由后向前摇动绳子，在体前做交叉。

（3）交叉踩绳：绳子要到体前时做交叉，然后双脚踩住绳子中间。

（4）连续动作练习：双脚能踩住绳子后试着跳过，再连续跳过。

2. 直双摇跳

1）动作要领

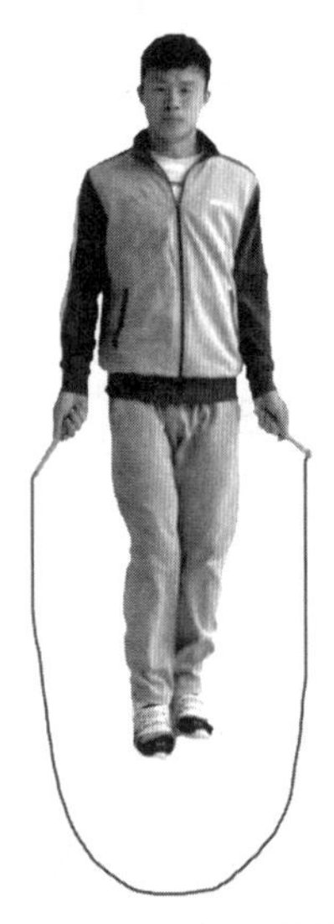

图 12-37 直双摇跳

在直摇并腿跳的基础上，加快手腕的摇绳速度，双脚曲膝向上跳，手腕摇 2 次绳子，跳过 1 次，连续跳动即直双摇跳，如图 12-37 所示。

2）动作要求

（1）手臂保持基本摇绳姿势，注意控制双摇跳的节奏。

（2）把握好手腕摇绳的速度和力度，双脚曲膝向上跳约 20 cm。

（3）落地时需用前脚掌着地，起到缓冲作用，手腕摇 2 次，跳过绳子 1 次。

（4）把握手腕摇绳的节奏和跳过绳的时机。

3）错误动作及纠正方法

错误动作：① 把握不准摇绳和跳过绳的时机。② 落地时用全脚掌落地。

纠正方法：① 摇绳和跳的时候在空中摇绳的速度稍快，接第二个的时候，应在地上多停留 2 s，这样缓冲时间多一点，向上跳时双脚微屈。② 学会用前脚掌发力，与此同时应学会用前脚掌落地，这样才能起到缓冲作用。

4）练习方法

（1）徒手跳：原地徒手练习双摇跳的动作和节奏。

（2）带绳跳单摇练习：跳单摇需把节奏放慢，双脚向上跳的高度要高，摇绳的节奏要和脚的速度保持一致。

（3）单个动作练习：在带绳单摇跳的基础上，尝试手腕摇 2 次绳，手和脚配合完成一次后停下，然后反复练习。

（4）连续动作练习：在单个动作练习的基础上，以完成 5～10 个动作为一组，进行间歇练习。

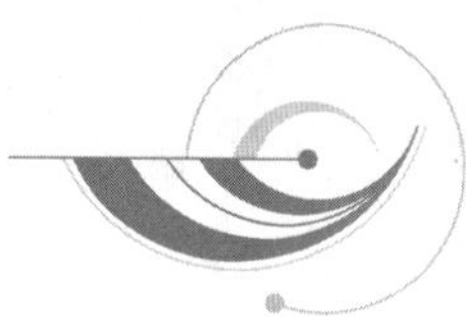

3. 直摇交叉

1）动作要领

在直双摇的基础上，将直双摇的第二个动作改做交叉的动作，在起跳到落地的瞬间需要把直摇交叉完成。交叉动作为双手置于胸前做交叉，如图 12-38 所示。

图 12-38　直摇交叉

2）动作要求

（1）手臂保持基本摇绳姿势，注意把握双摇的节奏。

（2）直摇交叉的动作需在空中完成，落地方可一次跳过。

（3）在空中做动作的时候，双手做交叉和摇绳的速度要快，并且要控制好落地的节奏。

（4）把握摇绳的节奏和跳的时机。

3）错误动作及纠正方法

错误动作：做交叉的时候，手拉开得很大，这样连接跳的时候会出现问题。

纠正方法：在空中做交叉的时候，要控制好手臂，用手腕来发力，这样连接起来比较顺畅。

4）练习方法

（1）徒手跳：原地徒手模仿练习直摇交叉的动作和节奏。

（2）带绳单个动作练习：完成一次直摇交叉后停下来，然后反复练习。

（3）连续练习：在单个动作练习的基础上，以完成 5～10 个动作为一组，进行间歇练习。

4. 交叉直摇

1）动作要领

起跳时先做交叉动作，然后在空中拆开以直摇跳过绳落地，如图 12-39 所示。

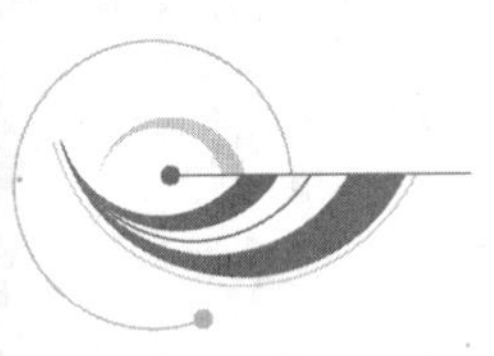

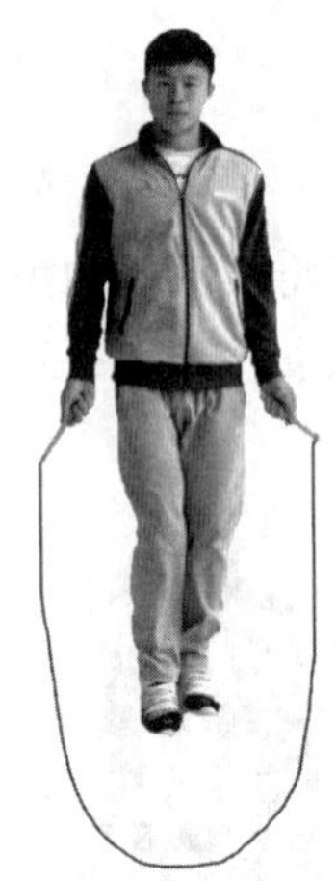

图 12-39　交叉直摇

2）动作要求

（1）在做交叉的时候，用手腕发力摇绳。

（2）交叉过渡到直摇拆开的时候动作要快。

（3）起跳和落地均以前脚掌为主。

（4）做交叉时手腕要正确发力，注意把握摇和跳的时机和节奏。

3）错误动作及纠正方法

错误动作：交叉时的手腕发力不对，难以控制整个身体。

纠正方法：多练习交叉直摇的单摇跳，培养摇绳的节奏感。

4）练习方法

（1）徒手跳：练习原地徒手跳，模仿交叉直摇跳的动作和节奏。

（2）单个动作练习：初学时把速度放慢，练习交叉直摇单个动作。

（3）连续动作练习：以完成5～10个动作为一组，串起来练习。

5. 交叉双摇

图 12-40　交叉双摇

1）动作要领

起跳时保持做交叉的摇绳姿势，在空中完成第二个交叉并跳过落地为一个完整的交叉双摇，如图 12-40 所示。

2）动作要求

（1）起跳高度约为 20 cm，膝盖微屈。

（2）双手交叉摇绳的速度要快，落地时用前脚掌先落地缓冲。

（3）注意把握起跳的时机和摇绳的节奏。

3）错误动作及纠正方法

错误动作：跳双摇的交叉时用大臂发力，控制不了绳子。

纠正方法：先练习带绳单摇、双摇，熟悉动手腕摇绳后尝试双摇交叉。

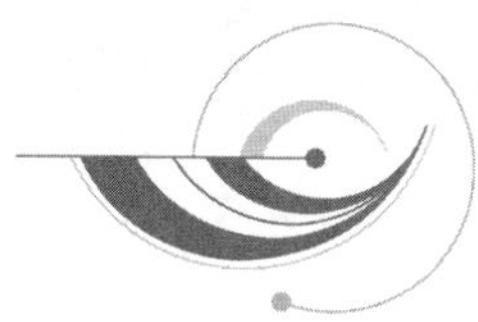

4）练习方法

（1）徒手练习：原地徒手模仿交叉双摇的动作和节奏。

（2）单个动作练习：完成一次交叉双摇后停下来，然后反复练习。

（3）连续动作练习：可以将直双摇和交叉双摇串起来练习。

6. 侧甩直摇

1）动作要领

将绳子由后向前先往左侧打一下，此时右手在上，左手在下，侧打的同时身体准备向上跳，将绳子在空中拆开成直摇并过脚，两侧交替进行，即为双摇的侧甩直摇，如图 12-41 所示。

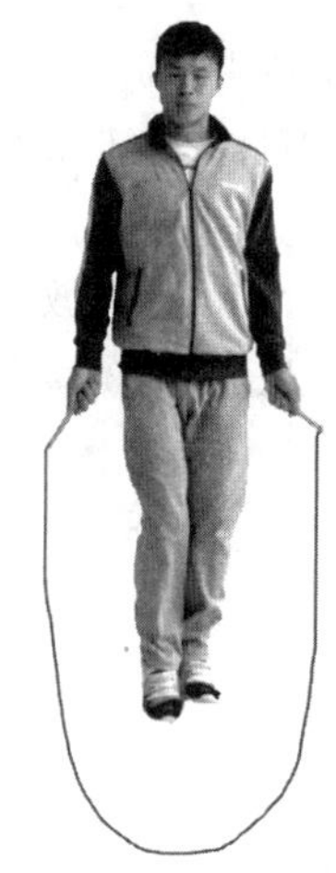

图 12-41　侧甩直摇

2）动作要求

（1）绳子从右后向前做侧甩的同时，身体要准备向上跳。

（2）在空中将绳子拆开成直摇的时候，要控制住手臂，不可拉太开。

（3）起跳和落地时要用前脚掌着地。

（4）注意把握侧打时两只手的位置。

3）错误动作及纠正方法

错误动作：左右侧打时放错手的位置。比如打左边的时候要将右手放在上面，很多人都会放在下面。

纠正方法：在原地练习侧打，掌握后再加一个单直摇，然后过渡到双摇。

4）练习方法

（1）徒手练习：原地徒手模仿练习，体会侧甩直摇双摇的节奏。

（2）带绳连续练习：带绳子练习，以完成 5～10 个动作为一组，进行间歇练习。先练习甩向一侧，再练习甩向左右两侧。

参考文献

[1] 宋志伟，陈建军．大学生安全教育［M］．北京：清华大学出版社，2019．

[2] 马襄城．荷球高级训练教程［M］．北京：人民体育出版社，2019．

[3] 张巍．高职体育教程［M］．北京：高等教育出版社，2018．

[4] 邓文冲，蹇晓彬．大学体育立体化实用教程［M］．北京：北京体育大学出版社，2018．

[5] 姜明．大学体育［M］．北京：北京师范大学出版社，2017．

[6] 张涛．棒、垒球运动员体能训练［M］．北京：中国纺织出版社，2017．

[7] 冯爱云，袁睿超．中国风健身舞创编与推广文化意象的研究［M］．北京：化学工业出版社，2017．

[8] 徐春华，单小忠．大学体育与健康教程［M］．北京：中国水利水电出版社，2016．

[9] 董海鹰，李卫国．大学生体育与健康［M］．北京：北京邮电大学出版社，2014．